산책의 힘

魂魄論・上

산책의 힘

신성대 지음

東文選文藝新書 394

魂魄論・上

산책의 힘

초판 발행 2018년 9월 10일

지 은 이 신성대

발 행 처 東文選

제10-64호, 1978년 12월 16일 등록

서울 종로구 인사동길 40

전   화 02-737-2795

팩   스 02-733-4901

이 메 일 dmspub@hanmail.net

ⓒ2018, 신성대

ISBN 978-89-8038-696-3 94000

ISBN 978-89-8038-000-8 (세트)

정가 19,000원

"걷기를 통해 나오는 생각만이 어떤 가치를 지닌다."

프리드리히 니체

차 례

여는글

이 책은 독서하는 재미를 위하여 쓴 것이 아닙니다.

도덕이니 윤리니, 가치니 개념이니 하는 고매한 것들을 추구한 바도 아니기에 구태여 아름다운 문장으로 독자를 유혹하거나 고상한 척 포장할 필요가 없었고, 또 다루는 주제나 소재가 전혀 낭만적인 것이 아니어서 현학적인 문구를 사용하지도 않았습니다. 기실 그러한 소질도 없거니와, 오히려 모호한 용어나 미사여구가 자칫 쓸데없는 편견과 미망을 불러일으키는 우를 범할까 싶어 그나마도 자제하였습니다. 또 기존의 수많은 종교학 내지는 철학적 전문 용어를 가능한 사용하지 않고, 그냥 쉬운 일상어로 이야기하듯 풀었습니다.

특히나 옛사람들이 사용한 한자어식 개념어들은 너무 모호하고 다의적이어 편견을 전염시키기 십상이어서 가능하면 멀리했습니다. 그러니 이런 식의 글쓰기가 참 힘이 들기도 했습니다. 선지식들이 해놓은 도구를 마다했으니 차(車) 떼고 포(包) 떼고 장기 두는 꼴이지요. 대부분 필자의 경험과 관찰을 통해 주워 모은 이야기에 약간의 인터넷 자료를 더한 것뿐이니 굳이 직관력이니 통찰력이니 통섭이니 하는 그럴싸한 용어로 포장할 필요마저도 없겠습니다.

세상사 좋은 일이든 나쁜 일이든 엎친 데에 덮치기 마련! 거래처

연쇄 부도, 창고 화재, 소송 등 출판 경영에 몇 차례 위기가 닥쳐 심신이 치명적으로 피폐해질 수밖에 없었던 긴 기간을 무사하게 잘 넘겼는데, 그 덕분에 오히려 '생각'할 여유가 많이 늘어났더랬습니다. 수년 전엔 평생을 품어 왔던 온갖 의문과 경험들이 하나씩 하나씩 풀려 나가기 시작하더니 일순, 이 모든 것들이 하나로 일관되게 관통할 수 있는 자(尺) 같은 것을 하나 얻게 되었지요. 이후 죽음과 사후 세계, 저승, 귀신, 무당, 풍수, 퇴마, 점(占), 최면, 명상, 참선, 해탈 등 온갖 방술과 미신적인 것들에 대한 의문이 다 풀리고, 심지어 자폐증, 강박증, 조현증, 뇌전증, 우울증, 소심증, 트라우마, 자살, 공황장애 등 심리적·정신적 질환의 이치까지 다 들여다보이기 시작하였습니다. 해서 틈틈이 주변인들 가운데 그러한 증세에 시달리는 이들을 도와주기도 하였습니다.

그러자 평소 친하게 지내는 철학자·종교인·수행자들이 필자의 이야기가 재미있다며 책으로 펴내어 줄 것을 권하기에 이르렀는데, 그딴 것이 글로 남길 만한 가치가 있는지, 자칫 미친놈 소리나 듣지 않을는지, 공개하는 것이 옳은지, 아니면 혼자만 알고 덮어두는 것이 옳은 일인지를 놓고 4, 5년가량 고민하다가 결국 공개하기로 작정하고 끄적거리기 시작했습니다. 이른바 '혼백론(魂魄論)'입니다.

그러다가 중도에 《품격경영》이라는 책을 펴내고, 또 그로 인해 강연에 불려다니는 등 외도가 길어져 버렸습니다. 이제야 제자리로 돌아와 '혼백론'을 설명하자니 다루어야 할 내용들이 워낙 난삽하고 방대해서 상당한 기간이 소요될 것 같습니다. 해서 본격적으로 들어가기 전에 그 가운데 한 주제인 '산책'을 먼저 선보이는 것도 괜찮겠다 싶어 맛보기로 펴냅니다.

먼저 '발가락'에 관련된 주제들을 다루는 것은, 산책의 비밀과 기술이 철학자나 수행자·종교인·예술가·정신분석학자·저술가·경영인들에게 제법 도움이 될 것이라는 경험적 판단에서입니다. 필자가 그동안 펴낸《무덕(武德)-武(무)의 문화, 武의 정신》《품격경영》(상하)《나는 대한민국이 아프다》를 비롯해 평소에 발표하는 글들이 하나같이 남들처럼 도서관이나 서점을 뒤지고 책상 앞에 앉아서 끙끙대어 쓴 것이 아니라, 대부분 출퇴근길(필자가 할 수 있는 유일한 산책길)에 떠오른 발상들이기 때문입니다. 그러니까 발가락으로 쓴 글인 셈이지요. 하여 머리가 아닌 저 먼 발가락에서부터 혼백으로 들어가기로 하였습니다.

내친 김에 건강에 대한 필자만의 경험과 의견도 보탰습니다. 이미 널리 알려진 지식은 되도록 제외하고, 전문가나 일반인들이 미처 관심을 기울이지 못하고 놓친 듯한 부분만을 언급하였습니다. 특히 한국 사회가 급속히 노령화되어 가고 있고, 필연적으로 치매(癡呆)로 인한 국가적 부담이 눈덩이처럼 불어날 것이기에 현대의학이나 의료복지가 감당하지 못하는 부분에 조금이나마 기여할 수 있지 않을까 하는 바람에서입니다. 그리고 한국 사회에 유행병처럼 번지고 있는 자살이며 자폐·아토피 등을 예방하는 데도 작은 보탬이 되었으면 합니다.

너무 오래 묵혔던 원고라서 정리하려고 보니 보태는 것보다 버리는 것이 더 많았습니다. 각 장마다 다루는 주제가 서로 상관되다 보니 중복 또한 피할 수 없었습니다. 같은 말이 때로는 서너 차례나 되풀이되어 더러 짜증이 나기도 하겠지만 너그러이 읽어주기를 빕니다. 좀 더 줄여야 하고 재확인해야 할 것도 많지만, 다음 여정 때문에 지체할 수가 없어 이대로 묶어냅니다. 또 말이라는 것이 '아' 다르고 '어' 다름에도 불구하고 필자의 기질상 단정적인 어투로 기술하는 바람에 오해의 소지가 많을 것으로 짐작하고 있습니다. 부디 행간과 자간을 넉넉하게 비워두고 읽어주기를 바랍니다.

현대인들이 영양 과잉과 안락함으로 오히려 병을 앓고 있듯이 홍수처럼 쏟아져 나오는 지식·지혜와 더불어 온갖 편견과 선입견, 또 기만과 유혹이 넘쳐나고 있습니다. 그것들을 조금이나마 떨어내 보고자 나섰지만, 괜히 필자까지 끼어들어 되레 더 보탠 건 아닌지 하는 두려움도 없지 않습니다. 십(十)에서 하나를 빼면 일(一)이고, 하나를 더하면 천(千)이지요. 인생 전체를 열로 보고 하나만 빼든지 하나만 더하여 보십시오. 혹여 필자의 다소 불편한 이설(異說) 중에서 그 하나(一)라도 건지신다면 여간 다행이겠습니다.

끝으로 지금 이 시간 각자의 방식대로 진리를 찾아 수행하는 생면부지의 도반(道伴)들에게도 행운을 빕니다. 정신없는 원고를 다듬어 묶어 준 편집주간과 매번 속으면서도 기다려 준 가족들, 말을 보태 주고 격려해 준 친구들에게 행운을 빈다는 허사(虛詞)는 이제 염치가 없어 더 못하겠습니다. 글 쓰는 내내 귀한 술들을 아낌없이 갖다 준 에드워드 박에게도 고마움을 전합니다. 덕분에 제대로 술을 익혔습니다. 제발 이번에는 책이 많이 팔려서 그 수고로움을 보상할 수 있기를!

2018년 봄, 운니동 골목에서

글쓴이

1

형용사는 진실이 아니다!

　문명화된 인간은 '헛것'에 매달려 '헛짓'을 많이 한다. 거칠게 말하자면, '문화'라는 것치고 '헛것' 아닌 것이 있으랴!

　인간은 하루 중 상당 부분을 실제 생존과는 관련 없는 일로 보낸다. 이미 누천년을 그렇게 살면서 헛것에 세뇌 내지는 중독되어 있기 때문에 인간은 세상을 '있는 그대로' 바라볼 수가 없게 되었다. 해서 수많은 철학자와 수행자들이 이를 편견 혹은 선입견이라 하여 진리를 찾는 데 있어 가장 큰 방해물로 여겼다. 그러니 수행이란 이 헛것을 버리는 작업이라 해도 과언이 아니다. 그 헛것 중에서도 특히 하나 인간의 욕망과 정서가 개입된 '생각'을 버리는 데 중점을 둔다. 그러자면 가장 먼저 우리가 일상에서 쓰는 언어(문자)에서부터 그 헛것을 떨어내야 하지 않겠는가?

가장 진실된 원시언어

지구상의 인류가 사용하는 수많은 언어(문자) 가운데 한국어만큼 원시 고어의 형태를 고스란히 간직하고 있는 것도 드물 듯하다. 무슨 말인가 하면, 순우리말의 대부분이 원초적으로 단음절로 되어 있다는 것이다.

눈, 코, 귀, 입, 몸, 배, 혀, 목, 등, 손, 발, 좆, 씹, 젖 등 인체에 대한 명사는 물론이고 산, 강, 내, 들, 길, 샘, 땅, 별, 달, 해, 눈, 비, 풀, 물, 불, 빛, 개, 소, 말, 닭, 똥, 돌, 흙… 등등 거의 대부분의 명사가 단음이다. 게다가 간다, 온다, 죽다, 살다, 싫다, 좋다, 크다, 작다, 길다, 짧다, 먹다, 싸다, 누다, 앉다, 눕다, 서다, 기다, 뛰다, 세다, 꼽다, 찍다, 넣다, 빼다, 밀다, 끌다, 베다, 놓다, 들다, 집다… 등등 동사나 수식어조차도 원초적으론 외자로 되어 있다. 그 외에 다리, 허리, 나무, 구름 등의 두 음절 단어들도 초기에는 외자였을 것으로 짐작할 수 있다. 아마 초기 인류의 모든 민족 언어의 형태가 이처럼 단음절이었을 것이다.

이 원시적 단음절 언어에는 개념이 포함되어 있지 않다. 그저 있는 그대로, 보이는 그대로의 사물이나 움직임을 그렇게 부르기로 정한 것이다. 계란이 먼저인지 닭이 먼저인지는 알 수 없지만, 어찌 됐던 인간의 발성기관이 진화되면서 그것들을 구분해서 정해 두고 서로 소통할 필요가 생긴 것이리라. 사회적 동물이란, 언어를 통해 소통하는 동물이라 정의해도 되겠다. 인간의 감정이나 의도가 전혀 개입되지 않은, 그러니까 편견이나 선입견에 전혀 때 묻지 않은 이런 단음절 원초적인 동사나 명사를 필자는 원동사(原動詞)·원명사(原名詞)라 부른다.

이후 인간 사회가 차츰 복잡해지면서 두 음절 이상의 언어가 생겨나기 시작했을 것이며, 복합어·개념어가 차례로 나타났을 것이다. 그리고 이 복합어(예: 손가락, 콧구멍, 팔꿈치 등)부터는 자연스레 연상 능력이 발휘된다. 인간의 의도가 반영된 언어의 등장! 도구를 만들고 다루는 능력과 함께 언어의 조합 능력도 생겨났으리라. 이후 비로소 창의적 발상을 할 수 있게 된 것으로 인류 두뇌(전두엽)의 비약적인 확대가 따랐을 것이다. 이 시점으로부터 인류는 본격적으로 문화 창조의 길을 걷게 된다. 그러니까 인간이 비로소 '조작'이란 개념을 깨치게 된 것이다.

이러한 인간의 언어 조합 능력은 머지않아 '밉다' '좋다' '싫다'라는 감정(욕구)을 표현하는 형용사를 만들어낸다. 더불어 수식어(부사)까지 만들어내더니, 나중에는 형용사를 개념화·명사화하는 수고로운 작업까지 하게 된다. 이 시점에서 인간은 '가식'을 깨우치게 된다. 이후 '의도'된 용어들이 무수히 생산된다. '있다' '없다'에서 '그렇다' '아니다'로, 다시 '맞다' '틀리다'가 생기면서 인간의 고뇌와 갈등의 판도라 상자가 하나씩 열리기 시작한다. 수(數)의 개념은 비교와 거래의 문화를 만들어 '계산'적 인간이 된다. 그러자 종교는 상상계를 끊임없이 확대하고, 그런 걸 철학이라는 개념놀이로 발전시켰다. 문자의 창조는 이를 무한대로 넓혀 놓았는데, 지금도 인간들의 언어를 가지고 노는 창의적인 놀음은 계속되고 있다.

형용사는 편견이다!

많은 사람들이 지금 이순간에도 가부좌를 틀고 앉아 참선이나 명상을 하고 있다. 그렇게 해서 대체 무얼 얻으려는 것인지 모르겠으나, 아무튼 그런 식의 수행에서 가장 어려운 것이 잡생각(망상)이다. 그러니까 수행이란 이 잡념과의 싸움이라 하겠다.

동중정(動中靜) 정중동(靜中動)!
멈추는 순간 머릿속은 뱅뱅 돌아가기 시작한다. 정공(靜功) 수련에서도 가장 어려운 부분이다. 말로는 잡생각을 떨쳐 버리라고 하지만 그게 결코 마음대로 되지 않는다. 해서 주문을 외우거나 화두를 붙드는 등, 온갖 방편을 개발해서 졸음과 잡생각을 쫓느라고 용을 써보지만 안타깝게도 대부분 수행인들이 진리의 변방에조차 가보지도 못하고 그렇게 잡생각과 싸우다가 중도 포기하고 만다. 동(動)하면 흩어지고, 정(靜)하면 몰려드는 게 잡념이다. 그래서 앉으면 눕고 싶고, 누우면 잠드는 거다. 기실 앉아서 뭔가를 깨우치겠다고 하는 것 자체가 고행(자기 학대)이다.

자, 그럼 잡생각을 버리면 진실(진리)이 보이는가? 진리에 가까이 가는가? 잡생각을 버리면 '참생각'이 남는가? 그러면 '참나'가 보이는가? 천만의 말씀이다. '생각'이란 것 자체가 망상, 상상의 찌꺼기, 즉 형용사다. 자연적(우주적) 관점에서 보면 모든 형용사는 거짓이다. 인간은 동물! 동사만이 진리다. 동사를 제외한 인간이 만든 모든 형용사 및 형용사적 명사, 즉 개념어 자체가 인공지능이다.

그에 비해 AI는 인공지능이 아니라 계산지능이다.

동사나 고유명사에는 거짓(의도)이 없다. 따라서 그에 명명된 기호(嗝)을 당장 치우거나 바꿔 불러도 그 존재나 사실 자체에는 변함이 없다. 그렇지만 AI라면 문제가 심각해진다. 처음부터 다시 시작해야 한다. AI와 인간이 바둑을 두다가 재미없으니 장기나 오목을 두자고 하면? 다시 프로그램을 짜넣어야 한다. 그렇지만 그마저도 재미없다며 알까기를 하자면? 손가락을 만들어 달아야 한다.

누가 '아름답다' 말하는가?

2017년 국립국어원에서는 '잘생기다' '못생기다' '잘나다' '못나다' '낡다'의 품사를 기존의 형용사에서 동사로 변경한다고 발표하였다. 그러자 사람들은 그게 동사면 '잘생겨라' '잘생기자'도 성립되겠다며 성형수술 붐에 빗대어 비아냥대기도 하였다. 아무튼 이러다가는 '아름답다'도 형용사가 아닌 동사가 되는 날이 오게 될 것 같다. 아름지다? 아름지자?

꽃이 아름다운가?

꽃을 아름답다고 생각하는 동물이 인간 말고 또 있을까? '아름답다'는 개념 자체가 조작이다. 자연계에선 없는 말이다. 선입견이고 편견이다. 장미꽃과 호박꽃 중 어느것이 더 아름다운가? 인간이 정해 놓은 판단의 '기준' 자체가 모순에서 시작되었기 때문에 '장미가 아름답다'거나 '꽃이 아름답다'고 하는 건 '참'이 아니다. 그렇다면 아름답지 않느냐? 그도 아니다. 꽃은 꽃일 뿐이고, 산은 산일 뿐이고, 물은 물일 뿐이다. 거창하게 우주가 어쩌고 본성이 저쩌고 하는 법문으로 해석할 수도 있지만, 까놓고 얘기하자면 작시(作詩)하지 말고 그냥 '생긴 대로 살아라'는 거다. 당연히 추한 것도 추한 것이 아니다. 꽃은 식물과 벌·나비 사이의 생존을 위한 소통 수단일 뿐이다. '있는 그대로'가 존재(명사)이고, '팩트'만이 참(동사)일 뿐이다. 이렇게 형용사가 생기고부터 인간은 '있는 그대로' 혹은 '보이는 그대로'로 사물과 현상을 볼 수 없게 되어 버렸다.

'아름답다'고 배웠기 때문에 우리는 꽃을 보면 자동적으로 아름답다고 생각한다. 꽃을 아름답다고 하자고 한 인간끼리의 약속을 학습해 왔기 때문이다. 하지만 어떤 짐승도 꽃을 보고 감탄하지 않는다. 자연(참, 있는 그대로)과는 아무 상관없는 인간들만의 결정이다. 당연히 그 낱말 속에는 인간의 편견과 선입견이 녹아들어 있다. 흔히 '미(美)의 기준이 다르다'란 말을 사용한다. 그렇다면 '미(美)'는 절대 불변이어야 할 진리(진실)와는 오히려 반대쪽 개념이자 거짓이라 해야 옳지 않은가? 그러니까 현대 문명의 '미(美)의 추구'는 '거짓의 경쟁'이라는 얘기가 성립된다. '미(美)'란 말 자체가 처음부터 인간의 헛짓으로 생겨난 말이다. 해서 미인대회 1등에다 '진(眞)'을 갖다 붙여 '진짜 미인'을 만들어내는 넌센스가 생겨나는 것이겠다. 미인

대회라면 당연히 '美'가 1등이어야 하지 않나?

  고프다, 무섭다, 위험하다, 피하자, 뛰자… 등 생존에 필요한 용어들과는 달리 애처롭다, 슬프다, 쓸쓸하다, 우울하다, 옳다, 그르다, 착하다, 나쁘다, 밉다, 곱다… 등의 표현들은 인간의 의식[魂]이 만들어낸, 자연계에선 존재하지 않는 단어들이다. 생존 용어란 굳이 그것이 없어도, 또 배우지 않아도 직감적으로 느낄 수 있는 그런 상태를 표현한 말이다. 그렇지만 문화, 철학, 정서, 지성이니 하는 영역에 속한 말들은 모두 인간이 조작해낸 것들이다. 이것들은 모두 학습과 전승을 통해 교육된 선입견이다. 이 선입된 편견을 붙들고는 영원히 윤회를 하며 억만년을 가부좌 틀고 앉았어도 '참'에 이르지 못할 것은 불문가지겠다.

  그런 편견이나마 언어로 전할 때(영성시대)에는 그 폐단이 심하지 않으나, 문자로 전하면서는 온갖 오해와 억측이 들러붙어 점점 부풀려져 갔다. 왜냐하면 말은 직접 사람 대 사람끼리 전해야 하기 때문에 그 진정성까지도 묻어 가지만, 글자는 대면이 없어 그 진심까지 전하기는 어렵고 껍데기만 전해질 가능성이 크기 때문이다. 그 빈틈에 다시 자기 편견을 또 보탤 수가 있게 된다. 수천 년 동안 경전을 붙들고 끊임없이 재해석을 하는 것도 그 때문이다. 해서 성인의 말씀은 점점 난해하고 위대해지는 것이다.

  결국 참선이라 하든 명상이라 하든 수행(정신 수양)이란 무엇보다 이 '잡념(형용사)'과의 싸움에서 이겨내어야 하고, 다시 편견과 선입견을 떨어내는 과정을 거쳐야 비로소 참지혜를 얻게 되겠다. 그러나 현실에선 오히려 선배들이 만들어 놓은 더없이 많은 언어(문자)의 늪에 빠져 허우적거리다 미쳐 버리기 일쑤다. 실컷 화두를 붙들고 있다가도 돌아서면 또 공부를 한다며 설법을 듣거나 경전과 온갖 주석집을 파헤치면서 형용사(잡생각) 찾기에 몰두한다. 불립문자(不立文字)! 자고로 경전 뒤지는 놈치고 깨친 인간 안 나오는 게 그 때문이다. 난지도 쓰레기산에서 광맥이나 수맥 찾는다고 곡괭이질 하는 꼴이다. 설사 그가 깨쳤다고 주장한들 그건 경전(글자)을 깨친 거지 '참(진리)'을 깨달은 것이 아니다. 그래 놓고는 오히려 제가 만든 망상의 찌꺼기까지 억지로 쑤셔넣어 보탠다. 덕분에 다음 사람은 더욱 앞이 안 보여 길을 헤매게 되고, 앞사람의 공(?)과 명망은 그만큼 더 높아진다. 그런 게 학문인 줄 안다.

전두엽에 가득 찬 형용사를 지우지 않으면 절대 '지혜의 문'을 열 수가 없다.

예로부터 도통하는 데는 머리 좋은 형용사적 인간보다는 차라리 무지용맹한 동사적 인간이 더 유리했던 것도 그 때문이다. 물론 제대로 아는 훌륭한 스승을 만나 바른길을 찾았을 때의 이야기다.

문명은 학습이다!

필자가 어쩌다 이런저런 얘기들을 좋아하는 사람들과 놀다 보면 답답할 때가 많다. 제일 싫은 것이 '문자식(文字識)'을 자랑하는 이들이다. 이들의 특징은 자기 생각이 거의 없다는 점이다. 이런저런 경전이나 고문헌에 나오는 문자를 마치 증명된 진리인 양 자신 만만하게 읊어대기 시작하면 더 이상 말을 섞기가 싫어진다. 그 사람들 말(믿음)대로라면 고대인들이 현대인들보다 훨씬 더 똑똑해서 이미 세상 이치를 다 꿰뚫고 있었다는 논리가 성립된다. 그렇다면 인간은 지능이 수천 년 동안 점점 퇴보해 왔다는 겐가? 그러면 또 지성은 발달되었지만 영성은 오히려 떨어졌다고 주장한다. 그 다음은? 현대과학이 아직 그것을 증명할 수준에 이르지 못했단다. 누가 어떻게 그 사실을 증명할 겐가? 결국 믿음(고집?) 강한 자가 이긴다.

석가·예수·공자·소크라테스가 문자로 제 말(글)을 남긴 적도 없고, 문자로 제자들을 가르친 적도 없다. 공자는 문자를 알아서 저술 활동도 하였지만 자기 말을 글로 옮긴 적은 없다. 문자는 편견과 선입견이 가득해서 절로 소유론적(필자 나름의 해석) 사고를 하게 된다. 문자는 기호이면서 개념의 틀이다. 경계를 짓는다는 것은 곧 틀, 즉 사고를 액자에 가두는 것을 말한다. 그리되면 넓은 의미에서 문자옥(文字獄)이 만들어져 자연히 소유 가능하게 된다. 따라서 이 문자옥에서 벗어나지 않으면, 경계를 없애지 않으면 절대 자유로운 사고, 존재론적 사고가 불가능해진다.

소유론적 사고, 어느 하나를 선택하게 되면 곧 경계가 만들어지고, 구분·구별·비교·차별하는 사고의 버릇이 들게 된다. 이는 이분법적 사고이다. 싫고 좋고, 선하고 악하고, 다시 삼분, 사분, 오분하는 복잡다단한 사고로 이어진다. 도(道)는 일(一), 음양(陰陽)은 이(二), 사방(四方), 오행(五行), 팔괘(八卦) 등등. 온갖 구분과 층차, 경계가 만들어진다. 기실 선(線) 하나면 가로 세로, 씨줄 날줄이 되어 세상의 그 어떤 것이든 무한대로 쪼갤 수 있다.

인간이 도(道)를 깨친다는 것은 바로 이 구분 없는 인식을 가지는 것을 말한다. '있는 그대로'를 받아들이는 것, 그것이 바로 도(道)다. 소유론적 개념이 아니라 존재론적 인식, 점·선·면·시간적인 사고가 아닌 통체적 사고, 구분해서 제거(선택)하는 것이 아니라 흐름을 중시하는 사고, 소유·개념적 사유가 아닌 존재적 현상으로 인식하는 것이다. 산(山)을 산(山)으로, 물(水)을 물(水)로, 있는 그대로 받아들이라는 거다. 다른 물감이나 조미료(티끌) 섞지 말라는 말이다.

형용사를 붙들지만 마라!

현대를 살아가는 이들에게 "왜 사느냐?"고 물으면, '행복' '가치' '진리' '자유' '신념' '내면의 아름다움'… 등등 갖가지 그럴듯한 예쁜 말을 가져다 대지만 기실 다 헛소리다. 질문 자체가 헛것이지만, 인간은 습관적으로(학습된 대로) 답을 찾아 고민해댄다. 철학을 한답시고 삶의 근원에 대한 의문을 던지는 것처럼 말하지만 기실 자연에는 질문이 없다. 당연히 답도 없다. 그러니 "어떻게 사는 것이 좀 더 나은 문명화된 인간의 삶으로 보일까?" 정도의 애교에서 그쳐야 한다.

　말씀이 문자로 옮겨지는 순간 편견과 선입견이 달라붙기 시작한다. 해서 성인은 점점 위대하고 높아져 신성불가침한 자리로 떠받들어진다. 다시는 바닥으로 못 내려오신다.

　어쨌든 성인이 남겼다는 말씀의 본디 뜻을 지금의 사람이 백 프로 이해한다는 건 불가능하다. 너도나도 해석하고, 주석 달고, 번역하고, 해설하는 과정에서 어떻게 변질되었는지 알 수가 없다. 그 시대, 그 자리에서 그분을 직접 보고 말씀을 듣기 전엔 온전히 이해하긴 글렀다. 그 시대엔 지금처럼 개념어나 관념적 · 수식적 용어가 많지 않았다. 반대로 지금의 해석을 그분들이 재림해서 듣는다면 도무지 무슨 소린지 어이없어할 것이다. 그러니 공부한답시고 나서서 괜히 더 깊은(진짜) 의미를 찾겠다고 용쓰지 말았으면 싶다. 그냥 그분 말씀 중 동사만 골라서 직접 따라가 보라. 어차피 형용사는 후세인들이 보탠 것, 있어도 그만 없어도 그만, 이래도 괜찮고 저래도 괜찮다.

　결국 수행이란 이 형용사와의 싸움이라 하겠다. 그렇지만 앉아서 이 형용사를 떨쳐내기란 여간 어려운 일이 아니다. 부사나 조사가 윤활유라면, 형용사는 녹스는 것을 방지하고 그럴듯하게 보이게 하는 페인트다. 그런데 이 페인트는 본질을 가리고, 때로는 그 자체로 녹이 되고 곰팡이가 되기도 한다. 수행은 동사형이다. 그러니 걸어라! 걸으면 형용사가 떨어져 나간다. 그렇게 걷다가 화두가 잡히면 멈추고, 다시 걷다가 화두가 잡히면 멈추기를 반복해 보라.

가동사(假動詞), 가명사(假名詞)

앞에서의 동사나 명사란 당연히 원동사·원명사를 말한다. 그렇다면 동사 아닌 동사, 명사 아닌 명사가 존재한단 말인가? 아무렴! 가짜동사, 가짜명사도 있다. 가령 '모함하다' '포기하다' '흠모하다' '존경하다' '상상하다' '고민하다' '후회하다' '실망하다' 등등. 이런 것들이 과연 동사일까? '행복' '인격' '인권' '자유' '평등' '자선' '가치' '이념'···. 이런 게 과연 명사일까?

필자는 그런 걸 가동사·가명사라 명명하고, 그것들을 편견 덩어리·선입견 덩어리라 일컫는다. 사유의 결정체라고 하지만 실은 찌꺼기다. 수행의 첫걸음은 이들을 가려내는 작업이다. 특히나 인간의 감정이나 정서·도덕·윤리·상상계에 관련된 언어들은 이런 명사화된 동사와 형용사가 대부분이다. 시·소설·에세이 등 소위 문학류는 말할 것도 없고, 정신 세계를 다룬 철학서나 종교 경전들과 주석서들을 보면 하나같이 가명사, 즉 형용사형 명사들 범벅이다. 심지어 요즘은 승려들조차 고행이란 동사 대신 행복이니 사랑이니 하는 설탕 조미료를 잔뜩 쳐바른 힐링 책들을 펴내어 베스트셀러 순위를 다투고 있다. 고작 인생 상담을 설법인 양 부처를 팔아먹는 중들이 화장품 짙게 바르고 창녀처럼 헤픈 웃음을 띠고 광고판에 붙어 호객을 하고 있다.

유달리 시(詩)를 경외하는 민족! 시인은 곧 민족주의자요, 고매한 영혼을 지닌 지성인 대접하는 나라가 대한민국이다. 그러나 시(詩)는 그 자체로 형용사(形容詞)요, 현혹사(眩惑詞)다. 그만큼 이 민족이 헛것을 좋아한다는 말이다.

아무튼 지식이 많다는 건 그만큼 선입견과 편견도 많을 수밖에 없다. 그러니 가동사·가명사를 화두로 잡으면 바보 된다. 수행인은 구체어가 아닌 추상어, 그럴듯한 개념어나 관념어에 엮이지 않도록 조심해야 한다. 모호한 언어는 진리로 안내하지 않는다.

산책은 분석력, 직관력, 통찰력을 증진시킨다.

걷는다는 것은 한걸음 한걸음, 순간순간 주위와 바닥, 그리고 전후좌우를 살피고 나아가고자 하는 방향을 선택, 판단하고서 내딛음을 결행하는 동사적 행위이다. 걸으면(동사) 생각의 먼지나 부스러기(형용사)가 떨어져 나가 정리가 되어 정확한 판단에 큰 도움을 준다. 앉아 있으면 형용사가 계속 부풀어나 동사가 맥을 못 추고 얽혀들고 만다. 이성적 판단이건 감성(감정)적 판단이건 판단한다는 자체는 동사적 행위이지 형용사적 행위가 아니다. 그러니 무슨 일을 결정하기가 난감할 때에는 일어나서 걸어주면 생각(정보)이 정리가 되어 올바른 판단 및 결정을 내리는 데 도움이 된다. 생각(魂)의 곁가지(잡념)를 적당히 제거하여 정리를 용이하게 해주는 것이다.

다시 강조하지만, 인간의 언어 중 동사만이 진리다. 모든 형용사는 편견이자 선입견이다. 대부분의 철학적 추상(관념)어는 형용사적이다. 그러니 독자들께서도 가능하면 현대과학적인 사고와 용어들로 이해하고 받아들이길 바란다. 나든 너든 몸을 벗어난 존재는 없으니 말이다.

Tip 지혜는 발끝에서 나온다!

우리가 알고 있는 위대한 성인 가운데 어느 분이 뭘 좀 안답시고 끄적거렸다면 절대 성인이 되지 못하였을 것이다. 그랬다면 우리는 지금 그들을 학자(지식인)로 기억하고 있을 것이다. 필시 그 남긴 글 이상으로 평가받지 못했을 것이다. 글을 남기지 않고 (확인할 길 없는) 말만 남겼기 때문에 후세인(제자, 추종자)들이 각자 자신의 지식이나 상상력을 보태어 재해석·가공할 여지가 생긴 것이다. 당시에는 그분의 깊고 높고 넓은 생각을 표현할 수 있을 만큼 언어가 발달하지 못했기 때문일 거라고! 말씀을 받아 적은 제자들도 미처 그 의미를 제대로 이해하지 못했다고! 애매모호한 말씀일수록 더 깊은 뜻을 숨겨 놓으셨다고! 자신이 이제야 그분 말씀의 진정한 의미를 헤아릴 수 있게 되었다고! 하여 성인의 말씀은 점점 불어나고 그 영성은 갈수록 고매해지지만 글을 남긴 학자는 절대 그 이상으로 부풀려지지 않는다. 그게 문자의 한계이고, 지식인이 성인이 될 수 없는 이유이기도 하다. 아무튼 유사 이래 지식인이 세상을 선도한 적이 없다. 성인이나 영웅이 남보다 지식이 많아서 세상을 바꾼 건 아니다. 빌 게이츠나 잡스·마윈이 좋은 대학에서 공부를 많이 해서 그런 업적을 낸 건 아니다. 누구도 제대로 논문 한 편 쓴 적이 없다.

지혜가 동사라면, 지식은 명사라고 할 수 있다. 그러니까 지식이란 화석화된 지혜인 셈이다. 흔히들 일반적으로 이해하는 지식은 知識이지 智識이 아니다. 智識(지식)은 곧 지혜(智慧)를 말한다. 그러니까 '知'와 '智'의 차이겠다. 나아가 문명은 형용사까지 만들어 그걸 지식(명사)화하였는데, 몽매한 인간이 그런 걸 더 가치 있고 고매한 일로 여겨 외우기에 급급하다. 실제로 수많은 선지식(善知識)들도 대개는 그걸로 경쟁해 왔다.

　흔히 학교에서 책(문자)을 통해 배운 것을 지식이라 한다. 학자나 교수들이 하는 일이란 현장에서 일어난 경험(지혜)을 지식으로 문서화, 그러니까 동사를 명사화하는 작업이라 할 수 있겠다. 새로운 생명체나 물질을 발견하거나, 전에 없던 물건을 만들거나, 알려지지 않았던 법칙을 찾아내거나 새로운 개념을 만들어내어 명명(命名)하는 작업은 소유론적 인간에게 엄청난 희열을 가져다 주기 때문이다.

　지식을 많이 축적한다고 해서 지혜롭게 되지는 않는다. 물론 없는 것보다는 백배 낫다. 특히 현대는 그런 것들로 경쟁하게끔 시스템화되었으니 말이다. 그렇지만 그 많은 지식을 현장화하는 데에는 문제 역시 많고도 많다. 지식이 백 퍼센트 현장화가 안 되는 것도 문제이지만, 이미 네가 알고 내가 아는 정보가 무슨 경쟁력이 있을까? 지식이란 다른 말로 '공개된 정보'라 할 수 있으니 말이다. 그게 아니라면 노벨경제학상 받은 경영학·경제학 교수가 주식으로 세계 최고 부자가 되어야 마땅한 일이다. 지식을 현장화하려면, 화석에 생명을 불어넣으려면 새로운 환원 프로그램이 있어야 한다.

그 수단(manners)을 찾는 노력 또한 문명인의 수행이라 하겠다. 그것이 사색 산책의 목적이다.

전쟁을 동사적 행위라 한다면, 종교나 예술은 형용사적 놀음의 극치라 하겠다. 전쟁을 잊어버린 현대인들이 예술에 심취하는 것도 그 때문이리라.

세상에는 아직도 지식화되지 않은 지혜가 많이 남았나 보다. 그걸 찾겠다고 누구는 경전을 뒤지는가 하면 누구는 망원경이나 현미경을 들여다보고, 또 누구는 가부좌 틀고 앉아 제 뇌(腦)를 뒤집는 등 각자의 방식대로 머리를 싸매고 있는 것 아닌가? 또 어떤 이는 다 귀찮다며 곧바로 신선이 되겠다고 앉아서 아랫배를 볼록거리고 있다. 이미 세상에는 지식이 넘치고 넘치는데도 말이다. 덕분에 검증되지 않은, 검증될 수 없는 헛지식들이 광산의 돌무더기처럼 쌓여 가고 있다.

그럼 인간이 되고서도 '생각'조차 하지 말라는 거냐고 반문하겠다. 아무려면 그럴 리가 있겠는가! 다만 그 생각이 동사적인 생각인지 형용사적인 생각인지, 지식을 뒤지는 생각인지 지혜를 구하는 생각인지를 구별하자는 말이다. 어차피 수행이 깊어지면 대뇌의 대청소, 그러니까 자신의 머릿속에 저장되어 있는 모든 정보들을 모조리 끄집어내어 점검해 나가는 작업을 해야 할 때가 온다. 그리고 그때 수많은 '생각(편견)'과 '지식(선입견)'들을 내다버려야 한다.

지혜는 동사에서 나온다. 그러니 '생각'하는 작업을 하더라도 일어서라! 걸어서는 동사를 붙들고, 앉아서는 형용사를 살펴라. 뿌리가 깊어야 줄기가 튼튼해진다. 그러면 잎과 꽃이 절로 핀다. 좌선(坐禪)? 삼매(三昧)? 좌망(坐忘)? 뿌리 없이 꽃을 피우겠다는 건 망상이다. 뿌리 없이 핀 꽃은 허상(虛想)이다. 앉아서는 동사가 잘 잡히지 않는다. 걸어라! 천천히!

2
직립보행, 인간의 뇌를 키우다!

인간은 두 발로 걷는다. 그야 다리가 있으니 걷는 거지! 두 발 가진 새들도 걷고, 네 발 가진 짐승들도 걷는데! 화두치고는 한참 시시하지만, 이 시시한 얘기부터 풀어 나가 보자!

도심에서 출퇴근하는 군중의 무리를 보면 개미떼처럼 어디론가 가고 오고 있다. 어찌 보면 인간은 걷기 위해 태어난 것처럼도 보인다. 그런데 인간은 네 발을 가지고서도 두 발로 걷는다. 그러니까 인간에게 '걷는다'는 것은 직립보행을 말한다. 인간과 동물을 구분하는 제1의 척도다. 그런 다음 도구를 다루고, 언어를 사용한다는 것으로 구별짓는다.

만약 직립보행이 아니었으면 인간이 도구를 다룰 수 있었을까? 불가능한 일이다. 침팬지나 고릴라가 반직립보행을 하는 바람에 그나마 도구 비슷한 것을 다룰 줄 아는 것이다. 완전 직립이어야만이 도구를 다룰 수 있다. 왜냐하면 도구는 손으로 다루기 때문이다. 그러니까 손이 걷기로부터 완전 해방되어야 도구를 다룰 수 있다는 말이다.

도구를 다룬다는 얘기는 곧 생각(궁리, 조작)을 할 줄 안다는 의미이다. 단 한 가지 도구라도 능숙하게 다루려면 그 동작 경험을 기억하고 저장하는 뇌의 부분이 그만큼 커져야 다음 세대로의 기술 전승이 가능하다. 컴퓨터나 인공지능(AI)처럼 그 경험 정보를 축적하여 반복해서 사용할 수 있게 해주는 정보저장장치가 있어야 한다. 그리고 그 경험이 쌓이게 되면서 각각의 정보들을 결합시켜 새로운 동작을 만들어낸다. 흔한 말로 창조(창의)적인 사고가 가능해진다. 우리 인간은 그렇게 앞발이 손이 되도록 진화해 왔다.

인류 진화의 비결은 직립보행!

그렇다면 새들은? 두 발로 걷기는 하지만 직립보행이라 하지 않는다. 온전한 직립은 인간처럼 뇌(머리)를 신체의 맨 위쪽에 얹는 것을 말한다. 원숭이나 고릴라가 아직 완전한 직립이 안 되는 이유는 머리를 신체 중심에 앉히질 못했기 때문이다. 고작 그 차이가 인간과 짐승의 구별을 만들어낸 거다.

요즘 젊은이들은 '이다'란 단어가 무슨 뜻인지조차 모른다. 이제는 먼 나라 오지에서나 볼 수 있는 광경이지만, 불과 반세기 전까지만 하더라도 우리나라 시골·도시 할 것 없이 많은 아낙네들이 머리 위에 짐을 이고 다녔다. 신체의 중심에 얹는 것이 역학적으로 가장 에너지 소모가 적기 때문이다. 덕분에 인간은 안심하고 뇌(전두엽)의 크기를 키워 나갈 수 있게 되었다. 네 발로 걷는 짐승이나 날아야 하는 새들은 뇌와 머리를 키우면 그만큼 생존 경쟁에서 불리해져 멸종을 재촉하게 되는 것이다. 네 발로 걸으면서 머리(입)를 키우다 보면 하이에나처럼 무게 중심이 앞으로 몰리는 바람에 뒤뚱거리게 마련이다.

그러니까 직립보행이란 뇌를 신체의 중심에 위치시키는 것을 말한다. 그래야 보다 많은 무게를 감당할 수 있게 된다. 유인원에서 신인류로 진화되는 과정을 보면 직립도와 대뇌의 크기가 비례함을 알 수 있다. 그리고 손이 도구화되고, 다시 그 손으로 도구를 다룰 줄 알게 되면서부터 인간의 대뇌는 비약적으로 커진다. 도구 덕분에 다른 동물들처럼 진종일을 먹이를 구하는 데에 소비하지 않아도 되었다. 그만큼 노는 시간이 늘어나고, 그에 따라 커진 뇌로 온갖 장난과 상상을 해낼 수 있게 되었다. 컴퓨터의 메모리 용량이 엄청나게 늘어나 결국 게임이 가능해진 것처럼! 아무튼 이전에 그래 왔던 것처럼 인간은 계속해서 대뇌를 키워 나갈 것이다. 하체가 그 무게를 감당할 수 있을 만큼까지!

엄지손가락의 진화

직립보행과 더불어 인간의 뇌가 커졌다고 하였지만, 기실 직립보행만 한다고 해서 대뇌가 커질 직접적인 이유는 없다. 직접적인 원인은 바로 손가락에 있다.

생태학자들은 인간의 엄지가 지금처럼 직각의 곁가지로 갈라지는 바람에 도구를 다루는 능력이 비약적으로 발달하였다고 한다. 그러니까 엄지가 나머지 네 손가락을 상대하여 협동함으로써 거의 못하는 짓이 없어진 때문이란다. 바로 그 다양한 기능으로 생겨난 경험적 정보를 저장할 메모리 역시 비약적으로 늘어나는 바람에 대뇌가 점점 커지고, 또 그것을 머리에 지니고 다니려니 완전한 직립자세로 체형을 진화시킨 것이리라. 결국 엄지손가락이 두뇌를 키운 셈이다.

입〔口〕의 퇴화

그러나 일정량의 신체를 가지고 진화하다 보니 진화한 만큼 퇴화하는 게 있기 마련이다.

대개의 동물들은 앞발과 입을 함께 사용하여 사냥이나 싸움을 하는데, 인간의 입은 이제 사냥에서 해방되게 된다. 먹기 위해 엎드릴 일조차 없어졌다. 손이 가져다 주는 걸 씹어 삼키면 되는 것이다. 그러다 보니 입이 차츰 안으로 들어가 짧아지게 되고, 상대적으로 목이 길어져 성대가 발달하였다. 해서 다양한 음색을 낼 수가 있어진 것이다. 결국 언어를 사용하게 되면서 여타 동물과 완전하게 다른 삶을 개척하게 된다. 곧이어 집단 정착생활을 하면서부터 언어가 더욱 다양해져 엄청난 정보를 만들어내고, 이는 다시 메모리하드 용량을 키운다. 이른바 사회적 동물이 된 것이다.

　바야흐로 본격적으로 인간다운 생각〔魂〕이란 것을 해내기 시작한다. 왜냐하면 집단생활은 서로를 돕는 바람에 효율적으로 먹이를 구하고, 적이나 맹수로부터 가족을 지키게 되었다. 또한 도구를 사용한 효과적인 사냥술은 고열량 동물성 단백질 공급을 풍족하게 해주었다. 이제 생존과 종족 보존에 소용되는 이외의 에너지와 시간이 넉넉해졌다. 힘든 노동에서 해방된 인간의 뇌는 무한한 상상계로 접어들게 된다. 커진 머리는 인체 혈류량의 상당 부분을 끌어다 쓰고 있다. 어차피 남아도는 에너지를 생존과는 아무 상관도 없는 일에 쏟아붓게 된 것이다. 소위 말하는 문명시대가 시작되면서 전혀 동물적이지 않은 방법으로 살아갈 수도 있게 되었다.

발가락의 비밀

　고도(?)로 진화한 신인류인 현대인들에게 발가락은 기실 별무소용인 것 같다. 거의 모든 행위를 손가락에 의지하고 있고, 이동 수단까지 발달해 발가락이 거의 용도 폐기 직전에 이르렀다. 하여 현대인들은 그저 발가락이 다칠까봐 양말로 싸고, 다시 두꺼운 가죽 속에 가두어두고 살아간다. 그러니 이대로 간다면 언젠가는 인간의 발가락도 꼬리처럼 퇴화되어 코끼리 발 모양으로 진화될 것 같다.

손가락은 장난(?)의 도구로 기능하지만, 발가락은 오로지 서고 걷는 기능에만 치중하고 있다. 발가락의 움직임은 '생존'과 직결되는 행위(균형)에 연결되어 있다. 물론 아직까지는 그 옛날 손과 같이 사용하던 프로그램들이 완전히 지워지지 않았기 때문에 손가락이 없을 경우에는 그 기능을 상당 부분 대행할 수도 있다.

발가락과 두뇌

간혹 신발을 신지 않은 상태에서 책상다리의 모서리 같은 곳에 발가락이 부딪히면 모질게 아프다. 그런가 하면 작업 도중 망치 같은 걸로 손가락을 찍을 때도 있다. 그럴 때 그 찌릿한 고통이 온몸을 타고 머릿속까지 전해진다. 이때를 자세히 관찰해 보면, 그 통증이 전해지는 경로와 그것이 최종적(동시적)으로 찌릿해하는 뇌의 부위도 어딘가 모르게 다른 것을 알 수 있다. 아마도 발가락과 손가락을 관장하는 뇌의 부위가 다르기 때문이리라. 현대의 첨단기기를 사용해서 손가락 혹은 발가락에 통증이 가해질 때 뇌의 어느 부분이 보다 활성화되는지를 확인하면 재미있는 결과를 얻을 수 있으리라. 그런데 현대의 서양의학에서는 머리의 질병은 머리통 자체를 어찌해서 치료를 하려고 달려들지만, 전통침구학에선 전혀 엉뚱하게도 발가락을 다스린다.

발과 다리는 그동안 별다른 진화의 혜택을 보지 못한 듯하다. 고작 직립으로 네 다리가 분담하던 인체의 하중을 두 다리가 감당해야 하는 바람에 골격을 수직으로 세우게끔 변형시켜야 했을 뿐이다. 그렇지만 무릎이며 고관절·요추 등이 미처 감당치 못하여 아직은 고생이 많다. 길어진 손가락에 비해 발가락은 기껏해야 균형을 잡는 데 일조하는 것 외엔 별무소용이다. 하여 그다지 주인의 관심과 돌봄을 받지 못하고 있다. 당연히 발가락 운동을 관장하던 뇌의 상황실도 점점 축소되어 갔다. 덕분에 동물적 운동력이 급격히 떨어져 지구상에 가장 나약한 동물로 전락하고 말았다. 해서 스포츠란 온갖 몸싸움놀이를 개발하여 옛 향수를 되새기며 즐기고 있다. 이런 발달 과정 때문에 두뇌의 기본 구조가 동물 때와는 많이 변형될 수밖에 없겠다.

발과 다리의 사용은 정(精)을 길러 백(魄)을 강하게 한다. 반면에 손과 팔의 사용은 혼(魂)을 더욱 발달시켰다. 해서 혼(魂)이 발달한, 다시 말해 지능이 발달한 동물일수록 두뇌(특히 전두엽)가 상대적으로 커지는 것이다. 그러니까 인간은 진화 과정에서 손발을 따로 사용할 줄 알게 되면서 혼(魂)과 백(魄)의 역할이 다른 동물에 비해 크게 차이가 나게 된 것이다.

그렇다 해도 아직 다리와 발(발가락)은 생존에 상당한 역할을 담당하고 있다. 해서 일단 일어서거나 걷게 되면 두뇌의 비상 상황실이 자동적으로 가동되기 시작한다. 그순간 두뇌(전두엽)는 '생각(상상)'을 잠시 휴지하고, '정신' 본래의 임무에 복귀해서 주위를 살펴고 감각 신호에 모든 의식을 집중해야 한다. 불면증을 다스리는 민간요법이 대부분 발가락과 발·종아리 마사지인 점이 이를 간접적으로 증명하고 있다. 비록 일어선 비상 상태는 아니지만 전두엽이 쓸데없는 망상을 못하도록 의식을 발 쪽으로 유도해서 수면에 빠지게 하는 것이다.

현대에 들어 문명의 이기들 덕분에 인간이 육체적 노동에서 점점 해방되면서 발(발가락)운동 또한 계속하여 줄어들고 있다. 원래 어린이들의 놀이란 운동장에서 고무줄놀이를 하든, 공놀이를 하든, 금을 그어 놓고 놀든 거의 대부분이 백(魄)을 기르는 발놀음이다. 그러다가 어른이 되면 차츰 카드나 마작·바둑·장기 등 손놀음으로 바뀐다. 한데 요즘의 아이들은 처음부터 컴퓨터나 스마트폰의 등장으로 손가락으로 모든 걸 해결하고 있다. 특히나 게임과 같은 놀이는 손가락과 두뇌(전두엽)만 사용하는 바람에 편집증·강박증·조급증 등 온갖 정신질환에 시달릴 것은 불 보듯 뻔하다.

인간은 궁극적으로 무엇을 '생각'하는가?

인간의 혼(魂)은 동물에 비해 지나치게 발달한 데 비해 상대적으로 백(魄)은 약해져 동물로서의 본능이 상당 부분 퇴색되어 가고 있다. 결국 혼·백 간에 균형이 깨어지면서 여러 가지 문제점이 생겨났다. 가장 큰 문제는 '생각'과 '마음'이 조화를 이루지 못하고 서로 부딪쳐 갈등하는 일이 빈번해진 점이다. 그러다가 결국 혼(魂)과 백

(魄)이 충돌하는 끔찍한 일이 벌어지기도 한다.

이 문제를 해결해 보자고 고대로부터 수많은 사람들이 연구하고 노력해 왔다. 대표적으로 인도나 중국의 도가(道家) · 불가(佛家)에서 명상(참선)의 기술들을 꾸준히 탐색해 왔고, 그들 가운데 일부 성인으로 추대받는 수행자들은 절대자에 기대어 이 어쩔 수 없는 인간의 고뇌를 달래고 위로하는 방법을 개발해 온 것이다. 그것이 종교와 철학이다. 하지만 그 대부분은 임시방편으로 오히려 인간 정신계를 더욱 복잡하게 만들었을 뿐, 근본적인 대책이 되지 못하였다. 해서 아직까지 수많은 사람들이 이 문제를 풀겠다고 매달려 있는 것이겠다.

필자의 짐작엔 유사 이래 많은 철학자들이 이 혼(魂)과 백(魄) 사이에서 뭔가를 찾아보려고 했던 것 같다. 인간이 잃어버린(모르는) 무엇이 있는데, 그게 뭘까 하는 기나긴 탐색의 과정이 바로 철학이겠다. 그러나 그동안 수많은 철학자나 정신분석학자들이 혼(魂)에 의지하여 뇌 속을 뒤지고 뒤져 보았지만 딱히 이거다 싶은 걸 찾지 못했다. 그러다가 현대에 들어서면서 과학이란 걸로 인간의 세포 구석구석을 헤집는가 하면, 한편으로는 먼 미래, 먼 과거, 먼 우주로까지 수색의 범위를 넓혀 나가고 있다.

인간이 진화하면서 외형적(신체적)인 것과 그 기능이 동시에 변화했다. 그리고 그에 따라 성격적 특징도 결정되었다. 손가락이 길고 가는 사람은 성격 또한 섬세하다. 다운증후군의 예에서 보듯이 손가락의 길이와 마디를 비교해 보면 몸 안의 특정 장기의 크기도 짐작할 수 있다고 한다. 손가락 운동은 다양하고 기교적인 상상력을 증가시킨다. 그에 비해 서서 걸을 때의 발가락 기능은 균형을 잡고, 전후좌우에 위험물이 없는지 살펴야 하기 때문에 조심성을 길러 준다. 해서 걸을 때 발가락에 신경을 집중하면 자연스럽게 집중력과 진중함을 기르게 된다. 간혹 터벅터벅 발꿈치나 발바닥으로 걷는 사람들이 그 성격이나 두뇌 능력면에서 상당히 무디고 진중함이 떨어져 보이는(실제로도 그렇지만) 것도 그 때문이다. 손가락이나 발가락의 길이를 비교 분석해서 사람의 성격을 가늠하는 잡학도 그래서 생겨난 것이다.

퇴보 없는 진보, 파괴 없는 창조가 있을 수 없는 것처럼. 스포츠를 통해 인간이 잃어버렸던 그것을 더듬어보고, 할 수만 있다면 그 기능을 회복해 보고자 애쓰는 건 아닌지? 우리가 흔히들 말하는 수행(수련, 연공, 운동)의 목적이 그 잃어버린 야성(동물성, 동물적 감각)을 찾는 건 아닌지? 철학이니, 명상이니, 참선이니 하는 것들이 과연 지성(지혜)의 결정체를 찾는 일인지? 깨달음을 통해 얻고자 하는 것에 대해 다시 한 번 되씹어보아야 하지 않을까? 진리가 과거에 있을까? 아니면 미래에 있을까? 높은 하늘에 있을까? 아니면 낮은 땅바닥에 있을까? 내 몸속에 있을까? 아니면 머릿속에 있을까? 지성에 있을까? 야성에 있을까? 과연 그런 게 있기나 한 걸까? 그 답을 찾기 위해 필자는 느리게 느리게 걷는다.

쉽게 배운 것 귀한 줄 모르고, 별것 아닌 것 귀하게 팔아먹는 것이 작금의 세상인가 보다. 우리나라 사람들만큼 신비한 것을 좋아하는 민족도 드물지 싶다. 뭐든지 옛사람들이 하던 것이나 알고 있던 것들은 굉장히 지혜롭고 신비한 것들이었으리라고 여기는 버릇이 있다. 단지 지금 세대가 제대로 몰라서 그걸 이해 못한단다. 그러는 자기는 잘 아는데?

한국(전통) 문화 및 사유체계 전반에는 해뜰녘이나 해질녘에 낮게 산허리를 감싸는 안개나 운무, 매연이나 미세먼지 같은 흐릿하고 애매하고 모호한 현학적 요소가 짙게 깔려 있다. 하여 이 밝은 과학시대에도 일부 한국인들은 그 몽환의 안개 속에서 무슨 진리(실은 선계와 같은 도피처) 같은 걸 찾겠다고 헤매고 있다. 특히 '도(道)' '기(氣)' '선(仙)' '선(禪)' '단(丹)' 등등의 글자만 나오면 일단 깜박 죽고 들어간다. 그리고 '참' '밝' '한' 등 예스러운 순한글들도 이 신비상품 개발에 빠져선 안 되는 기초적 양념들이다. 이것들이 대충 버무리면 만병통치약도 되고, 우주 삼라만상의 이치를 깨치는 지혜의 도구도 된다.

고대 동양철학(과학을 포함해서)에는 현대과학의 눈으로 보면 상당히 비현실적이고 신비적인 요소가 많다. 구체적으로 느껴지거나 설명되어지지 않는 부분이 많은 것이다. 그것들을 글로 써놓으면 도리어 더욱 난해해지는데, 이미 선입견에 물든 사람에게는 그럴수록 더 입맛 다시며 덤빈다.

고대에는 현대 학문처럼 표현 방법이 명확하지도 구체적이지도 못하였다. 어떤 이치나 깨달음(느낌)을 표현할 수 있는 용어가 지금처럼 다양하고 과학적이지 못했기 때문이다. 그러다 보니 하늘과 땅이 돌아가는 이치를 설명하는 데는 '도(道)'자를, 인체와 만물을 운행시키는 에너지를 설명하는 데는 '기(氣)'자를 많이 썼다.

사실 이러한 글자들은 수많은 의미를 내포하고 있어서 보통 사람(문외한)들에겐 신비하기 짝이 없는 무한한 상상력을 불러일으킨다. 따라서 얼마든지 변용할 수가 있다. 말 그대로 귀에 걸면 귀걸이, 코에 걸면 코걸이가 된다. 추상적이고 모호하고 상대적인 개념을 가진 특성 때문에 이러한 용어들을 고대인들은 철학·종교·의술·방술 등 분야를 가리지 않고 너도나도 애용했었다. 그리고 이러한 용어들은 민간에 널리 통용되면서 오늘날에도 사람들을 미혹하는 데에 많이 사용되고 있다. 당연히 건강이나 수양 분야(비즈니스)에서는 약방에 감초처럼 없어서는 안 될 용어가 되어 버렸다.

이런 현상은 무예라고 해서 예외일 수 없다. 간혹 자기 집안 혹은 산중에서 비전되어 오던 것으로서 아무에게나 함부로 전해 주지 않는 무시무시하고 신비한 것이라는 둥(사실은 어디 팔아먹을 곳이 없나 하고 눈을 두리번거리면서), 또는 전통 무술로서 일제의 탄압으로 소멸될 뻔하였다가 겨우 명맥을 유지해 왔다는 둥, 심지어 천몇백 년을 거슬러서 고구려 연개소문이나 을지문덕이 비밀리에 전해 준비전 절기라거나, 신라 최치원이 남긴 비술이라는 둥 바람을 잡으면서 사람들을 현혹시키고 있다. 하여간 오래된 것일수록 약효(?)가 뛰어나서 값이 더 나간다. 그들의 주장대로라면 인류가 점점 멍청해져 왔음을 인정할 수밖에 없다.

　문화든 역사든 실은 과학적인 눈으로 이해하여야 한다. 조금만 논리적으로 생각해도 모두가 황당한 것들인데, 사람들은 막연한 동경심으로 그것들을 미신처럼 믿고 싶어한다. 한때 공중부양술로 사람들을 모아 장사를 하는 무리들이 있었다. 물론 대부분의 사람들은 그따위 말에 현혹되지 않지만, 간혹 순진한 사람들이 걸려든다. 천에 한 명, 혹은 만에 한 명만 걸려들어도 꽤 괜찮은 수입이 된다. 길거리에서 "도를 아십니까?" 하며 지나는 행인을 상대로 '도(道)장사'를 하는 이들을 보면 미친 짓 같지만, 역시 어쩌다 천에 한 명만 걸려들어도 그게 어딘가?

　벽돌을 깨부수는 아무리 센 주먹이라 해도 맨주먹으로 전쟁에 나가 적을 때려잡는 것은 아니다. 공중부양술을 배웠다 해서 엘리베이터 안 타고 붕 떠서 20층으로 올라가거나, 제주도까지 비행기 삯 안 들이고 날아가는 것도 아니다. 예나 지금이나 길에서 도(道)를 팔아 돈 버는 사람을 도사(道士)라 했다. 돌을 깨는 주먹이라 해서 석재 공장이나 도살장에서 와주십사 하지 않는다. 짚단 잘 벤다고 목장에 가서 여물 썰 일도 없다.

　서양 문화, 일제 식민 문화 콤플렉스 때문인지 한국인들은 유달리 '우리 것은 소중한 것'에 집착한다. 옛것, 전통적인 것을 찾다 보니 심지어 문화나 과학이 발달되면서 저절로 없어지거나 내다버려진 것들까지 파들고 나와 대단히 귀중한 것인 양 팔러다니는 사람들이 많다. 모조리 부시맨의 콜라병일 뿐이다.

옛날에 형제만 단둘이 살고 있었는데, 어느 날 그 형이 부모로부터 받은 유산을 동생에게 모두 물려주고서 출가해 버렸다.

그로부터 10여 년의 세월이 흐른 후, 그 형이 다시 돌아왔다.

"형님, 묻기에 뭣하지만 불문(佛門)에 귀의했던 긴 세월 동안 무얼 깨달으셨는지요? 원대한 그 꿈은 이루셨습니까?"

"나와 함께 강가로 나가자꾸나. 네게 보여줄 게 있다."

강가에 이르자, 형은 잠시 명상에 잠기는 듯하더니 어느새 건너편 강가에 우뚝 서 있었다.

동생은 적이 놀란 가슴을 진정시키고, 뱃사공을 불러 몇 푼을 집어 주고서 강을 건너갔다.

"형님, 정말 대단하십니다. 세상의 알뜰한 유혹 다 뿌리치고, 명상과 고행을 한 결과가 고작 몇 푼의 가치에 불과한 이런 곡예였다니 도저히 믿을 수가 없습니다."

단련이란, 자신의 몸을 위해 그 '몸'을 단련시키는 것이다. 동양에서 무예나 의학, 그리고 양생법 등은 수백 년 또는 수천 년의 역사를 가지고 있다. 그러다 보니 아직까지도 그런 오래된 지혜와 수행의 결과가 현대적인 언어로 설명되지 못하고, 대부분 옛 용어로 그냥 남아 있는 경우가 많다. 또한 세월이 흐르면서 후세인들이 이를 더욱 모호하게 부풀려 놓은 것도 많다. 대개 제대로 알지 못하는 사람일수록 더욱 장황하게 늘어놓는 버릇이 있다.

훌륭한 건신술이나 정말 좋은 명약이라면 그렇게 저잣거리에서 떠벌리며 팔러다니지 않는다. 이런 증명되지 않은 속설이나 비법을 맹목적으로 따르거나, 비논리적인 모호한 동경심으로 제멋대로 해석해서 몸을 망치는 일이 없도록 항상 합리적이고 과학적인 사고를 지녀야 한다. 미련하면 몸이 고달프다. 사소하고 쓸데없는 일에 인생을 낭비하거나 망치기 십상이다.

아무튼 '지혜의 눈'은 있어도 '지혜의 귀'는 없다. 귀로 얻은 정보에는 남의 편견과 선입견, 심지어 속임수까지 들어 있기 때문이다. 듣는 사람 역시 곧이곧대로 받아들이지 않고 제 듣고 싶은 것만 골라듣는다. 해서 귓바퀴 귓구멍 생긴 대로 배배 꼬아서 듣는 것을 곡해(曲解)라 했나?

현명한 사람이란, 귀 밝은 사람보다 눈 밝은 사람을 말한다. 눈을 마음의 문이라 했다. 눈이 열려야 마음의 문이 열린다. '제3의 눈'이란 '지혜의 눈'을 말한다. 하인은 귀가 밝아야 하고, 주인은 눈이 밝아야 한다. 귀와 눈, 둘 중 하나를 버려야 한다면 당신은 어느쪽을 선택하겠는가?

3

혼(魂)이냐, 백(魄)이냐?

인간이 '생각하는 동물'로 진화한 이후, 다시 말해 철학하기 시작한 이래 끊임없이 자신에게 질문을 하고서도 아직도 합당한 답을 찾지 못한 것이 바로 "너 자신을 알라!"이다. 나는 누구인가? 현대 철학에서도 '나'에 대해 명쾌하게 설명 못하고 있는 것을 보면 어쩌면 '나'란 없는 것은 아닌지? 아무튼 '나'든 '너'든 내가 '나'를 찾는 게 가능하기는 한 건가? 혹여 이 대명제엔 해답이 없는 건 아닐까?

불교에서는 누천년을 쉬지 않고 끊임없이 '나'를 찾아라, 버려라 한다. 붙잡아라, 내려놓아라, "여기 있는 나가 나 아니냐?"고 반문 하면 '참나'를 찾으란다. '나'는 뭐고, '참나'는 또 뭔지? 아무튼 그런 말을 하는 본인은 정작 '참나'를 찾았는지? 그럼 왜 친절하게 설명을 못해 주는지? 기껏 성명한다는 게 거룩하신 분들의 알쏭달쏭 애매모호한 말씀들만 나열한다. '참나'를 찾아 놓고도 왜 그렇게 맨

날 수도한다고 앉아 있는지? 그런 게 진짜 있기나 한 건가?

그렇다면 지금의 '나'는 헛것인 셈이다.

바로 이순간 "별 헛소릴 다하고 있네!" 하고 돌아서면 자연인으로 살아가는 거고, "그게 뭐지?" 하고 그 앞에 주저앉으면 종교인(철학인)이 되는 것이겠다. 자기에 대한 의심을 갖는 순간 모든 존재들은 모두 가정일 수밖에 없게 되고, "그럼 그게 뭐지?" 하고 한걸음 더 다가앉게 된다. 여기서부터 본격적인 철학이 시작된다. 고대에는 과학이 발달하지 못한 까닭에 그 무한한 상상계의 공간을 신(神)이 지배하게 된 것이리라.

아무튼 그 절대자 혹은 진리를 끊임없이 찾아나서는 일을 우리는 철학한다고 하고, '의심'이라는 괜한 수고로움 없이 '선각자'라고 하는 사람들의 선험적 주장에 무조건 인정하고 복종하는 것을 신앙이라 할 수 있겠다. 개중에는 "그게 뭘까?" 하는 의심을 가지면서도 선인(先人)들의 (어쩌면 뻥이거나 착각일 수도 있는) 체험을 좇아 자신도 직접 그 경지를 실증해 보이겠다고 도전하는 것을 '수행'이라 한다. 대부분 찾다찾다 못 찾으면 모든 걸 절대자(神)에게 맡기고 의 엎드리게 되는데, 거기서부터는 종교의 영역이 되겠다.

과학이 발달하다 못해 이제는 아예 인공지능(AI)까지 생겨난 시대에 아직도 "너 자신을 알라!" "너는 누구냐!"며 인간을 우매한 무엇으로 몰아붙이며 윽박지르고 있으니 아이러니도 이런 아이러니가 없다 하겠다. 더불어 인간을 멍청이로 만드는 온갖 철학적(현학적) 용어들을 끊임없이 만들어내고 있는데, 정작 그런 말을 입에 담는 그 자신은 뭘 안다는 건지 설명조차 못하고 있다. 무자비하게 얘기하자면 종교란 모두 '뻥장사'다. 사이비가 아니라 사기다.

난 아직 귀신을 보지 못했다!

필자는 촌에서 나고 자랐다. 어렸을 적부터 시골 할머니치고는 지나치게 마실(나들이)다니길 좋아하는 할머니를 따라 이 동네 저 동네, 사랑방 윗방 등에서 나누는 옛이야기들을 참으로 많이 듣고 자랐다. 당연히 수많은 귀신 이야기들을 주워들을 수 있었다.

또래 친구들도 필자와 같이 숱하게 귀신 이야기들을 듣고 자랐을 것이다. 텔레비전도 없던 시절이라 모이면 이바구밖에는 달리 마땅한 놀음이 없었으므로 당연히 귀신 이야기들을 쏟아내었을 터였다. 하여 무슨 귀신이 어쩌고저쩌고하면서 눈을 부라리고 무섭다는 듯이 자기 고향 동네 귀신들을 자랑한다. 그때면 필자는 항상 "진짜야?" 하고 물어보고, 다시 다그친다. "남이 봤다는 소리 말고, 네가 직접 본 것만 얘기해 봐!" 그러면 하나같이 어물어물 "직접 본 건 아니지만… 정말이라니깐!" 하고 꼬리를 뺀다.

기실 어렸을 적부터 눈이 크고 겁이 많은 필자는 정말 오랫동안 마음속으로 '언젠가는 나도 귀신을 보게 될 거야!' '무서운데… 귀신이 나타나면 어떡하지?' 하는 두려움을 지우지 못하고 살았었다. 이쯤이면 독자분께서는 '이 친구가 미신에 빠졌구나!'고 한심해하겠지만, 다행인지 안타까운 건지 아직도 필자는 귀신을 만나지 못하였다. 죽기 전에 혹시 만날지는 모르겠으나 지금까지 분명히 말해서 본 적이 없다. 왜 서두에 이런 고백을 하느냐 하면, 난 "내가 본 것이 아니면 절대 믿지 않는다!"는 말을 하고자 해서다. 그렇다고 해서 귀신을 인정하지 않는 건 아니다. 인정하는 것과 믿는 것은 다른 문제다. 진짜 귀신을 봤다는 사람의 주장에 동의한다. 그렇지만 "그건 당신이 본 귀신이지, 내가 본 건 아니지!"라고 단호하게 말한다.

아무나 귀신을 보고, 아무한테나 귀신이 나타나지 않음을 모르는 바 아니다. 굳이 이런 궁색한 얘기를 늘어놓는 것은, 필자가 어떤 종교나 미신에 대한 편견이나 선입견을 가지지 않았음을 밝히기 위함이다. 혹여 "귀신(鬼神)과 신(神)은 같지 않다!"고 항의하실 분은 지금 이 책을 덮어 버리시는 게 좋겠다.

누가 귀신을 만들고, 누가 귀신을 보는가?
신(神)이든 귀신(鬼神)이든 단 한번이라도 접신했다면 필자는 절대 이런 얘기 못하였을 것이다. 그런 류의 책이 서점에 넘치지만, 필자는 맹세코 단 한 권도 진지하게 읽은 적이 없다. 책에서도 귀신을 만나지 못했다는 말이다.

그렇다면 세상에 떠도는 그 많은 귀신 이야기와 영적 체험, 사후 세계, 해탈, 초능력, 정신병 등등은 어떻게 설명할 거냐고 반문할 것이다. 기실 필자가 '혼백론'을 쓰게 된 목적도 거기에 있다. 나는 왜 귀신을 보지 못했을까? 왜 누구는 귀신을 보고, 누구는 귀신을 못 볼까? 오랫동안의 의문 끝에 필자는 '아, 귀신은 사람이 만드는 것이로구나!'를 알게 되고, 그 귀신 만드는 이치와 요령까지 터득하게 되었다. 이에 대한 설명은 능히 혼(魂)과 백(魄) 두 글자를 실마리로 잡아 당장에 풀어나갈 수 있지만, 본격적인 귀신 이야기는 다음 책에서 다루기로 하고, 이번 책에서는 발(足)과 관련된 것만을 싣는다. 총명한 독자라면 이 책만으로도 혼자 귀신(鬼神)의 세계로 들어갈 수 있으리라.

혼백(魂魄)이란 무엇인가?

우리말에 '거시기'란 용어가 있다. 이게 참 거시기한 게 때로는 갑자기 떠오르지 않는 명사나 대명사의 대타로 사용되다가, 때로는 곤란한 물건을 가리키는 은어로, 또 때로는 난처한 상황을 대신하는 형용어로도 쓰인다.

'혼백(魂魄)'만큼 거시기한 어휘도 다시없을 듯하다. '혼백'을 모르는 사람이 있을까마는 정확한 의미를 얘기하라면 대한민국에 단 한 명도 안 나온다. 고대로부터 끝없이 사용해 왔으면서도 너나할 것없이 거시기하게 가져다 쓰는 바람에 말 그대로 거시기한 단어가 되어 버렸다.

국어사전에서부터 철학·민속·도교·불교·유교… 뒤지면 뒤질수록 점점 그 쓰임새가 늘어나 이게 개념어인지 관념어인지 추상어인지 구체어인지 구분이 안 된다. 심지어 한의학에서도 혼(魂) 또는 백(魄)이 허파에 붙었느니 간에 붙었느니 하는 바람에 점점 사람의 '혼'을 빼놓는다. 그리고 이 두 글자가 다시 다른 글자들과 합해져 온갖 개념어들을 만들어낸다. 그런 걸 종합해서 대충 정리하면, 역시 여러분이 익히 알고 있는 바와 같이 정신·영혼·영령·혼령·넋·귀신·신념·이상… 뭐 이런 정도다. 그때그때 필요에 따라 거시기처럼 갖다 쓰면 된다.

한데 필자는 무슨 배짱으로 그토록 거시기한 단어를 붙들고 감히 론(論)을 펼쳐 보자고 덤비는 건가?

대부분의 동양학 용어들이 그렇듯이 그 애매모호하고 두루뭉술함 때문에 제대로 학문(과학)하는 데 엄청난 걸림돌이 되고 있다. 지금은 대충 사용하는 한자만 해도 5,6만 자가 되지만, 고대에는 한자의 글자수가 많지 않아 공자시대만 해도 불과 3,4천 자를 넘지 못하였다. 고작 그 정도의 글자로 춘추전국시대에서부터 폭발적으로 늘어나는 학문적 결과물을 적확하게 표현할 수가 없었을 것이다. 하여 이미 그 이전부터 수많은 가차(假借)·인신(引伸)·형성(形聲)의 조자법이 발달하였다.

문제는 이로 인해 동양학에선 한자를 다의적으로 사용하고, 다시 그걸 해석하는 데에도 다의적(자기 통빡)으로 해석하는 나쁜(비과학적, 비학문적) 습관(편견)이 들었다는 것이다. 개념이 분명치 않은데 학문이 제대로 되겠는가? 이를 명확히 하지 않고는 동양학은 미몽 속에 끝없이 윤회를 거듭할 것이기에 비록 무딘 칼이지만 혼(魂)과 백(魄)을 일단 한번 갈라 보자 싶어 나선 것이다.

온갖 책을 뒤져 겨우 건져낸 가장 쓸 만한 해석이라곤 '혼(魂)은 양(陽)이고, 백(魄)은 음(陰)이다'란 구절이다. 또 음양론이느냐고 하 겠지만, 아무래도 동양학의 속을 뒤집는 일이니 동양적인 잣대로 가르는 것이 이해도 빠르고 개념 정리도 쉬울 것이리라. 서양과학 으로라면 이미 뇌와 신경계의 작용임을 다 아는 상식에 지나지 않 는 용어에 불과하니 굳이 이런 작업에 나설 필요조차 없겠다. 그러 니까 결론은 고대 동양학을 현대적 언어로 해석해 보자는 건데, 운 이 좋으면 혼백(魂魄)이란 두 글자를 통해 고대 학문과 현대 학문을 관통할 수 있지 않을까?

혼(魂)이란 무엇인가?

우리는 '정신 차린다' '정신이 든다'고 말하는데, 그렇다면 과연 정신이란 무엇을 가리키는 걸까?

'정신(精神)'이란 오감을 통해 바깥을 인지(감시)하고, 그 정보를 분석·판단·선택·실행·저장이란 전 과정을 수행하는 기능이라 할 수 있겠다. 다시 말하자면 밖으로부터 제 육신을 보호하고 보전하는 데에 필요한 두뇌 활동이다. 육신을 이루는 각각의 세포(기관)가 자신들의 안전과 생존을 위해 대뇌(전두엽)에게 부여한 권능인 셈이다.

그러면 '생각'은? 전두엽의 여가 활동인 '염사상의억고(念思想意憶考)'라 할 수 있겠다. 전쟁으로 치면 대치중 보초병이 애인 생각을 하거나, 바둑을 두거나, 만화책을 보는 격일 테다. '생각이 있는 놈이냐, 없는 놈이냐!'고 나무랄 때, 그 생각은 곧 '궁리'를 말함이리라. 그리고 '상상'이란 '정신' 차리고 남은, 그러니까 정신의 찌꺼기 혹은 부산물이라 해도 되겠다.

그렇다면 정신에는 창의적인 의식 활동이 없는 셈이다. 단순히 학습으로 저장된 매뉴얼대로 감시하고 집행하면 된다. 그에 비해 생각은 '궁리'여서 온갖 정보끼리 뒤섞여 상상(망상)이 무궁하게 펼쳐진다. 해서 생각을 혼(魂)의 운용이라 할 수 있다. 인간이 동물과 구별되는 게 바로 이 '생각'하는 능력이 아닌가? 이 생각을 다시 수만 개로 쪼개서 분류하는 일은 이미 수많은 철학자·정신분석학자·종교학자들이 쪼개고 쪼개고도 모자라 지금도 쪼개고 있으니 굳이 필자까지 끼어들 것까진 없겠다. 대신 필자는 그 복잡 세계를 '백(魄)'과 '혼(魂)', '정신'과 '생각', '넋'과 '얼', '육신'과 '영(靈)'으로 크게 대별하는 작업을 하고자 한다.

하여 '정신'과 '생각'을 '혼(魂)'이라 정한다.

백(魄)이란 무엇인가?

이제 백(魄)을 설명할 차례다.

'혼(魂)'과 똑같이 '넋'이라고 훈독한다. 사전상으로도 '사람의 몸 안에서 몸과 마음을 다스린다는 비물질적인 것'이라 하여 '혼(魂)'과 동일하게 설명하고 있다. 그렇지만 백(魄)은 혼(魂)처럼 따로 쓰이는 경우는 별로 없고, 대개는 혼(魂)에 붙어 혼(魂)과 같은 의미로 사용되어 왔다. 그만큼 오랫동안 사람들의 관심을 끌지 못한 것이다. 처음 글자가 만들어졌을 적엔 분명 그만한 이유가 있었을 터, 자세히 살펴보면 어딘지 구별되는 구석이 없지 않은데도 말이다.

본격적으로 백(魄)을 설명하기 위해서는 무엇보다 먼저 '나'가 누구인지, '나'의 주인이 누구인지부터 질문해야겠다. 육신만을 가지고서 '나'라 하기엔 부족하고, '혼(魂)'을 보태어도 역시 미흡해 보인다. 다시 '마음'을 보태면 그럭저럭 '나'가 완성되는 것 같은데, 문제는 '마음'이란 게 도무지 종잡을 수가 없다는 것이다. 해서 이번엔 그럼 대체 '마음'이란 게 무엇이냐는 질문을 던진다. 역시 잡힐 듯하면서도 잡히지 않고 보일 듯하면서도 보이지 않는 것이 마음이니 참 설명하기도, 그리고 그 설명에 수긍하기도 어렵다. 해서 결국 이 '마음'이 어쩌면 '참나'가 아닐까 싶어서 그토록 많은 사람들이 이 '마음' 찾기에 나섰던 것 같다. 더불어 누천년 동안 야바위꾼들의 '마음' 장사가 성행하는 것이리라.

인간은 저 혼자서 살아가는 독립적 존재라고 하지만, 그건 완전 오해다. 우선 인간의 몸은 물(4,50리터)과 뼈(211개), 기관(100개), 운동근육(450쌍), 조직(800형 이상), 유전자(10만 개)로 가득 차 있다고 한다. 이들은 모두 세포로 이뤄져 있는데, 학자에 따라 의견이 분분하지만 어림잡아 100조 개로 친다. 각각의 세포의 가장 중심에 염색체(유전인자·DNA) 46개가 들어 있는 핵이 있고, 그 언저리에 세포질, 제일 겉에 세포막이 둘러싸고 있다. 세포질에는 미토콘드리아·리보솜·소포체·골지체 따위의 여러 세포소기관이 있다. 그 세포들은 다시 그들보다 더 많은 박테리아·세균·기생충 등과 함께 말 그대로 소우주를 구성해서 '사람'과 똑같이 수없는 생로병사를 반복하면서 살아가고 있다. 단지 그들의 우주는 수명이 좀 짧아 부지런히 다른 우주(자손)를 만들어야 한다.

단세포 생물인 박테리아를 생명체로 친다면 분명 우리 몸 안의 세포 1개도 생명체다. 다만 그 박테리아 중 일부가 저 혼자 살아가다가 어떤 이유로 몇 개가 같이 모여 살아 보자고 해서 다세포생물이 생겨난 것일 테다. 그러다가 각자가 역할을 분담하다 보니 훨씬 생존에 유리함을 깨달은 것이겠다. 하여 각 세포들이 맡은 역할에 맞춰 제 형태까지 변형시켰는데, 여기서부터 진화가 시작된 것이리라. 한데 문득 의문이 든다. 혹여 그 세포 하나하나가 자기 생각은 없을까? 생존 욕구는? 종족 보존(자기복제)의 욕구는 없을까? 저들끼리 주고받는 소통 신호는? 아, 물론 고등동물과 같은 정도로 발달된 건 아닐지라도 말이다. 어쩌면 그 신호가 너무 미약해서(인간의 수십조분의 일에 지나지 않아서) 우리가 못 느끼고 있는 건 아닌지? 아직 과학이 그걸 측정해낼 만큼 발달하지 못해서 확인이 안 되는 건 아닌지? 대뇌의 일부에서 기능하는 정신 활동을 혼(魂)이라 한다면, 그외의 세포 간, 각 기관 간의 소통 신호를 일단 백(魄)이라 하자!

'나'의 주인은 누구인가?

통념적으로 알고 있는 '나(魂)'라고 하는 몸의 주인이 실제 자기 몸을 마음(의지)대로 부릴 수 있는 건 장기 바깥의 운동근육뿐이다. 그걸로 '인간'다운 짓을 하고 산다. '생각'을 하지 않느냐고? 하지 만 그마저도 대뇌 중 일부분을 가지고 노는 것에 불과하다. 그리고 그 '생각'의 대부분은 육신과 직접적으로 상관하지도 않는다.

인간이 지구 표면에 붙어살지만 저 하늘 너머 우주, 우주 너머 우주에 대해선 아는 것이 없다. 해서 매일 하늘을 보며 별을 헤아리고, 우주선을 만들어 쏘아올린다. 마찬가지로 우리 몸 안에 사는 세포(기관)들은 자신들의 우주(몸) 밖을 살필 수가 없다. 자신들의 생존과 안전을 위해서 뭔가 새로운 결정체를 만들어 권한을 위임해야 할 필요가 생겼다. 해서 두뇌란 걸 만들고, 그 중 일부분이 외부 감시를 위해 감각을 인지하는 기능과 생존과 생식을 위해 먹이와 짝을 찾아다니고 안전하게 이동할 수 있도록 근육을 사용하는 권한을 맡겨 준 것이다.

나머진 모두 자기들끼리 알아서 열심히 정보를 주고받으며 세포 자신과 공동체를 위해 쉬지 않고 일을 하는 것이다. 각종 호르몬과 화학물질을 분비하고, 자율신경계를 만들어 정보를 주고받으며 단 한 개의 세포도 빠짐없이 일사분란하게 움직인다. 과연 그들끼리 소통하는 '정신'이 없을까?

만약 '나'가 그것을 인지하면 어떻게 될까?

당장에 미쳐 버린다. 인간의 두뇌가 아무리 커져도 그 중 극히 일부분도 감당 못한다. 그랬다간 찰나에 뇌가 터져 버릴 것이다. 가시 하나만 찔려도 혼비백산(魂飛魄散)하는 게 인간이 아닌가? 앞으로 몇만 년 동안 인간이 만들어낼 AI(인공지능)를 다 끌어모아도 사람 몸 하나 관장 못한다.

가령 어떤 부주의나 돌발적 사고로 인해 인체가 큰 상처를 입었을 때 혼(정신)은 그 통증을 감당해야 하고, 또 응급하게 조치를 해서 피가 더는 못 흐르도록 붕대를 감아 상처 부위를 보호하고 치료를 하는 외적인 방안을 궁리해내야 한다. 반면에 몸 안에서는 무슨 일이 벌어지고 있는가? 백(魄)에 의해 즉각적으로 비상체제가 가동된다. 피를 만드는 기관은 피를 만들고, 상처를 아물게 진액을 만드는 기관은 진액을 급하게 양산해낸다. 그리고 그런 혈액과 물질들을 혈관을 통해 상처 부위로 배달시켜 무너진 둑을 서둘러 틀어막아 피가 빠져나가는 걸 방지해야 하고, 또 그 상처를 통해 침투한 각종 세균들과 전투를 벌여 소탕해야 한다. 그렇게 부서진 성곽을 복구하고 희생된 군사를 보충하기 위해 새로운 세포를 서둘러 만들어내어 완벽한 전투 태세를 갖추어야 한다.

　이러한 모든 과정이 자율신경을 통해 온몸의 전 기관과 세포들에게 전달되고, 그 상황이 모조리 중앙통제소로 즉각 보고되어 다음 조치 역시 자율적으로 일사분란하게 처리된다. 이 일을 정신과 생각을 담당하는 전두엽이 해낼 수 있을까? 절대 불가능한 일이다. 만약 그 중 일부의 정보라도 인식을 담당하는 전두엽에 전달된다면 너무너무 복잡해서 그 즉시 혼(魂)이 나가 버리고 말 것이다. 다행히도 그 통증과 약간의 피곤함, 그리고 한동안의 불편함을 감수하면 그만이다.

　병원에서 수술을 할 때 마취제를 사용하는 경우와 사용하지 않는 경우, 상처가 아무는 속도에 차이가 나는 연유가 바로 여기에 있다. 마취를 한 상태에서 수술을 하면 혼(魂)이 통증의 고통에서 벗어날 수 있지만, 덩달아 마취당한 백(魄)이 비상가동체제를 제대로 가동시키지 못하는 바람에 자체적으로 생산해야 하는 각종 보호물질 등을 제때에 생산 공급하지 못한 까닭이다. 마취제·진통제·수면제 등 마약성 의약을 애용해서 중독이 되면 백(魄)의 소통 체계 매뉴얼이 망가져 정상 기능을 발휘하지 못하게 되는 것도 이러한 이치겠다. 마약으로 인한 잘못된 정보에 길들여진 각 기관들이 자신이 만들어내야 할 각종 영양소·항균물질·신경전달물질 등을 과도하게 또는 부족하게 만들어내거나, 심할 경우에는 아예 생산 기능조차 상실하게 되는 것이다. 그리고 자기들끼리 주고받는 신호 체계에 무반응하거나 과잉반응을 일으켜 오작동 혹은 통제 불능에 빠트리기도 한다.

  그런데 혼백(魂魄)에서 혼(魂)은 백(魄)이 하는 일을 인식할 수가 없는 반면에, 백(魄)은 혼(魂)이 하는 일을 모조리 파악하고 있다. 혼(魂)은 오감을 통해 사태를 파악하고 궁리해서 더 이상 끔찍한 고통을 당하지 않으려고 조치를 하지만, 그 일을 백(魄)에게 직접 보고할 책임도 방법도 없다. 심지어 보고가 전달되었는지 안 되었는지조차 모른다. 하지만 백(魄)은 혼(魂)이 하는 일을 자동적으로 동시적으로 보고받아 자율적으로 인체의 모든 기관에다가 상황을 전달해서 각자가 스스로의 역할을 해내도록 조처한다. 가령 상처를 입어 혼이 고통스러워하면 그 고통을 완화시켜 줄 도파민을 분비하고, 슬플 때나 기쁠 때, 그리고 놀랐을 때, 배고플 때, 이성을 만났을 때 등등 그에 필요한 각종 신경전달물질을 스스로 척척 만들어 내는 것처럼 말이다. 대뇌피질 안(아래)에 있는 변연계가 중간에서 그러한 역할을 담당한다. 혼(魂)은 그저 오감(통증)을 통해서 백(魄)의 상태를 극히 일부분 짐작할 수 있을 뿐이다. 만약 혼(魂)이 백(魄)의 그와 같은 일들을 모두 인식한다면, 우리는 굳이 현미경을 들여다보며 그들이 무슨 일을 하고 있는지 연구할 필요도 없겠다.

  이와 같은 내적인 소통 체계는 과연 '나'인가, 아닌가? 뇌(腦)가 없는 지렁이는 '나'가 없어서 생존 욕구(의지)도 없다든가?

  우리 몸의 세포 하나하나의 본능적 의지(그러기엔 너무 미약하지만)에서부터 혼(魂)의 역할을 하는 일부 대뇌의 작용을 제외한 다른 모든 기관들의 소통 체계를 필자는 백(魄)이라고 정의하고자 한다. 간단하게 정리하자면 혼(魂)은 인식신경계라면, 백(魄)은 무인식신경계라 할 수 있겠다.

　그러고 보면 기실 혼(魂)의 기능적 역할은 상대적으로 보잘것없다 하겠다. '인간'이 우주에 비하면 먼지보다 미약한 존재이듯이. 인간에게 '생각'하는 능력을 맡긴 것은 바로 이 소우주를 건실하게 잘 챙기라는 세포들의 요구를 내적으로 관장하고, 혼(魂)의 정보와 판단을 받아 바른 선택을 하도록 하는 등, 실제적인 몸의 주인은 백(魄)이다. 정신이 제 몸의 주인이라고 생각하는 건 인간(魂)의 착각이다. 착각에서 그치지 않고 나아가 딴짓을 할 때 인간은 사고를 치고, 병이 나서 본연의 임무를 망치고, 소우주·대우주를 파멸로 몰아간다. 그게 인간의 오만이다. 필요 이상으로 커진 대뇌신피질(전두엽)의 장난이다. 아무튼 지나치게 발달한(권한이 강화된) 현대인의 혼(魂)은 수시로 자신(魂魄)을 속이거나 속이고 싶은 유혹에 빠진다.

'마음'이란 무엇인가?

　과학이 발달한 지금 신체에 대해선 초등학교만 졸업해도 웬만한 건 다 알고 있다. 그리고 정신이나 생각 역시 종교나 철학에 의지하던 미개한 시기를 지나 지금은 그저 '뇌의 활동'이라는 과학적 설명 하나면 족하다고 할 수 있다.

한데 이 '마음(心)'이란 단어는 설명이 여의치 않다. 간단한 듯하면서도 다의적 해석이 가능하고, 때문에 딱히 뭐라고 정의 내리기도 쉽지가 않다. 정신의 다른 표현? 영혼? 혼백? 얼? 넋? 감정? 느낌? 기분? 등등 끝이 없는데다가 무의식·잠재의식·욕구·욕망까지 '마음'에 담을 수 있으니 이보다 더 거시기한 용어도 없겠다. 인간의 그 어떤 행위가 이 '마음'이 개입되지 않은 것이 있던가? 무엇보다 이 '마음'은 그 주소지조차 모호하다. 마음은 혼(魂)일까? 백(魄)일까? 정신일까? 생각일까? 머리에 있나? 가슴에 있나? 글자 모양대로 심장에 있나? 그 때문에 유독 이 '마음'만은 어떤 형체가 있을 듯한, 혹은 신체 어느 부분에 숨어 있는 듯한 착각에 빠지기도 한다.

'마음'은 순수한 우리말인 것 같다. 한자 '심(心)'을 '마음'이라 훈독한다. 이미 고대 갑골문에서부터 '心'이라 하였으니, 인간의 심장을 그림으로 나타낸 상형문자이다. 그 당시의 사람들도 지금처럼 '마음'의 의미로 사용했는지 알 수는 없으나, 아무튼 후세인들은 이 그림문자를 다양한 개념을 지닌 묘한 용어로 발전시켜 왔다. 옥편에서도 이 마음 심(心, 忄)자 부수가 달린 한자수가 가장 많은 걸 보면 능히 짐작하고도 남을 것이다.

분명한 것은 '생각'과 '마음'이 같지 않다는 점이다. 그렇지만 어떻게 다른지 딱히 정의하기가 쉽지 않다. 하여 칸트·니체·후설·하이데거 등등 그 수많은 근현대 철학자들조차도 그 경계를 찾아나섰다가 결국 진흙늪에 빠져 허우적대다가 죽은 건 아닐까 하는 의 구심마저 들 정도다. 동양에서 그토록 오랫동안 불교·도교 등 수많은 철학자나 수행자들이 궁극에 가서 찾고자 했던 것도 어쩌면 이 '마음'이 아니었을까? 불교에서는 지금도 툭하면 이 '마음'을 이야기하지 않는가? 깨달음을 얻었다는 성인들은 수행 끝에 이 '마음'을 찾았던 것이고, 또 그것을 통해 진리에 이르지 않았을까?

실제로 동양의 내로라하는 성인들은 이 '마음'을 찾았다고도 하고, '마음'이 없다고도 했다. '마음'을 찾았다고 하면 이는 곧 '마음'이 있다는 말인데, 그런데 왜 다시 '마음'이 없다고 하는 것일까? 그러니까 있는 것이기도 하고, 없는 것이기도 한 것이 '마음'이란 말인가? 세상에 그런 얼토당토않은 궤변이 어디 있는가? 말로 설명되지 않는 것을 진리라 해도 되는가?

그럼에도 왜 인간은 그 '말도 안 되는' 말을 믿고 따르는가? 종교니까? 그건 신앙이지 진리 탐구가 아니지 않은가? 아무려나 과학과 종교를 혼동하는 철학자들의 횡설수설에 놀아날 만큼 현대인들이 어리석지 않다. 그렇다면 도대체 '마음'이란 무엇일까? 일단 일상에서 쓰이는 어휘에서부터 '마음'을 한번 살펴보자!

'마음대로' '마음먹다' '마음껏'이라고 쓰일 때, '마음'은 '의지'를 뜻한다. 때로는 '좋다' '싫다'의 선택 결정권으로 사용되기도 한다.

오감(五感)을 통해 들어온 외적 정보를 '정신'이 수집하면, '생각'은 인식이나 학습을 통해 저장해 두었던 정보들을 끄집어내어

새 정보와 비교 분석한 다음 판단을 내리고, '마음'은 그 결과에 대해 백(魄)의 눈치(욕구)를 살펴 최종적으로 결정, 행동을 하게 된다. 물론 이러한 과정은 순차적이지 않고 동시에 진행되는데, 경우에 따라서는 '마음'이 먼저 결정을 해버려 실수를 저지르기도 한다. 그런 때를 우리는 조급했다 하는데, 이는 '마음'이 지나치게 백(魄)의 의중을 따른 때문이라 하겠다.

이 과정을 인간 스스로는 들여다보기가 여간 어려운 게 아니다. 해서 혼백을 분리(격리)시켜 보면 '마음'이 있는 곳을 직접 느낄 수가 있는데, 그러기 위해선 수행이 상당한 수준에 이르러야 한다. (혼백을 분리하는 법은 다음 《혼백과 귀신》에서 다루겠다.)

혼백을 가르면 '마음'이 보인다!

옛사람들은 마음이 가슴에 있다고 여겼다. 뭔가에 심히 놀라 갈비뼈 아래가 털썩하면 간(肝)에 있는 것 같고, 흥분으로 심장이 두근거리거나 긴장으로 오그라들라치면 마음이 심장에 숨어 있는 듯하고, 뭔가 답답하고 억울한 일을 당해 숨이 턱 막힐 때면 마음이 폐(肺)에 있는 것 같다. 또 명치가 꽉 막히거나, 짜증나거나 역겨운 일을 당해 매스꺼움과 위경련까지 일으킬 적엔 마음이 위(胃)에 있는 것처럼 느껴지기 때문일 테다. 그리고 이때의 경험은 뇌 속에 이중삼중 반복적으로 깊이 각인되어 저장되는데, 이후 같은 일을 겪게 되면 혼(이성적 판단)이 판단하고 결정하기 전에 자율신경이 반사적으로 반응을 보인다. 그 바람에 마음이 혼(魂)의 영역인지 백(魄)의 영역인지가 헷갈리게 된다. 하여 '마음(心)'과 관련된 인간의 인식이나 지식에 편견과 선입견이 유독 많은 이유가 거기에 있다.

'마음'은 '생각' 가운데서도 '의(意)'에 해당하는 부분이다. 해서 '성향적' '감정적' '감각적' '정서적'이기도 하여 마음의 결정이 상황에 따라 전혀 생각(예상)지 않은 결과를 초래하기도 한다. 흔히 그런 걸 '운명적'이라고도 한다. 이에 '생각(의심)'할 줄 아는 인간이 가만 있을 리 없겠다. 해서 점(占)을 치거나, 주역(周易)이니 명리학(命理學)이니 하는 갖가지 방술(方術)을 만들어낸 것이리라.

정신이 있다 없다는 곧 정신이 '들었다' '나갔다'를 의미한다. 생각이 있다 없다는 곧 생각을 '했다' '안했다'의 의미이다. 그리고 마음이 있다 없다는 곧 '내킨다' '안 내킨다'를 뜻한다. '정신'이 두뇌의 총체적 활동이라면 '생각'은 궁리하고 판단하는 이성적 행위이고, '마음'은 선택할 것이냐 말 것이냐를 결정하는 감정(감성)적 행위다. 하여 정신은 '자'거나 '깨어' 있어야 하고, 생각은 '놀'거나 '복잡'할 수 있고, 마음은 '좋아'하거나 '싫어'하고 '아플' 수 있다. 백(魄)이 반발을 하면 '마음'이 내켜하지 않을 수도 있다. 가령 사람에 따라서 희로애락에 반응을 하지 않거나 지나치게 반응하는 이들이 있으며 그럴 경우 우리는 '냉정'하다느니 '과격'하다느니 하는데, 이는 해당 신경전달물질을 분비하는 능력이 남들보다 모자라거나 넘치기 때문이다. 조현병 환자나 소시오패스·사이코패스들 가운데 그러한 사람이 많다.

혼백(魂魄)이 대략 이 정도로만 정리되어도 우린 수행의 목적과 그 과정, 그리고 방법까지 유추해낼 수 있으리라.

인간은 그동안 왜 백(魄)을 놓쳤을까?

필자가 '혼백'을 발견(?)한 이래로 드는 의문이 바로 이 점이었다. 그 많은 철학자(과학자)들은 고작 혼백을 음양으로 나눈 정도로 제쳐두고 누천년 동안 왜 그토록 혼(魂)에만 매달렸던 걸까? 수행자들은 왜 그토록 '마음' 찾기에만 골똘했던가?

짐작컨대 그것은 아마도 종교의 발달에 있지 않았을까 싶다. 영혼을 신성불가침한 영역으로 밀어올리는 바람에 감히 과학해 볼 엄두도 못낸 것이리라. 과학하기는커녕 오히려 철학이나 예술로 더욱 모호하게 포장하는 데 경쟁적으로 나섰다. 그 영혼의 관장기관인 뇌(腦)를 과학하기 시작한 지는 불과 한 세기도 되지 않았다. 그 전까지 우리의 영혼은 신(神)이 관장했었다. 지금도 많은 사람들이 그렇게 믿고 있다. 영혼이란 신(神)이 주신 권능, 영성(靈性)이라고!

넋과 얼

글을 쓸 때면 우리말의 빈약함을 절실하게 느낄 때가 참으로 많다. 그나마 가지고 있던 예스러운 말들도 한자어나 영어에 밀려나 도태되고 있어 안타깝다. 비록 현대적인 의미를 충분히 담아내지는 못하지만, 그 옛말들을 도로 *끄집어내어* 이제부터라도 그 의미를 더해 가는 작업을 해나가는 게 마땅한 일이 아닌가 싶다.

흔히 우리는 '정신 나갔다' '정신 차려라' '얼빠졌다' '넋나갔다' '혼이 나갔다' '혼났다' '혼쭐냈다'라는 말을 사용한다. 몹시 놀라거나 야단을 맞거나 무엇에 홀려 어리벙벙한 상태를 이르는 말이다. 사전에서 혼(魂)과 백(魄)에 해당하는 순우리말을 '넋'이라고 한다. 그리고 '넋'과 똑같은 의미로 쓰이는 말로 '얼'이 있는 걸 보면, 아마도 그 옛날엔 '얼'과 '넋'을 구분했던 모양이다. 나중에 혼백과 마찬가지로 혼용해서 쓰이다가 '넋'만이 남아 주로 사용되고 있는 것은 아닐는지! 어쨌든 이쯤에서 '혼백(魂魄)'을 분리하기로 하였으니 '얼'과 '넋'도 그에 따라 분리해서 사용하는 것이 좋을 듯하다.

그런데 자세히 살펴보면 넋이 빠졌을 때와 얼이 빠졌을 때의 상태가 조금 다른 것을 알 수가 있다. 둘 다 정상이 아닌 상태이지만, 넋이 빠지면 그 자리에 멍하니 서 있거나 주저앉아 움직이질 못한다. 심한 경우 의식이 '얼른 일어나서 도망가자!'고 해도 몸이 말을 듣지 않는다. 반면에 얼이 빠지면 움직이고 무슨 일을 하기는 하는데 이게 도무지 정상이 아니다. 전자는 충격이 너무 커서 백(魄)까지 놀란 경우이고, 후자는 혼(魂)만 놀란 까닭이리라. 필자의 경험으로는 혼(魂)만 놀란 경우는 대개 시간이 지나면 가라앉는 것에 비해, 백(魄)까지 놀란 경우에는 여간해서 정상으로 돌아가지 못하고 건강을 해치게 되므로 반드시 치료를 받아야 한다. 기실 필자도 바로 이 부분에서 의심을 갖고 계속 파고들다가 혼백(魂魄)의 실마리를 찾게 되었다.

아마도 고대 원시인들은 동물이나 사람이 상처를 입어 피를 흘리면(빠져나가면) 정신이 혼미해지면서 마침내 죽음에 이르게 되는 것을 보고, 피가 곧 영(靈)인 걸로 자연스레 이해하였을 것이다. 그러다가 인지가 조금 더 발달되어, 피를 흘려 죽는 경우와 피를 흘리지 않고도 죽는 경우에 대한 구분과 설명이 필요했을 터이다. 또 간혹 기절했다가 깨어나는 경우도 있었을 것이니, 어쩌면 이러한 연유로 혼백의 분리 개념이 생기지 않았을까 짐작된다. 해서 혼(魂)은 육신을 들락거리는 무형의 넋으로, 백(魄)은 피처럼 육신을 떠나지 않는(떠나서는 안 되는) 유형적인 것으로 분리했을 것이다.

그렇게 고대인들은 사람이 죽으면 혼(魂)은 하늘로 올라가고, 백(魄)은 육신과 함께 땅으로 돌아간다고 여겼던 모양이다. 해서 혼(魂)을 혼령(魂靈)이라 하고, 백(魄)을 정령(精靈)이라 하지 않았을까? 정(精)을 관장하는 건 백(魄)이므로!

하여 이참에 필자는 '얼'을 혼(魂)에다 붙이고, '넋'은 '백(魄)'에다 붙여 두 어휘를 대대법(對待法)적으로 세워 놓고자 한다. 한자어에 혼비백산(魂飛魄散)이라는 어구도 있고, 정몽주의 시(詩)에 '백골이 진토 되어 넋이라도 있고 없고'라는 표현이 있듯이, 아마도 본디가 그랬을 것이라 짐작된다. 더불어 자기(自己)는 혼(魂)에, 자신(自身)은 백(魄)에 묶어 놓고자 한다.

물질 세계와 정신 세계

2016년 1월, 미국 오리건대학의 생화학자 켄 프리호다 박사가 이끈 연구진은, 약 6억 년 전에 일어난 하나의 돌연변이가 단세포생물에서 다세포생물로의 진화를 만들었노라고 발표했다. 이러한 유전적 돌연변이가 일어나지 않았다면 인간은 물론 거의 모든 다세포생명체가 현존할 수 없었을 것이라는 주장이다. 연구진은 이러한 돌연변이를 발견하기 위해서 단세포 원생동물인 깃편모충류의 유전적 변화를 추적했다. 단생포생물인 깃편모충류들은 때때로 그룹을 이뤄 함께 작업했고, 협력을 통해 특정한 종류의 양분을 섭취했다. 그러니까 각각의 세포가 다른 세포와 함께 협력한다는 사실을 확인한 것이다. 하여 연구진은 깃편모충류의 협력을 만들어내는 유전자를 검토하기 시작했고, 특정 단백질을 수정시키는 하나의 돌연변이를 발견했는데, 수정된 단백질은 다른 단백질을 결속하고 소통하는 것을 가능케 하면서 개별적인 세포들을 집단으로 묶는 기능을 하는 사실을 발견했다고 한다.

그렇다면 하나의 단세포에서 100조 개의 공동체인 현재의 인간으로 진화해 온 과정에는 그 각각의 세포들 사이에 얼마나 많은 상호 소통과 약속이 있었을까? 그리고 그 상호간의 역할과 협약을 하나도 빠뜨리지 않고 프로그램화해서…! 그리고 그것을 단 한 세포도 소외하지 않고 각각의 세포핵이 똑같이 공유 저장하고 있다는 사실! 슈퍼컴퓨터 억만 대를 모아 놓아도 그 과정을 다 헤아리지 못할 것이다. 그리고 보면 6억 년이란 세월은 그다지 긴 것도 아니다.

그리고 그 6억 년 동안 진화해 온 전 과정을 단 하나도 빠트리지 않고 고스란히 재현해내어야 온전한 한 인간이 태어날 수 있다. 난자와 정자가 만나자마자 1주 만에 6억 년의 대역사를 되풀이해내는 것이다. 어떤 형용사로 이 위대함을 표현할 수 있겠는가!

실제로 세포에 가해진 모든 자극이 DNA에 기록되어 있으며, 최근에는 유전자 가위 기술을 이용해 세포 내의 신호 전달 체계는 물론 그 기록마저 읽어낼 수 있는 기술로까지 개발되었다고 한다.

아무튼 1921년 오토 뢰비 박사가 신경전달물질의 존재를 입증한 이후 현재까지 40여 종의 신경전달물질이 발견되고, 또 그것들이 시냅스와 시냅스 사이에서 분비 흡수하는 과정을 통해 각각 수천 내지는 수만 개의 주변 신경세포들과 신호를 주고받음으로써 정보를 전달하고 저장하고 끄집어낸다는 사실이 구체적으로 밝혀졌다.

더불어 뇌과학의 비약적인 발달로 그동안 인류가 감히 들여다볼 엄두조차 내지 못하고 추상 세계로만 경외시해 오던 소위 '정신 세계'가 이들 화학적 물질들의 조화로 이루어지고 있음이 죄다 드러났다. 그러니까 인간을 인간답게 해주던 그것이 신(神)이 내려준 능력이 아니라, 신경전달물질의 이동으로 인해 생겨난 음전하와 양전하의 차이가 만들어낸 '흥분'과 '억제'라는 신호들이 모여 감각·감정·정보·인식·기억 등등의 정신 세계를 만들어낸 것이다. 언뜻 컴퓨터의 원리와 비슷해 보이기도 하지만, 반도체가 평면적 신호 전달 체계인 반면 신경세포는 동시에 1만여 개의 다른 세포들에게 신호를 보내는 공간적 신호 전달 체계다. 게다가 쌍방향으로 신호를 주고받는다. 그러니 제아무리 인공지능(AI)이 발달해도 이 한계는 못 뛰어넘는다. 평면적인 정보 전달 체계는 아무리 많이 늘려도 '생각'이 되지 못한다. 지식이 아무리 많아도 책 속에서는 지혜가 될 수 없는 것처럼!

결국 인간이 만들어낸 정신 문화란 것이 인체 내의 각종 물질의 흐름(이동)에서 생겨난 자기장! 태양풍이 만들어낸 오로라와 같은 것이겠다. 당연히 그 흐름이 멈추는 순간 그 어떤 생명 활동도 멈추게 된다.

이런 과학의 시대를 살아가면서도 아직도 현대인들의 상당수는 비과학시대의 추상적 개념(용어)들로 정신 세계의 본질을 규명하겠다며 뇌세포를 혹사, 확장시키는 일에 몰두하고 있다. 그러니 현대 과학의 성과들로 누천년 동안 인간의 머릿속에 낀 겹겹의 백태를 한 꺼풀 한 꺼풀 벗겨 나가는 것도 더없이 재미있는 산책이 되겠다. 아무려면 옛사람들의 성과가 모두 다 헛되기야 하겠는가? 인류가 열망해 온 궁극의 가치와 목포가 예나 지금이나 다르지 않을진대 눈을 씻고 잘 살펴보면 현대 과학이 미처 챙기지 못한 어떤 보석 같은 지혜를 찾을 수도 있겠고, 그들이 세워 온 지난날의 이정표들이 현대 과학문명이 나아가야 할 방향을 잡는 데 크게 도움이 될지도 모르지 않겠는가?

천지인(天地人)? 아니다. 천지만물(天地萬物)이다! 인간은 그 천지
만물 가운데 하나일 뿐이다. 만물의 영장? 아니다. 미물 가운데 하
나일 뿐이다. 천지인 사상이란 인간의 건방이 만들어낸 편견일 뿐
이다. 여기서부터 온갖 오류가 시작된다. 이러한 기본 개념에서부
터 편견을 가지게 되면, 거기서부터 싹트는 모든 사유가 참될 리가
없는 것은 당연한 일이겠다.

이처럼 인간이 철학을 하면서부터 만든 기본틀이 되는 개념들에
도 미화된, 꾸며진 편견들이 덧쌓여져 있다. 누군가가 그럴듯하게
띄워 놓으면 다음 사람은 이를 더욱 밀어올려 놓고, 또 어떤 이는
여기에다 덧칠을 하고 향을 피워 흐릿하게 만들어 더욱 신비화시킨
다. 그래 놓고는 자신들처럼 특별한 자들만이 그걸 제대로 볼 수 있
다며 호구지책의 도구로 이용하기도 한다. 포유동물처럼 자신의 체
취를 묻혀 놓고는 자기 영역·소유인 양하는 것이다.

대부분의 수행자나 동양학 전공자들은 이런 식의 편견 때문에 공
부 초입에서부터 허황된 신비주의로 빠져 평생을 그 틀(선입견)에서
벗어나지 못하게 된다. 그리하여 공부의 방법은 물론 심지어는 목
적조차 헛되고 만다.

아무튼 동양철학에는 전통적으로 자칫 그러한 편견과 오류로 빠
져들게 하는 개념들이 무수하므로 주의해야 한다. 천지인 사상도 그

러하거니와, 동물(인간)을 규정하는 가장 기본적인 개념어인 '정기신 (精氣神)' 또한 예외는 아니다.

대부분의 무예며 기공 · 한의학을 공부하는 사람들이 가장 기초적 인 이 정기신(精氣神)의 개념을 착각하거나 잘못 알고 있는 데서부 터 바른길을 놓치고 있다. 예로부터 도교(道敎) 혹은 도가(道家)류의 서적이 많이 전해 오는데, 그 내용에는 합리적인 것도 있지만 대부 분이 허황된 주장이어서 여차하면 엉뚱한 길로 접어들기 십상이다. 과학문명이 발달하지 못했던 시대에 남긴 기록이라 일단 의심을 갖 고 냉철하게 대해야 한다.

'정(精)'이란 생물(식물이든 동물이든 바이러스이든)이 그 생명을 보 전하는 능력, 그리고 자기복제 능력에 필요한 모든 것을 말한다. 음 식 · 공기 · 물 등의 개체를 만들고 유지하는 모든 것, 또 다음 세대 를 위한 정액과 씨앗까지가 모두 정(精)이다. 대개의 공부자들이 실 수하는 것이 공기(空氣)에 기(氣)자가 붙어 있다는 연유로 이를 기 (氣)로 해석하는 일이다. 물론 산소가 폐를 통하여 핏속에 녹아들어 서 온몸에 공급되어 생명을 유지케 하는 것은 사실이지만, 그렇다 고 기(氣)로 분류하면 다음 단계에서부터 곧바로 틀어지기 시작해 영원히 바른 공부가 불가능해진다. 공기 자체로는 에너지가 되지 못한다. 그러니 몸뚱이를 유지하기 위한 영양소의 하나인 정(精)으 로 분류해야 한다. 크게는 인체라는 틀 전체가 정(精)이다.

다음으로 '기(氣)'는 정(精)의 결과물이자 동반자다. 정(精)의 흐름

(이동)에서 기(氣)가 나오고, 기(氣)는 다시 신(神)을 만들어낸다. 기(氣)는 정(精)을 인도하고, 정(精)은 기(氣)를 만들어낸다. 정(精)이 없으면 기(氣)는 고갈되고, 기(氣)가 끊어지면 정(精) 또한 무용지물이 되고 만다. 가령 혈관이 끊어지거나 막히게 되면 정(精)이 흐르지(운반되지) 못해 오래지 않아 그 부분이 차게 식는다. 기(氣)가 끊어진 것이다. 반대로 신체의 어떤 부분이 차게 식어 버리면 이번에는 혈액이 더 이상 나아가지 못하고 굳어 버린다. 기(氣, 熱)가 없으면 혈액(림프)의 흐름이 정지되고, 흐름이 멈추면 기(氣)도 사라진다는 아주 왕초보적인 과학상식을 예전에는 그렇게 표현했었다.

과학용어에서의 기(氣)는 에너지(energy)로 이해하는 것이 가장 합당하다. 에너지 역시 동양의 기(氣)처럼 여러 가지 의미로 사용되었는데 열(熱)·운동·전기·전자 등, 그리고 동양처럼 감(感)조차도 에너지라는 표현을 사용하기도 한다. 이는 우주에 널리 존재하므로 당연히 모든 생물에게도 존재할 수밖에 없다.

신(神)은 곧 혼(魂·정신·생각·마음), 즉 대뇌(특히 신피질) 활동의 결과로 나온 의식으로서 다른 어떤 것도 아니다. 만약 그 이상의 무엇을 신(神)으로 여기거나 추구한다면, 이는 일단 정신이상으로 단정해야 한다. 여기서부터는 얼음보다 차가운 냉정함으로 진실을 바라보아야 진리에 가닿을 수 있다.

한자에서 '현(玄)'은 '검을'이 아니라 '가물'이다. 하늘이 너무 멀어 어둡고 거무스레하고 희끄무레한, 그러니까 가물가물하고 애매

모호하다는 뜻이다. 그런데 인간이 간사한 것인지 어리석은 것인지 그같이 괜히 막연하고 그럴듯해 보이는 것을 좋아해 곧잘 현혹(眩惑)된다. 오죽했으면 동양학을 현학(玄學)이라 하였겠는가? 서양과학이 아니었으면 아직도 우리는 하늘이 지구를 돌고 있는 줄 알고 있었을 것이다. 제발이지 현대 과학적 성과를 전적으로 신뢰해야 한다. 음식이든 지식이든 현(玄)하면 삼키지 말아야 한다. 정기신(精氣神)을 단련한다는 건 요즈음 말로 '건강한 신체, 건강한 정신', 그러니까 심신을 건강하게 한다는 말이다. 신선이 되는 법이 아니다.

인간은 예로부터 백(魄)보다는 혼(魂)을 더 고귀한 것으로 여기는 바람에 정(靜)과 기(氣)를 소홀히 여기고, 신(神)을 단련하는 데 몰두해 온 경향이 있다. 요즘은 게임 등 오락에 미쳐 정(精)과 기(氣)를 소진시켜 백(魄)을 난감하게 만드는 사람이 부지기수다. 피곤함이란 백(魄)이 혼(魂)에게 보내는 신호다. 그걸 계속해서 무시하고 밤낮없이 강행군하다가는 큰일을 당할 수 있다. 백(魄)이 더 이상 감당을 못하게 되면 백(魄)과 혼(魂) 사이의 연결을 뚝 끊어 버리는 수가 있는데, 어느 부위가 끊어지느냐에 따라 자칫 급사할 수도 있다.

정(精)과 기(氣)는 전적으로 백(魄)이 갈무리한다. 혼(魂)은 백(魄)이 보내주는 에너지를 가지고 감각인지 능력과 운동근육을 통해서 육신을 안전하게 유지하고, 정기(精氣) 보전에 필요한 영양분(먹이)을 찾는 일을 담당한다. 기백(氣魄)과 용기(勇氣)가 필요한 것도 그 때문이다. 내장(內壯)해야 기백(氣魄)을 길러 외용(外勇)할 수 있게 된다. 정(精)은 저장(畜), 기(氣)는 흐름(流), 신(神)은 날림(飛)이다. 의

(意)로써 기(氣)를 유도하고, 다시 그로써 정(精)을 쌓겠다는 것이 양생술의 요체다.

단련법에는 크게 동공(動功)과 정공(靜功)이 있다. 동공이란 사지를 움직이는 근육 운동을 말하고, 정공이란 정좌해서 호흡과 의(意)로써 기(氣)를 운행하는 법을 말한다. 산책은 동공(動功)과 정공(靜功)의 중간쯤 되는 수행법이라 할 수 있다. 양쪽의 장점을 잘 살리면 현실적으로 매우 훌륭한 양생법도 되고, 수행법도 될 수 있다.

요즈음 어떤 무리의 사람들이 신령스럽고 영험한 곳이나 지기(地氣)가 강렬한 곳을 찾아가 그것을 자기 몸으로 받아 깨달음이나 무슨 신통력을 얻고자 하지만 모두 허무맹랑한 미신과 다를 바 없는 짓이다. 그러한 공덕(空德)을 좇아다니는 사람치고 정신이 올바로 박힌 이를 보지 못하였다. 뭐 우주와 교감하고 합일한다는 둥 뜬구름 잡는 소리를 해대지만, 사실 따지고 보면 이 세상에 우주와 합일하지 않는 생물이 어디 있으랴? 벌레 한 마리, 풀 한 포기 살아가는 것조차도 우주와 합일하지 않고서 가능한 일인가? 그러니 우주와 합일하기 위해 수행한다는 둥하는 뻥(착각)은 하루빨리 걷어치워야 할 것이다. 막말로 그렇게 우주와 합일해서 뭐할 건데? 지구인이 우주인이 되나? 그곳에서 앉아 기다리면 언젠가 외계인과 교신이라도 된다든가? 영생불사의 몸이 된다든가? 효험을 보았다고? 플라시보 효과에 지나지 않는 것들이다.

4

발가락으로 사유한다?

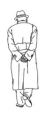

인류의 위대한 스승들에게는 한 가지 공통점이 있는데, 생의 대부분을 한곳에 머무르지 않고 떠돌았다는 점이다. 석가는 일생 동안 끊임없이 만행을 하였고, 공자는 천하를 주유했다. 모세도 광야를 떠돌았고, 예수 역시 짧은 생애였지만 한곳에 머물지 않았던 듯하다. 왜 그랬을까? 물론 많은 사람들에게 자신의 가르침을 전하기 위해서였을 수도 있다. 하지만 그런 일이라면 굳이 떠돌아다니지 않더라도 사람들이 소문을 듣고서 몰려올 텐데 뭣하러 고생스럽게 옮겨다니겠는가?

철학은 한곳에 머물면서 할 수 있지만, 수행은 한곳에 머물면 실패하기 십상이다. 왜냐하면 머물면 곧 집착이 생기기 때문이다. 가령 어디가 기후도 좋고 인심도 좋아 머물기에 적당하다고 생각하게 되면 곧바로 그곳에 대한 집착이 생기고 만다. 어디가 좋고, 어디가 나쁘고 등등, 그렇게 생각하는 것 자체가 벌써 집착이자 편견이기 때문이다. 이어서 여기에 어떻게 하면 머물 수 있을까? 더 좋은 데가 있을까? 등등 온갖 생각이 일어난다. 그러다 보면 떠나지 못하고, 떠나지 못함은 곧 버리지 못함이니 영혼이 자유로울 수가 없는 것이다. 여기서부터 무소유(無所有)든 비소유(非所有)든 불가능해진다.

성인들이 제자들에게 교회나 절을 짓지 말고, 우상의 신물을 만들지 말라고 한 것도 그 때문이다. 내 것 네 것이 있으면 내 생각 네 생각이 있게 마련, 의견이 갈라지고 방법이 갈라지고 이해가 엇갈리게 되면 마지막엔 내편 네편이 생기고, 그 틈새에 편견과 선입견이 끼어들게 마련이다. 이래서는 진리를 찾기가 영영 불가능해진다. 그런 상태에서 찾았다고 주장하는 진리나 깨달음이 과연 진리이고 깨달음이겠는가? 미망과 미련을 붙들고서 어찌 해탈을 꿈꾼단 말인가? '버려라'는 건 체념하라는 것이 아니다.

걷는 것이 최고의 수행법

해서 성인은 깨달음을 득하기 위해 집중하거나 명상(기도, 참선)을 통해 정진할 때를 제외하고는 결코 한곳에 머물지 않았던 것이다. 이를 몸소 실천하고 끝까지 따라다닌 제자들 역시 같은 방법으로 깨달음을 얻은 것이리라. 수행은 사유(思惟)와 실천이지 사유만이 아니기 때문이다. 성인과 철학자(지성인)의 차이는 바로 이 점에 있다. 머무는 자는 소유론적 삶을 사는 것이고, 떠나는 자는 존재론적 삶을 사는 것이겠다. 머무는 자의 사유로는 절대 존재론적 의미를 이해하지 못한다.

 그렇다고 해서 현대인들이 한곳에 정착하지 않고 허구한 날 방랑객처럼 떠돌아다닐 순 없는 노릇이 아닌가?

 머물되 앉지 않는다! 일찍이 수많은 지성들이 산책을 즐겼는데, 그 대표적인 철학자가 아리스토텔레스이다. 당연히 그 이전의 플라톤이나 소크라테스도 산책을 했었다. 아리스토텔레스는 학도들과 함께 산책(페리파테인)을 하면서 강의와 토론을 했다고 한다. 아리스토학파를 일명 소요학파(페라파토스학파)라고 불렀던 것도 그 산책길(페라파토스)에서 유래되었다. 아리스토텔레스가 칼키스로 떠난 다음 2대 학두였던 테오프라스토스에 이르러 팔레론의 데메트리오스의 도움으로 비로소 부지와 시설 및 성전을 갖춘 학원이 되었다. 길에서 교실로, 산책 대신 앉아서, 성찰보다 연구를, 지혜보다는 지식을 중시하는 풍토로 학풍이 바뀌기 시작한 것이다. 강단학파의 시작이라 하겠다.

 그렇지만 지식만으로는 절대 깨달음에 도달하지 못한다. 지식이 사유의 꽃이라지만 실은 대부분 망상의 흔적들이다. 정기신(精氣神)이 함께 단련되지 않으면 진정한 깨달음에 이를 수 없다. 일찍이 몇몇 성인들과 철학자들이 그걸 깨닫고 실천했던 것이다. 산책이야말로 혼백의 균형을 맞추는 데에 가장 좋은 방법이기 때문이다.

예술가들은 왜 산보를 즐기는가?

걸으면 눈이 밝아지고, 앉으면 귀가 밝아진다. '느림의 철학자'로 알려져 있는 프랑스의 피에르 쌍소는, 그의 베스트셀러《느리게 산다는 것의 이미》에서 "움직이고 있는 존재는 자신의 역동성에 도취하게 되고, 그 역동성은 다시 그를 대담하게 만드는 법"이라고 말하며 느리게 걷기를 권하고 있다.

칸트는 매일 정해진 시간에 어김없이 산책했던 것으로 유명하다. 오죽하면 동네 사람들이 그가 산책 나오는 것을 보고서 시각을 짐작하였다고 했겠는가! 특히 음악가들은 산책을 통해 사색과 휴식 그리고 예술적 영감을 얻었는데, 대표적으로 베토벤의 산책이 유명하다. 1808년, 그가 요양을 위해 빈의 외곽도시인 하일리겐슈타트의 한 시골에 머물렀을 때, 시냇물이 흐르는 작은 숲길 산책을 통해 교향곡 제6번 〈전원〉의 악상을 떠올려 완성했노라고 한다. 드보르자크 역시 산책을 통해 자연의 영감을 받아 작품을 완성시키곤 했다. 차이코프스키도 산책을 즐겼는데, 그는 우연히 하루 2시간 산책이 건강에 좋다는 글을 읽고서 미신처럼 철석같이 믿어 하루 2시간을 꼬박꼬박 산책한 것으로 유명하다. 브람스 또한 철학자 칸트 못지않게 산책에 철저하였는데, 그는 매일 새벽 5시에 한 시간쯤을 걸었다고 한다.

사실 교향곡 작곡가들은 천재 수학자라고 일컬어도 될 만큼 뛰어난 수학적 두뇌를 지닌 이들이라 한다. 수많은 악기들에 각각의 음계를 부여하고, 또 그것들이 조화를 이뤄내게 하려면 보통의 두뇌 수준으론 어림없는 복잡한 작업이다. 만약 그들이 산책을 하지 않고 오직 작곡하는 일에만 매달렸다면, 아마 머리가 터져 미쳐 버렸을 것이다.

그밖에도 괴테·니체 등 유럽의 위대한 철학자·문학가치고 여행과 산책을 좋아하지 않은 이가 별로 없었다. 감히 그에 비할 바가 아니지만 필자의 이 책 역시 출퇴근길에서 떠오른 것들을 정리한 바이다.

그렇다면 그들은 왜 산책을 좋아했을까? 당연히 운동과 사색이겠다. 이렇게 말하면 많은 이들이 단박에 사색이라면 조용한 곳에 앉아서 해야 하지 않느냐고 반문할 것이다. 맞는 말이다. 그렇지만 사색을 위한 걷기와 건강을 위한 걷기는 그 질이 다르다. 건강을 위한 걷기(산책)라면 굳이 이러한 책을 묶을 이유가 없었을 터이다. 그런 얘기는 이미 서점에 넘쳐나고 있으니 말이다.

다행한 건지 불행한 건지 모르겠으나 현대의 인간은 동물처럼 신체적 건강만으론 살아갈 수가 없다. 살아가는 데 수많은 지혜가 필요하며, 그 지혜는 고민(사색)하지 않으면 나오지 않는다. 인간이 체험적으로 학습한 각각의 지식을 정보라고 하면, 지혜는 그것을 다시 현실에 적용하는 응용 프로그램인 것이다. 지식이 많다는 건 정보를 많이 축적했다는 뜻이고, 지혜가 많다는 건 그만큼 다양한 응용 프로그램을 가졌다는 뜻일 게다. 당연히 남이 가지지 못한 새로운 프로그램이 경쟁력을 보다 높여줄 것이다. 창의(창조)력이란 그런 것이겠다. 그렇다면 어떤 지식이나 지혜가 인간을 보다 창의적으로 만들어 줄까? 뛰어난 두뇌만이 최고의 경쟁력을 가지는 것인가? 공부(정보의 축적)만이 최선일까? 아니면 다른 방법은 없을까? 바로 그걸 찾아 수많은 인간들이 수행의 길로 나아가지 않았던가?

사유냐? 고민이냐?

사전에서 사유(思惟)를 '대상을 두루 생각하는 일' '개념, 구성, 판단, 추리 따위를 행하는 인간의 이성 작용'이라 풀이하고 있다.

단순히 우리가 '생각'이라고 하는 행위에는 기실 다양하기 짝이 없는 의미들을 함유하고 있다. '생각' 자체만으로도 복잡하기 짝이 없다. 가령 생각과 관련된 한자어 몇 개만 찾아보자. 사(思), 념(念), 상(想), 고(考), 려(慮), 각(覺), 의(意), 유(惟) 등등. 같은 생각이지만 깊이 들여다보면 각각은 성질도 다르고 층차도 복잡하기 짝이 없다. 다시 이 한자어들이 자기들끼리, 또는 다른 글자와 합쳐져 무궁무진한 개념어들을 만들어낸다. 철학은 어쩌면 이러한 용어 만들기의 경쟁이자 이들과의 싸움이라 할 수 있을 지경이다. 영어에서도 think, reason, idea, soul, spirit, mind, conscious, sense, ego… 복잡하기는 마찬가지다. 상대적으로 순우리말엔 이런 개념어가 그다지 많지 않다. 그만큼 철학적인 민족이 못된다는 말도 되는 것이다.

이 '생각'과 관련된 조각품 가운데 대표적인 것이라면 〈반가사유상(半跏思惟像)〉과 로댕의 〈생각하는 사람〉을 꼽을 수 있겠다. 한데 같은 생각이지만 그 자세만큼이나 생각의 질이 다른 느낌을 준다. 대개의 불상은 관조(觀照)하는 자세인 반면, 〈반가사유상〉은 이름대로 지혜롭게 '사유'하는 느낌을 준다. 로댕의 〈생각하는 사람〉은 심각하게 '고민'하는 느낌이다. 그러니까 고통스럽게 고민중인 남자란 말이다. 인간은 눈으로 소통하기 때문에 시선의 방향에 따라 그렇게 차이가 난다.

'생각(사유, 궁리, 고민)하는 것'은 엄밀하게 말하자면 원동사가 될 수 없다. 형용사적인 동사다. 인간은 습관적으로(어쩌면 전두엽의 구조상) 상상을 할 때에는 고개를 위로 쳐들어 천정(무한한 하늘)을 바라본다. 반면에 행동을 고민할 적엔 아래(유한한 땅)를 바라본다. 상상은 생각을 따라 날아가고 싶어하지만, 고민은 다 귀찮다며 구석으로 파고들고 싶은 거다. 상상은 비현실 혹은 미래의 이미지(꿈)를 만드는 작업이지만, 고민은 당장에 풀지 않으면 안 되는 현실 문제이기 때문이다. 상상은 망상에 가깝지만, 고민은 집중해서 해결해야 하기 때문에 다른 잡생각이 일어나거나 끼어드는 걸 싫어한다. 글을 쓸 적에 동사를 궁리할 때에는 아래를 보고, 형용사를 고민할 때에는 위를 보는 습관을 들이면 잘 떠오른다. 과학적(합리적, 객관적) 사유를 할 때에는 정면을 바라보고 궁리하면 된다.

꿈을 꾸는 것도 잠자는 자세에 따라 그 성질이 조금씩 다르다. 바로 누운 자세에서 꾸는 꿈은 대개 망상적인 개꿈이 많은 반면, 웅크

리거나 엎어져서 꾸는 꿈은 먹는 일이며 섹스 · 도망 · 다툼 등 본인의 생존 및 본능적 욕구와 관련된 꿈이 많다. 쉽게 말해서 동물적인 꿈이란 말이다. 뇌의 구조상 몸의 자세가 그 활성화되는 부위에 영향을 미치기 때문이겠다.

만약 위의 주장에 수긍이 간다면, 자연히 다음 의문이 일어날 것이다. 자세와 운동에 따라 '생각'의 질이 달라진다는 말인가? 아무려면 저 위대한 철학자나 예술가들이 조깅을 하였을까? 당연히 산책이었을 것이다. 철학산책이라고 하든, 명상걷기라고 하든, 걷기와 생각 사이에는 어떤 보이지 않는 상관관계가 있음이 분명하다. 한 걸음 한걸음 걸으면서 그것을 찾아보도록 하자!

산책(散策)과 사유(思惟)

산책(散策)을 산보(散步)라고도 하는데, 한가하게 정원이나 오솔길에 자신을 풀어 놓고 거니는 것을 말한다. 요즘은 건강에 걷기만한 것이 없다고 많은 이들이 예찬하는 바람에 걷기가 하나의 체육종목처럼 자리잡았다. 건강을 위해서라면 부지런히 걸으라는 말밖에 달리 할 말이 없을 것이다. 그런데 필자가 군이 사색산책이라고 일컫는 것은, 혼백(魂魄)이 적절히 균형잡힌 상태에서 창의적인 의식 활동을 해보자는 데에 그 목적이 있다.

앉은 생각과 선 생각이 같지 않다!

인간이 앉거나 누워 있을 때 수집한 정보(공부)와 서 있는 상태에서 수집한 것 중 어느것이 더 잘 받아들여져 기억될까? 얼른 생각하면 앉거나 누워 있을 때가 더 잘 기억될 것이라고 여겨질 테지만, 실제로는 그 반대이다. 공부도 종일토록 책상 앞에 앉아서 하는 것보다 서서 하는 것이 더 효과적이라는 연구 결과도 있다. 해서 일부 학교나 기업들에서 탁자를 두고 선 채로 수업이나 회의를 진행하기도 한다. 걸으면서 외운 것이 더 오래 기억된다.

서양 학교의 자유스러운 교실 분위기 속에서의 학습은 일견 부산스러워 보이기도 하지만, 실은 건전한 사고력 향상에 도움이 되는 수업 방식이다. 한국의 여느 교실들처럼 줄지은 책걸상에 진종일 갇혀서 수업을 받는 방식은 당장의 학습 진도엔 도움이 되는지 모르겠으나, 창의적이고 건강한 지혜를 기르는 데에는 그다지 효과적이라 할 수 없다. 백(魄)의 가동이 없는 혼(魂)만의 사용으로는 교육적인 효과가 분명코 반감된다. 왜? 뇌의 비상상황실에 불이 켜졌는가 아닌가의 차이에서 온다. 서게 되면 뇌는 자동적으로 비상상황실 전체가 스탠바이 상태가 되지만, 앉아 있을 때에는 상황실이 반(半)휴지 상태로 들어가기 때문에 그때 들어오는 정보를 가볍게 여기는 습성이 있다. 스탠바이 상태에서는 집중·긴장이 되어 사소한 것도 있는 그대로 받아들이지만, 편하게 앉으면 다른 회의적인 잡생각들이 떠올라 같이 섞이게 되어서 정보를 요긴하게 받아들이지 못하는 성향이 있다.

학습과 기억은 스스로의 적극적인 개입이 있어야 효과적으로 이루어지고, 어떤 단어에 행동적 요소가 가해지면 장기기억에 보다 뚜렷이 저장되어 기억이 잘된다는 연구 결과도 있다. 이를 간단히 확인하고 싶으면 편하게 소파에 앉아서 본 영화가 기억에 오래 남는지, 서서 보거나 아니면 몰래 숨어서 보거나 또는 군중들의 뒤쪽에서 발끝을 세워 간신히 본 영화가 오래 기억되는지를 돌이켜 생각해 보면 알 것이다.

그럼 뛰면서 공부하면 더 잘될까? 천만에! 그건 상황실이 전투중이라는 초비상 상태에 들어가 외부적인 정보(길 상태, 방해물, 균형 잡기, 위험 감지 등)를 우선적으로 처리하는 까닭에 외우기나 망상 등 긴급하지 않은 정보는 옆으로 밀쳐 놓게 되어 오히려 학습 효과가 떨어진다.

어쨌든 누워서 하는 생각은 거의가 상상계(망상)에 가깝다. 공상을 즐기거나 공상적인 발상을 하려면 누워서 천장을 바라다보고 하는 것이 제격이다. 그러다가 일어나 버리면 그 공상(망상)들이 대부분 달아나 버린다. 특히 누워서 잠들기 전에 떠오른 좋은 아이디어는 자고 나면 대개 잊어먹고 만다. 아무리 돌이켜 보려고 해도 잘 떠오르지 않는다.

따라서 운동선수나 육체노동자들은 상대적으로 상상력을 자극하는 두뇌 활동은 적다고 할 수 있다. 등산을 가더라도 기어이 산 정상까지 올라가는 사람들은 백(魄)이 강하고 행동적인 성향인 반면에, 산 아래 골짜기에서 즐기거나 산보를 좋아하는 사람은 사색적인 두뇌형으로 혼(魂)이 발달했다 할 수 있다. 예전에는 등산이라 하면 무조건 정상을 목표로들 하였는데, 요즈음에 와서 올레길인지 둘레길인지 산 둘레를 산보하는 것이 유행하고 있는 것을 보면 사람들이 이제는 사색형을 즐기기 시작한 때문이 아닐까 싶다.

합리적 판단과 결정을 위한 걸음

사색산책이라 하여 비단 화두를 잡거나 사색하는 데에만 유용한 것은 아니다. 사업에 있어서나 어떤 중대한 결정을 내려야 할 때에도 자주 이용된다. 사무실 의자에 가만히 파묻혀서 고민해 보지만 선뜻 결심이 서지 않을 때가 많다. 혼(魂)이 판단하면 백(魄)이 거부하고, 백(魄)이 좋다 하면 혼(魂)이 다시 회의(懷疑)를 제기한다. 이럴까 저럴까 노심초사할 때 사람은 자연스레 앉아 있질 못한다. 괜히 일어나서 사무실을 이리저리 왔다갔다하게 된다. 혼(魂)과 백(魄)의 조화를 맞춰 보고자 저절로 호흡과 보행을 맞추는 것이다. 실제로 중대한 결정을 못 내리고 망설일 때, 차라리 산보를 하거나 무작정 아무곳을 향하여 걸어 보면 매우 도움이 된다. 쓸데없는 잡생각들을 털어내고, 주제(줄기)만을 남겨 놓고 최종적으로 결심하게 되는 것이다. 그리고 이렇게 결정한 것은 나중에 보면 책상 앞에 앉아 깊이 생각해서 결정한 것보다 훨씬 나은 선택이었음을 알 수 있다.

그리고 산책은 여러 가지 건전한 아이디어가 떠오르게 해준다. 몸도 건강해지고, 정신도 망상으로 치우치지 않게 균형을 잡아준다. 가벼운 산책중의 사색은 대부분 현실적이고 합리적이며 창조적이다. 반면 눕거나 가만히 앉아서 하는 사색은 비현실적이며 상상에 치우쳐 망상이 많이 가미된 사색이다. 말 그대로 공중에서 맴도는 공상(空想)이다.

사색가가 아니라면 이보다 좀 더 자유롭게 보행을 해도 될 것이다. 하체가 약한 이는 보다 빨리 걷거나 숨이 찰 정도로 힘차게 걸어 하체의 근육을 단련시키고, 심폐 기능을 키우는 것도 좋을 터이다. 그러나 사색산책이라면 혼백의 균형잡기를 염두에 두고 집중해야 한다. 특히 정신노동을 하는 사람에겐 더없이 좋은 보약이다. 백(魄)을 건강하게 유지하고 혼(魂)을 건전하게 길들이는 데에는 느리게 걷기만큼 좋은 것이 없다.

Tip 창조적 발상은 어디서 나오는가?

흔한 말로 아이디어는 현장에서 나온다고 했다.

책상머리에서 나온 아이디어는 무궁무진할 순 있지만, 현실성이 떨어지는 경우가 대부분이다. 신선하면서도 합리적이고 건전한 생각은 대개 가볍게 움직일 때, 그러니까 산책중에 잘 떠오른다. 유럽 사회의 리셉션이며 스탠딩 파티 역시 서로가 선 채로 움직이면서 환담을 나누는 경우가 많은데, 이는 대단히 건전한 방식이라 하겠다. 자리에 앉으면 저절로 말이 수다스러워져서 시간을 낭비하게 된다. 골프장에서 사업 구상이나 협상을 하는 것도 이런 원리라고 보면 된다. 세계 정상들도 간혹 깊은 얘기를 나눌 때에는 둘만이 회랑이나 정원을 거닐기도 하는 이유가 여기에 있다. 실제로 사무실 책상에서 마주 보며 얘기를 나눌 때보다 대화에 순발력이 크게 향상됨을 느낄 수 있을 것이다.

예전에 스티브 잡스가 죽기 전에 구상해 놓은 사옥조감도를 보고, "역시, 이 친구 뭘 좀 아는구나!" 싶어 놀란 적이 있다.

미국의 잘나가는 신생기업들 중에는 파격적으로 사내 분위기를 바꾼 곳이 많다고 한다. 예전의 책상만으로 구성된 사무실 분위기에선 창조적인 아이디어가 나오지 않기 때문이다. 사내의 딱딱한 분위기를 부드럽게 하여 업무에서 오는 스트레스를 날리고, 사고의 유연성을 키워 보자는 시도인데 상당한 성공을 거두고 있다고 한다. 사내에서 일하고 싶으면 일하고, 쉬고 싶으면 쉬고, 운동하고 싶으면 언제든지 운동할 수 있고, 또 정원처럼 꾸며진 사내를 마음껏 산보하거나 돌아다닐 수 있도록 조성해 놓았다. 당연히 이런 회사에서는 무슨 회의 같은 걸 할라치면 대개 서거나 앉거나 자유롭게 커피를 마셔 가면서 한다. 책상에 빙 둘러앉아 머리 싸매고 끙끙거려 봐야 그다지 쓸 만한 아이디어가 나오지 않는다는 것을 잘 알고 있기 때문이다. 억지로 짜낸 궁리가 참신할 리 없는 것은 당연한 일, 회의를 위한 회의에 그칠 때가 많다.

지루하게 근무한 끝에는 필시 흐리멍덩하고 비생산적인 생각들만이 남는다. 또 식후의 배부른 상태에서 나온 생각들도 모두 구태

의연하거나 망상적일 경우가 많다. 종일 사무실에 갇혀 책상머리에서 고민 끝에 내린 결정치고 그다지 올바른 선택이 없는 것도 그 때문이다. 이럴까 저럴까, 이러자니 이런 게 걸리고 저러자니 저런 게 걸린다. 막다른 데까지 몰려 지치고 혼미한 상태에서 에라 모르겠다는 식으로 내린 결정이기 때문이다.

필자의 경험으로는 출퇴근을 위해 걷고 또 지하철을 타는 그 시간이 사색이 가장 잘되고, 이 책의 발상의 대부분도 그때 생겨난 것들이다. 한참을 걷다가 멈춰설 때, 걸어서 사무실에 도착하여 아침 커피 한 잔을 마실 때, 그러니까 가볍게 걷는 중에 문득 아이디어가 떠오르면 가만히 멈춰서거나 앉아서 사고를 진행시켜 나가면 끝 간데없이 깊어져서 생각이 논리적으로 정리되고 문제가 잘 풀린다. 이때 떠오른 발상들을 그 자리에서 바로 메모해 놓는데, 나중에 다시 봐도 거의가 버릴 게 없다.

그 바람에 지하철을 타면 한두 정거장쯤 그냥 지나쳐 버리기 일쑤이고, 어떤 때에는 되돌아오다가 또다시 지나칠 때도 있다. 심지어 화장실을 가는 도중에도 딴생각을 하다가 그만 목적을 잊어버린 채 앞사람만 좇아 걷다가는 어느 순간 놀라서 돌아선 적도 있다.

산책 후에 이어지는 10분 내의 균형잡힌 생각들이 가장 중요하다. 따라서 창의적인 발상을 중시하는 직업에 종사하는 사람들은 이를 잘 이용해서 습관화하면 크게 도움이 된다. 그렇지 않은 직원들도 업무의 스트레스를 덜어 집중적이고 능률적으로 일할 수 있다. 그러니 창조적인 아이디어나 역발상을 절대적으로 필요로 하는 회사들은 먼저 사무실 구조와 분위기부터 바꿔 보길 바란다. 할 수만 있다면 가볍게 산보할 수 있는 작은 숲길을 만들어 주면 좋겠다. 사고의 순발력이 무척 늘어날 것이다.

5

사색산책, 어떻게 하나?

사색산책은 독보행(獨步行)이다.

기분 전환이나 건강을 위한 산책은 둘 혹은 여럿이 함께해도 상관없지만, 사색산책은 기본적으로 혼자여야 한다. 특히 둘일 경우 서로에게 관심을 두지 않을 수가 없어 사색에 가장 방해를 많이 받는다. 부부가 함께 오랫동안 산책을 하여 서로가 상대를 거의 의식하지 않는다 해도 각자가 사색에 방해받지 않을 순 없는 일이다. 반려견과 함께 산책하는 것 역시 사색에 방해를 받는다. 처음부터 끝까지 반려견의 행동에 주의를 기울여야 하기 때문이다.

타인을 의식하지 않기!

건강산책의 경우 보행에 방해가 되지 않는다면 사람들과 함께하는 것이 오히려 지루함을 덜고 함께 보조를 맞출 수도 있어 도움이 되기도 할 테다. 하지만 사색산책의 경우 사람들로 붐비기라도 할라치면 서로 비켜 주어야 할 때도 많아 주의력이 분산되어 집중에 상당한 방해를 받게 마련이다. 그렇더라도 형편상 그러한 길을 산책할 수밖에 없는 이들이라면 다른 사람들과의 눈맞춤을 피해 앞쪽 땅바닥만 보고 걸으면서 사색에 집중하는 훈련을 할 수밖에 없다. 그렇게 상당 기간 반복되면 번잡한 곳에서도 차츰 혼자만의 사색산책이 가능해진다.

간혹 둘이서 나란히 같은 길을 가거나 단순 반복적인 같은 일을 할 경우에 우연히도 똑같은 생각을 해서 놀랄 때가 있는가 하면, 기도를 하거나 불공을 드릴 때 어떤 동일한 환상을 보게 되는 신비체험을 할 경우가 있다. 이는 두 사람의 의식이 감응하였기 때문이다. 물론 실전에서는 이같은 전이 감응보다 상호 교란이 더 잦다.

산책 코스를 바꾸지 마라!

종교적 수행으로 득한 깨달음을 전파해서 중생을 구제하려면 한곳에 머물기보다는 만행을 하는 것이 좋을 테지만, 사색을 위한 걷기라면 굳이 이곳저곳을 돌아다니며 걸을 필요는 없다.

스트레스 해소나 단순히 운동을 위한 산책이라면 탁 트이고 시원한 길이 좋겠지만 사색을 위한 길이라면 인적이 드물고 소음이 적은, 바닥이 평평해서 위험하지 않아야 하며, 경사가 심하지 않아야 하고, 기화요초 등 볼거리가 별로 없는 무난한 길이 좋다. 이왕이면 시야를 적당히 가려 주는 숲길, 혹은 일정한 모양의 울타리길 등 시선을 자극하지 않는 소박한 길, 직선보다는 적당히 구불구불한 길이 좋다. 사방이 탁 트인 평지 길보다 나무들로 가려진 좁은 오솔길이 시야와 사고를 집중시키는 데 도움을 준다.

건강산책은 코스를 바꿔도 상관이 없지만, 사색산책은 반드시 평소에 다니던 길을 고집하는 것이 좋다. 거르지 않고 매일같이 갈 수가 있고, 다른 사람들과 자주 부딪치지 않는 조용한 길이 가장 좋다. 새로운 길에서 새로운 것들을 보게 되고, 또 새로운 사람들과 조우하게 되면 집중이 흐트러질 수밖에 없기 때문이다. 새로운 길을 가는 건 호기심을 발동시키고 주의력을 요하기 때문에 숙고사색이 불가능하다. 무심코 걸을 수 있는 익숙한 길이어야 한다. 그리고 중간에 계단이나 가파른 곳이 없는 평탄한 길이 좋다. 그러한 길을 일정한 보폭과 균일한 속도로 걸으면 혼백의 균형이 잘 잡힌다.

그렇게 익숙해지면 다음엔 주변의 지형이나 물체 등에 무관심해지도록 하고, 하늘이나 주위를 살피지 않아야 한다. 이게 잘되는 초보자는 그 시선을 땅바닥으로 내리되 자기 발 앞의 3~4미터쯤에 두고서 걸음을 옮긴다. 눈꺼풀에 힘이 들어가지 않을 정도로 뜨면 딱 그 정도가 된다. 그쯤에서 눈이 가장 편하다. 눈이 편치 않으면 의식[魂]도 편치 않다. 부처님이나 관음상의 눈이 약간 졸린 듯한 까닭도 거기에 있다. 그렇게 익숙해지면 점점 그 거리가 짧아져 자신의 발끝을 보면서 걷게 된다. 익숙한 길이 아니면 그렇게 걷기에 집중할 수가 없다.

도심에서의 철학산책, 가능할까?

일상생활을 지속해야 하는 보통 사람이 언제 심심산골의 토굴 속에 들어가 가부좌 틀고 앉거나, 절간에 가서 참선한다고 앉아 있겠는가? 필자는 아무에게도 멍석 깔고 도 닦을 것을 권하고 싶진 않다. 그런 식의 수행 결과(효과)에 대해서도 회의적이다. 반드시 고요한 곳에서라야 사색이 더 잘된다는 법도 없다. 정중동(靜中動)이라 하지 않던가? 오히려 정(靜)한 곳일수록 생각이 더 동(動)할 수도 있다. 동중정(動中靜)! 소란스럽기 짝이 없는 도심 한가운데서도 얼마든지 정(靜)할 수 있다.

도리어 소음을 집중의 방편으로 삼을 수도 있다. 양양 낙산사는 바닷가라서 바람도 세고, 파도 소리도 온종일 시끄럽게 들려온다. 의상대사는 어찌하여 하필이면 이런 곳에 터를 잡았을까? 한술 더 떠서 그 아래 해변 바위에다 홍련암(紅蓮庵)을 지어 놓았다. 뭐 지금이야 관광 사찰이라 아무도 그 자리에 앉아서 수행하지 못하지만, 어쨌건 바로 아래에는 삼백육십오일 밤낮없이 철썩철썩 파도가 바위골을 치고 나가는 소리가 들려오는 암자다. 그 옛날 누군가는 그곳에서 삼매에 들었을 것이 아닌가? 파도 소리를 수수지관(數隨止觀)의 도구로 삼아 환정(還淨)에 들었으리라. 그러니 도심의 소음 속에선들 사색을 못하랴? 오히려 그 소음이 잡생각을 쫓는 방편이 될 수도 있지 않은가?

전원생활을 하지 못하는 도시인이라면 출퇴근 때 가능하면 자가용보다 대중교통을 이용하거나 도보로 하는 것이 좋다. 그냥 막연히 쫓기듯이 출퇴근하지 말고, 넉넉히 시간을 두고서 어떤 사색의 주제를 잡아 일정하게 또박또박 걷다 보면 생각도 정리되고 참신한 발상이 잘 떠오른다. 이왕이면 번잡하지 않은 길로 돌아가거나, 동네나 회사 근처에 작은 공원이 있다면 그곳을 매일같이 잘 이용하면 더욱 좋을 것이다.

도심의 골목길도 훌륭한 산책길이다. 전원과는 달리 계절의 변화에 둔감해서 집중하기에 보다 유리하다. 또 아무리 붐벼도 매일 비슷한 상황이어서 소음조차도 시냇물처럼 일정하게 들린다. 이왕 출퇴근길이라면 빨리 익숙해지는 이점도 있다.

평소에도 필자는 주변 지인들로부터 오해를 많이 받는다. 회사 근처에서 길을 가다가 분명히 마주쳤는데도 모른 척하고 그냥 지나가 버리더라는 것이다. 물론 필자는 기억이 없다. "내가 땅을 보고 걸어서 그랬나 보지!" 하고 변명이라도 할라치면 상대방은 절대 아니라고 한다. 분명 눈까지 맞추었는데도 그냥 가버리는 바람에 무안했었노라고 질책한다. 평소 여러분이 출퇴근하는 길에서 어떤 사람들을 만났는지 일일이 기억하는가? 이미 눈을 감고도 찾아갈 수 있을 만큼 노선이 익숙해지면 거의 주변에 신경을 안 쓰고 오갈 수가 있게 된다. 그즈음에야 사색하기가 좋아진다. 딴생각을 하고 있으면, 길을 가다가 아는 사람을 만나도 인식하지 못할 때가 많지 않던가? 아직 덜 익숙한 길이나 처음 가는 길, 오랜만에 가는 길이라면 신경을 곤두세울 수밖에 없어 오가는 사람들 가운데 아는 사람은 곧바로 눈에 들어오게 마련이다.

사색산책은 맨손이어야!

건강산책이라면 운동에 도움이 되거나 지루함을 달래주는 도구를 사용하는 것도 상관없겠다. 반면에 사색산책은 모자나 지팡이 정도는 허락되지만 배낭이나 가방, 테니스나 줄넘기 도구 등은 피하는 것이 좋다. 당연히 휴대전화 또한 손에 들지 않는 것이 좋다. 전원을 끄거나 진동으로 전환하여 호주머니에 깊숙이 넣어두고 잊어버리는 게 낫다. 뉴스나 음악을 듣는 것 역시 삼가야 한다. 신발도 가능하면 가벼운 운동화나 평소에 신고 다니는 구두도 괜찮다. 복장도 가장 편한 것이어야 한다. 편한 복장이라고 해서 츄리닝 같은 옷을 말하는 건 아니다. 가능하면 변화를 주지 말고 매일매일이 거의 비슷한, 그러니까 익숙한 복장이 좋다는 말이다. 남의 주의를 끌 만한 차림새는 금물이다. 모든 것이 무심(無心)에 맞추어져야 하기 때문이다.

잡념이 이는 것을 억제하는 수단으로써 염주를 가지고 걸음을 헤아리는 것도 괜찮다. 이때 주의할 것은 너무 많은 숫자를 세지 말고, 단순한 숫자를 반복적으로 헤아리는 것이 좋다. 다시 말하자면 염불이나 진언처럼 집중의 수단으로만 삼는 것이다. 수(數)를 헤아리되 기억하지 않는 것이다. 기억하면 어제와 비교하게 되고, 점점 복잡해진다. 군인들이 줄지어 행군할 때 하나, 둘, 셋, 넷까지만 구령으로 헤아리는 것과 마찬가지다. 시간을 재거나, 만보기 같을 것을 들고 다니며 걸음을 셀 필요 또한 없다. 그런 건 건강산책에서나 필요할지 모르겠다. 대신 아주 간편한 필기구는 꼭 챙겨야 한다.

언제, 얼마만큼 걸을까?

건강산책이라면 이마에 다소 땀방울이 맺힐 정도로 급박하게 걷고, 또 근육 운동이 충분히 될 만큼의 거리나 경사진 곳도 무방하다. 하지만 사색산책은 굳이 무리할 필요가 없다. 최대한 느리게, 그리고 걸음 자체를 거의 의식하지 못할 만큼의 속도가 좋다. 호흡에 부담이 갈 정도면 속도를 늦추고, 발이나 다리가 아플 정도면 쉬거나 제자리에서 어정대는 것이 좋다. 그러다가 좋은 생각이 떠오르면 가만히 멈추어 깊이 사색을 따라가거나 얼른 메모를 한다.

그렇다고 한없이 산책을 하는 것은 아니다. 지나치게 걸어서 피로를 느끼게 되면 사색(혼의 활동)이 방해를 받기 시작하고, 다른 잡생각이 침입하면서 집중력이 떨어진다. 반대로 너무 느리면 혼(魂)의 활동이 지나치게 왕성해져 잡생각을 떠올리기 십상이다. 해서 스님들은 화두를 놓치기 쉽고, 철학자들은 주제를 벗어나 엉뚱한 곳으로 흘러가기 쉽다. 사람에 따라서 다르겠지만 필자의 경험으로는 30분 정도가 적당한 것 같다. 이후 싫증이 나면 건강산책으로 바꿔서 빠르게 걷는다. 되도록 주변에 눈길을 주지 말고, 다른 사람들과 만나 인사나 얘기를 나누는 것도 피한다.

한꺼번에 하는 것도 좋지만, 형편이 된다면 오전 오후로 나누어서 행하는 것이 더 좋다. 지나쳐서 피로감이 오면 오히려 사색에는 도움이 되지 않는다. 아무튼 자신이 처한 형편대로 실시하다 보면 오래지 않아 가장 적합한 시간과 속도가 정해질 것이다. 필자의 경험으로는 요즘은 대략 10여 분쯤 걸으면 혼백의 균형이 잡혀 좋은 생각이 떠오르기 시작하였다. 식후 곧바로 산책에 나서는 건 사색에 그다지 도움이 되지 않는다.

또 보폭은 거의 의식하지 않을 만큼 부담이 없어야 하고, 속도 또한 호흡의 박자와 잘 맞아 일정해야 한다. 숨이 가쁘게 뛰어서도 안 된다. 특히 음악가들에겐 보폭과 호흡의 속도와 리듬은 거의 절대적이다. 그들에게 음표(音標)는 보표(步標)나 마찬가지이기 때문이다. 악기 연주자들에게도 산책은 크게 영향을 미친다. 학원이나 집에서 기계적으로 악보만 보고 연습한 피아니스트와 규칙적으로 산책을 즐기는 피아니스트의 연주는 같은 곡을 쳐도 느낌이 많이 다르다. 하여 자기만의 색깔로 연주하고픈 연주자에겐 반드시 산책할 것을 권한다.

건강산책이라면 새벽이든 한밤중이든 본인의 스케줄이 허락하는 시각을 잡아야겠지만, 사색산책은 가능하면 하루 중 가장 한가한 시간을 택하는 것이 좋다. 이왕이면 오전, 그것도 햇살이 따가워지기 전이 가장 좋겠다. 그리고 작업을 하다가 답답해질 때 잠시 마당을 거닐거나 산책을 나가는 것도 좋다. 이때에는 너무 멀리 가지 말고 주변을 도는 게 좋다. 일기가 별로 좋지 않은 날은 사색산책 대신 그냥 건강산책을 하고 들어오면 되겠다. 딱히 산책 시간을 정해 놓는 것도 좋지만, 그조차도 그때그때 상황에 맞게 느슨하게 정하는 것도 괜찮다. 습관들이기 나름이다.

필자의 경험으론 오후보다는 오전이 가장 좋았다. 그때가 심신의 상태가 제일 홀가분하기 때문일 것이다. 오후에는 아무래도 심신이 피곤한데다가 업무에서 오는 여러 가지 생각들 때문에 그냥 스트레스를 푸는 정도에 그칠 때가 많았다. 밤중의 산책은 어둠에 대하여 오감이 촉각을 곤두세워야 하고, 또 도심이라면 자동차나 가로등 불빛 등이 의식을 산만하게 만들어 깊은 사색이 쉽지 않다.

실내에서 걷기

사색산책이 숙련되면 굳이 멀리 나가지 않고 동네의 골목길이나 마당, 심지어 실내에서도 가능해진다. 필자는 출퇴근을 그렇듯이 사색산책한다. 걸어서 지하철역까지 갔다가 지하철을 탔을 때, 다시 지하철에서 내려 회사까지 걸은 다음 사무실 책상 앞에 앉았을 때다.

책상에서 글을 쓸 때에도 자주 사무실이나 방에서 두 손을 뒤로 젖혀 뒷짐을 진 채로 산책하듯 왔다갔다 또박또박 걷는다. 그런 다음 책상 앞에 앉으면 새로운 의문이 계속해서 생겨나고, 또 그것을 붙들고 깊이 들어간다. 30여 분가량 작업하다가 답답하거나 엉덩이에 통증이 느껴질 즈음이면 다시 일어나 걷기를 반복한다. 잘 단련되면 야외산책보다 더 효과적이어서 신선한 발상(의문)이 샘솟듯 끊임없이 이어져 나올 때도 많다.

가벼운 노동은 사색을 돕는다!

대신 일상적이고 반복적인 소일거리여야 한다. 이를테면 정원에서의 화초 가꾸기나 마당 쓸기 등 손발을 함께 쓰는 가벼운 소일이어야 한다. 발을 쓰는 노동은 그다지 없으니 그냥 서서 손을 놀리는 일이면 되겠다. 가령 어느 음악가는 무심코 정원에서 화초를 다듬는 일에 몰두하다가 기발한 악상이 떠올라 부리나케 집 안으로 뛰어 들어가 메모를 하였다는 이야기도 있다. 아마도 예술가들 가운데는 그러한 경험을 해보지 않은 이가 거의 없을 터이다. 그런 면에서 사색산책을 철학 혹은 예술산책이라 일컬어도 무방할 듯하다.

필자의 경험으로도 이처럼 서서 가볍게 움직이다가 멈춘 상태에서 손을 호흡에 맞춰 반복적으로 움직일 때 혼백의 균형이 잘 잡혀 기막힌 발상이 떠오를 때가 많다. 바로 그때가 의식의 매직 상태가 된다. 집중으로 화두가 잡히고, 바로 그 상태에서 하던 동작을 살그

머니 멈추고 의식이 풀려가는 대로 깊숙이 따라가다 보면 아주 큰 것을 건질 때도 있다.

혼백(魂魄) 양쪽이 판단하기에 '이 일은 매일 하던 익숙한 것이니, 별로 신경 쓰지 않아도 되겠네!'라며 둘이 리듬을 잘 맞추어 주는 바람에 호흡조차 의식하지 못할 정도로 사색에 집중하게 된다. 힘들고 주의를 기울이지 않으면 안 되는 노동이나 일상적이지 않은 색다른 노동에서는 사색을 기대할 수 없으며, 딴생각하다간 자칫 사고로 이어질 수도 있다.

그러니까 자동차로 치면 짐도 싣지 않은 상태에서 브레이크를 떼자 1단으로 가볍게 굴러가는 상태와 비교할 수 있겠다. 그런 상태를 지속적으로 유지하는 것이 사색산책의 요체다. 그렇지만 사색산책은 삼매로 넘어가지 않는다.

사색과 취미생활

영국의 처칠 수상은 틈날 때마다 집 안에서 벽돌을 쌓았다가 허물기를 반복하는 걸 취미로 삼았었다는 이야기가 전한다. 매우 좋은 사색노동이라 할 수 있다. 하지만 요즈음 유행하는 레고(Lego)쌓기는 오히려 온 신경을 집중해서 조립하여야 하기 때문에 깊은 사색과는 거리가 멀다. 이쑤시개나 성냥개비 등으로 어떤 모형을 만들고 조립하는 취미 역시 집중력을 길러주기는 하지만 창조적인 의식 활동을 못하게 한다. 대신 번잡한 생각에서 벗어나게 해주고, 성취감을 얻게 해주는 효과가 있다.

그냥 무심코 반복적으로 다트판에 화살을 던지거나 벽에 테니스 공을 가볍게 던지고 받는 행위를 반복하는 것도 좋겠다. 실내골프나 탁구 등 집중을 요하는 운동이나 헬스 기구를 이용한 근육 운동은 사색에 그다지 도움이 되지 않는다.

아무튼 언제든 실행할 수 있고, 다리와 손을 부담없이 움직이는 그런 소일거리 비슷한 운동이나 취미 활동은 사색하기도 좋고, 정신노동을 많이 하는 사람의 정신건강에도 상당한 도움이 된다.

그 옛날 선가(禪家)나 도가(道家)·무가(武家)에서 왕초보 제자가 입문하였을 적에 장작패기·물긷기 등 단순 반복적인 노동을 시켰던 이유는 잡념이 일어나지 않도록 하기 위해서였다. 그것이 익숙해진 다음에야 본격적으로 수행(집중)에 들게 하였다. 더불어 당사자의 절박함과 근기(根氣)를 시험하였던 것이다.

도보(徒步) 여행?

성지 순례며 국토대장정, 하이킹 등 도보로 하는 여행은 백(魄)을 기르는 데 더없이 효과적이다. 발에서 올라가는 끝없는 자극과 고통은 다른 잡생각이나 망상을 모두 떨어내고, 스트레스로부터 혼(魂)

을 해방시켜 준다. 자연 상태에서의 혼(魂) 본연의 임무에만 충실하게 해주기 때문이다. 또한 계속되는 고통 속에서 통증을 경감시키기 위해 분비되는 몸속의 마약인 도파민 등 여러 신경전달물질의 생산 및 활성화는 다시 일상생활로 돌아갔을 때 상당한 활력소가 된다. 그렇지만 이같은 극기 훈련식의 도보 여행은 사색과는 거리가 멀다.

간혹 바람도 쐴 겸해서 시골을 찾을 때면 필자는 관광객이 많이 붐비는 주말을 피한다. 웬만큼 유명한 사찰들도 평일에는 정말 한가해서 사람들을 만날 일이 별로 없다. 한데 안타까운 광경은 가끔 그 절을 드나드는 스님들은 한결같이 승용차를 이용하고 있다는 점이다. 물론 나름의 사정들이야 있을 테지만 굳이 평일에까지 그럴 필요가 있을까 싶은 생각이 든다. 산사로 가는 오솔길만큼 사색하며 걷기에 좋은 길이 어디 있으랴!

비즈니스 산책

전국의 산천이 골프장 때문에 원형탈모증을 앓고 있을 만큼 한국인들이 골프를 좋아하긴 하는 모양이다. 필자는 골프를 쳐본 적이 없으니 그 맛을 어찌 알까만은 어쨌든 한국에선 골프를 치지 못하면 제대로 비즈니스를 할 수가 없을 정도다. 정계든 재계든 큰 거래가 골프장에서 성사되는 일이 많다고들 하니 너도나도 골프채 들고 골프장으로 몰려가는 듯하다.

아무튼 비즈니스 협상에서도 걷기를 잘 활용하면 큰 성과를 거둘수가 있다. 사무실에 마주앉아서 협상을 하다 보면 양쪽의 치밀한계산이 복잡하게 얽혀들어 웬만해선 결과를 도출해내기가 쉽지 않다. 이럴 때 양쪽의 대표자들끼리 잠시 나가서 뜰이나 회랑을 거닐며 대화를 나누게 되면 상황이 잘 정리되어 마무리지어진다. 세계의 정상들도 골프 회동, 별장 초대 등을 통해 자주 이 방법을 사용하는데, 특히 인도의 모디 총리가 산책 협상(설득)을 적절하게 잘 구사하고 있다.

등산이 몸에 좋은 이유

인간이 직립보행을 하게끔 진화하면서 인체의 골격이나 근육, 그리고 내장의 구조며 위치 등등 많은 변화가 있었고 그에 따라 적응해 왔다지만 아직 완전치는 못한 까닭에 여러 가지 부작용이 없지않다. 특히 내장기관의 장기들은 그 옛날처럼 엎드려 주면 상당히편안해진다. 도인 체조나 요가 등에 엎드리는 자세와 동작이 많은건 그 때문이다.

등산, 특히 가파른 산을 기어오르는 운동은 인간이 동물적 시대에 네 발로 걷거나 나무며 바위를 타는 동작과 유사하여서 역학적으로 몸에 매우 좋다. 다만 급격한 내리막은 뒷걸음으로 기어 내려올 수 없는 까닭에 무릎관절과 허리에 상당한 부담을 준다. 특히 배가 나와서 상체를 앞으로 굽히지 못하는 비만인에겐 상당한 위험이 따른다. 해서 올라갈 때에는 가파른 길을, 내려올 적엔 될 수 있는 한 완만한 길을 선택하는 지혜가 필요하다.

게다가 암벽을 기어오르거나 경사가 심한 가파른 길을 오를 적엔 저절로 엄지발가락에 힘이 가해지기 때문에 더없이 건강에 좋다. 발가락의 자극이 뇌에 전달되어 전 신경계에 비상이 내려지게 된다. 균형잡기, 위험 신호, 경계, 긴장, 공포, 스릴을 즐기면 우리 인체 내에서는 그에 해당하는 각종 호로몬들이 분비되고, 이것들이 성취감과 안도감, 그리고 쾌감을 느끼게 만들어 활력을 느끼게 된다. 반복되면 중독성을 지니게 되는 것도 그 때문이다. 엄지발가락 으로부터 시작되는 이러한 자극은 백(魄)을 강화시켜 인간을 도전 적·열정적·진취적으로 만든다. 다시 말해 야성(野性)을 회복시켜 준다는 말이다.

그런가 하면 산꼭대기며 골짜기, 또 암자들마다에 산의 정기를 받아 힐링하겠다는 사람들이 몰려들어 발디딜 틈이 없다. 그렇지만 필자는 등산을 싫어한다. 일없이 산에 들어가지 않는다. 어쩌다 남들 따라 산에 들러도 아래 골짜기에서 잠시 머물다가 나온다. "산을 사랑한다!"며 산등성이와 산꼭대기를 짓밟아 대머리로 만들고, 문신 새기듯 길을 내고 다니는 걸 이해할 수가 없다. 산에 대한 존경심이 있다면 그저 멀리서 우러러볼 일이겠다.

힐링산책할 곳이 굳이 산이어야 할 필요는 없다. 차라리 시골 들판이나 논두렁길 걷기를 권한다. 야채나 곡식·과수들이 무럭무럭

자라나는 모습을 보면 절로 생의 의욕이 솟구친다. 씨를 뿌리고, 가꾸고, 수확하고, 나누는 생산철학을 배울 수 있어 더없이 좋은 산책길이다. 헬스클럽을 찾아 자발적 고문기구 붙들고서 용쓰지 말고, 가다가 밭에서 일하는 농부들 틈에 끼어 조금이나마 거들어 주는 것도 괜찮은 일일 테다.

조깅, 마라톤

수년 전 도인법을 가르칠 때의 일이다.

어느 날 한 젊은 친구가 땀을 흘리며 찾아왔다. 100kg에 육박하는 거구가 엘리베이터 없는 4층 계단을 올라왔으니 그럴 만도 해보였다. 바닥에 앉자마자 무릎을 내보이며 양쪽 정강이 관절 연골이 다 닳아 걷기조차 어려울 정도란다. 그 몸무게 때문이라면 무릎이 아픈 건 당연한 일일 테지만, 연골까지 닳을 리가…? 어이쿠, 이런! 누가 마라톤을 하면 살이 빠질 거라고 해서 1년 넘게 달렸더니 그만 이 지경이 되고 말았단다. 결국 살은 원상 복귀해 버렸고, 연골만 날아가 병원을 찾았으나 너무 닳아 버린 터라서 고칠 방법이 없다 하더란다. 해서 여기에 오면 무슨 방법이 있을까 싶어 소문을 듣고 찾아왔노라 했다.

화타가 와도 별수없는 상태, 나인들 어찌해 줄 수가 없다. 일단 살이나 빼라! 아무리 해도 안 빠진다고? 그 상태에선 운동도 못하겠고…, 그러니 굶어서라도 빼라! 인생이 걸리고, 목숨이 걸리고,

가족의 생계가 걸려 있다고 생각하면 못 굶을 것도 없지 않느냐! 적게 먹는 데야 어찌 살이 안 빠지고 배기겠느냐! 그러고 나서 주변 근육이라도 강화시켜 주면 걷는 데 조금이나마 도움이 되지 않을까 싶어 관절에 무리를 주지 않고 무릎 근육을 강화시키는 요령 두어 가지를 가르쳐서 보낸 적이 있다. 그렇다 한들 결국 그 친구의 두 무릎뼈는 다른 재질로 교체되었을 것이다.

숭어 따라 망둥어도 뛴다?

예전에 미국의 어느 대통령이 방한하여 조깅을 전파하고 난 후로 한국인들이 시도 때도 없이 뛰기 시작했다. 조깅 붐은 다시 마라톤 붐을 일으키고, 곧이어 마사이워킹이니 뭐니 하면서 요상한 걸음걸이 붐까지 일어났다. 아무튼 덕분에 게으른(?) 한국인들이 상당히 건강하고 부지런해진 것 같다.

기실 한국인이 게으른 건 문화(관습)적인 면도 있지만, 체질 자체가 서양인과는 다르게 뛰는 데에 적합하지 않은 측면도 있다. 그 전에 체형만 놓고 보더라도 동양인은 아무래도 달리는 데 있어서 폼이 나지 않는다. 동양인들이 올림픽 육상 종목에서 서양인이나 아프리카인들에 비해 한없이 밀리는 것도 그 때문이 아닌가?

아무튼 요즘은 전국적으로 2백여 개가 넘는 마라톤 대회가 있다고 한다. 지방 중소도시에 이르기까지 봄가을이면 온 시내의 길들을 다 막아 놓고서 마라톤 축제를 한다고 야단들인데, 문외한인지라 길 막고 시민들에게 불편을 끼쳐 가면서까지 행사를 왜 하는 거냐고 불평해댔더니 옆에 있던 친구 왈, 그게 꽤 짭짤한 수입이 된단다. 각종 스포츠용품이며 음료수 회사 등에서 홍보 협찬받고 참가비까지 챙기면 손해 볼 일이 아니란다.

아무나 뛰는 것이 아니다!

마라톤을 좋아하는 친구들은 요즈음 몇몇 대회에서 완주했으며, 국내외의 어떤 대회에 참가했느냐를 가지고 서로들 키재기를 한다. 그들의 마라톤 예찬론을 들어 보면 마라톤이야말로 인간이 할 수 있는, 해야 하는 가장 성스러운 운동인 듯하다. 육체는 말할 것도 없고, 정신 건강에도 최고란다. 마라톤이야말로 '건강한 육체에 건강한 정신'의 표상인 것이다. 문제는 자기한테 좋다고 해서 남한테까지 권하는 데서 비롯된다. 앞에서 언급한 경우처럼 좋은 의도로 친구에게 함께 뛰자고 했겠지만 결과는 그렇듯 재앙인 것이다.

한의학에서는 사람의 몸 상태나 외부의 기후 조건에 따라 풍(風)·한(寒)·서(暑)·습(濕)·조(燥)·화(火)로 나누어서 그 성질을 구분하는 기준으로 삼아 환자의 상태를 진단, 처방하고 있다. 한의학을 배우지 않은 필자로서는 이런 옛날식 표현이나 기준을 십분 이해하기란 불가하지만, 그 중 습(濕)에 관한 나름의 해석을 한번 해보고자 한다.

흔히 어떤 증상으로 한의원을 찾으면 환자의 체질을 진단해 주는 여러 가지 중에 '습(濕)이 많다'는 말을 듣는 사람이 있다. 하지만 손님(환자)의 입장에선 그게 무슨 소린지 알 턱이 없다. 그저 전문가께서 한 말이다 보니 그럴듯하게 들려 수긍하는 수밖에. 만약 이를 양의, 그러니까 일반 병원 의사한테 전하면 그가 무슨 말을 할까? 십중팔구는 못 들은 걸로 치고 그냥 넘길 것이다.

수(水)와 습(濕)은 다른 성질

습(濕)을 설명하자니 비슷한 수(水)를 비켜 갈 수가 없다.

한의학에선 수기(水氣)가 많은 건 좋은 현상으로 보지만, 습(濕)은 나쁜 기운으로 본다. 당연히 습(濕)과 수(水)가 어떻게 다른가 하고 물을 것이지만, 한의사마다 해석이 달라 어느 장단에 맞춰야 할지 헷갈린다. 그걸 이해하려면 인체 장기의 오행(五行)적 분류와 그 역할은 물론 역학적 이치까지 공부해야 하지만, 그렇게 해도 선명하게 이해되지 않고 모호한 상태에서 고개 끄덕이고 넘어가는 수밖에 없다. 해서 필자는 그저 현대과학에서 말하는 생물학적 상식으로 구분코자 한다.

세포 속에 물이 많으면 수기(水氣)가 많다 하고, 세포막이나 막과 막 사이에 물이 많으면 습기(濕氣)가 많다고 이해하면 되겠다. 비교하자면, 풍부한 과즙에 단단한 껍질을 가진 과일과 물에 젖어 불은 콩껍질을 비교하면 되겠다.

당연히 수기(水氣)는 몸에 이롭고, 습기는 해롭다. 특히 여성의 경우 수기가 많으면 임신도 잘되고, 출산도 원활하다. 당연히 성생활도 원만하고 즐겁다. 본능적으로 자꾸 이끌리는 것이다. 그다지 서구형으로 빼어난 미인이 아님에도 뭇 남성들에게 인기가 많은 배우나 탤런트들은 공통적으로 수기가 넘치는 여성들이다. 반면에 서구형으로 모델처럼 멋지게 생겼는데도 불구하고 의외로 남성들이 가까이하지 않는 여성의 경우 수기가 부족할 때가 많다. 타고난 체질이니 어쩔 수 없지 않느냐고 할 수도 있지만, 경우에 따라서는 수기를 보충시키는 한약을 복용해야 할 때도 있다.

습(濕)이 많은 사람은 피부가 물러서 상처가 잘 나고, 또 부스럼이 나면 쉽게 낫지도 않는다. 겨드랑이나 사타구니가 항상 찐득해서 불쾌하다. 걸으면 쉬이 다리가 아프다. 별로 운동 체질이 못 된다. 날씨가 습하거나 땀이 조금만 나도 살갗이 상쾌하지 않다. 심한 사람은 아주 고약한 피부병에 시달리기도 한다. 바깥 피부만 그런 게 아니고 세포 전체가 그 상태라고 봐야 한다.

한의학에서도 예로부터 습(濕)을 쳐내면 질병의 절반이 없어진다고 했다. 우선 피부병과 같은 세균성 질병에 잘 걸리지 않는다. 왜냐하면 세균들은 원래 습(濕)을 좋아하기 때문이다. 곡식도 습하면 썩거나 곰팡이가 생기지 않던가? 겨드랑이나 사타구니가 개운치가 않고 항상 찜찜한 느낌이다. 습진이나 피부병에 잘 걸린다. 남녀를 불문하고 습(濕)이 많은 사람은 다른 사람의 살이 닿는 것조차 싫어한다.

물에 불은 콩의 껍질이 쉽게 잘 찢어지는 것처럼 습(濕)이 많은 사람은 피부나 세포막이 약할 수밖에 없다. 습(濕)이 많은 사람의 관절의 연골 상태도 그와 같다고 보면 된다. 따라서 그런 체질의 사람이 마라톤과 같이 관절에 큰 충격을 주거나, 관절을 많이 사용하는 운동을 하면 연골이 망가지기 십상이다.

걸음을 옮길 때 두 발이 동시에 땅에 닿게 되면 그냥 보행이다. 조깅이든 마라톤이든 뛴다는 건 독립보행(獨立步行)이다. 당연히 한쪽 발과 무릎 관절에 체중이 실리면서 무리가 간다. 습(濕)이 많은 사람은 달리기는 물론 브레이크댄스·요가·에어로빅·탁구·배드민턴·테니스·태권도 등 관절에 충격적 압박이 많이 가는 운동을 삼가는 게 좋다. 적당히 하다가 그만두면 다행이지만, 너무 열심히 하거나 선수 생활을 하게 되면 관절 연골이 다 닳거나 뭉개져 나이 들면 반드시 고생한다. 태권도 선수나 사범 생활을 하는 사람들 가운데 50세 전후에 무릎관절을 인공관절로 바꾸는 사람이 많은 것도 그 때문이다.

속보나 달리기의 목적은 운동이지 사색과는 거리가 멀다. 일단 뛰기 시작하면 오감이 주변을 살피는 데 집중해야 하고, 숨이 가빠지기 시작하면 온 신체기관이 바쁘게 가동되어야 하기 때문에 달리 깊은 생각을 할 겨를이 없다. 당연히 창의적인 명상은 포기해야 한다. 뛰고 난 다음 앉았어도 마찬가지다. 이미 온 기관이 뇌동했기 때문에 화두조차 멀리 달아나 한참 동안 아무것도 잡히지 않는다.

창조적인 사색을 위한 산책 요령

필자가 몇 권의 책을 썼지만 이들 모두 하나같이 출퇴근(지하철과 보행) 시간에 떠오른 생각을 메모했다가 책으로 정리한 것이다. 흔히들 생각하기론 밤늦게 책상 앞에 앉아서 쓴 줄 알지만, 필자는 전적으로 그렇지 않다. 물론 그 메모들을 정리하는 작업은 퇴근 후의 밤늦은 시간일 수밖에 없다.

우선 필자의 이야기 중 줄거리의 뼈대가 되는 것들(참신한 아이디어)은 대개가 출퇴근하는 그 시간에 떠오른 것들이라는 사실이다. 밤늦게 머리를 쥐어짜서 생각해낸 것은 정말이지 거의 없다. 실제 필자에게는 회사일 때문에 한가하게 책상 앞에 앉아서 뭘 쓸지를 고민하거나, 남의 책을 뒤질 만한 시간적 여유가 없다. 걷거나 지하철 속에서 떠오른 생각을 바로바로 메모해 두었다가 밤에 컴퓨터에 옮긴 것이다.

대신 밤에는 책상에서 그 뼈대에다 살을 붙이는 작업을 한다. 물론 그렇게 습관이 든 면도 있지만, 휴일 낮 동안 마음 단단히 먹고 방 안에 틀어박혀서 글쓰기를 시도해 보면 출퇴근 때와 같은 그런 아이디어가 도무지 떠오르지 않는다. 그렇게 머리를 쥐어짜 써내려간 글들을 다음날 다시 살펴보면 도무지 뭐가뭔지 복잡하기만 하고 명쾌하지도, 논리적이지도 않을뿐더러 가장 중요한 글의 뼈대가 별로 없다.

해서 그 이유를 곰곰이 생각해 보니 보행중에는 거의 동사적인 발상, 그러니까 글의 주제 내지는 그에 필요한 참신한 발상들이 잘 떠오르는 데 비해 밤중에 책상 앞에 앉아서 하는 사고엔 표현적인 형용사, 다시 말해 뼈대에 살을 붙이는 글들이 잘된다는 것이다. 산책이나 보행중 혼백이 균형을 이루었을 때에는 건전하고 실용적인 생각이 잘 떠오르고, 앉았을 적엔 상대적으로 혼(魂)의 활동이 활발해져 기억된 정보를 이용한 상상력이 왕성해지는 것이다. 그렇지만 그 상상에는 거품이 많다.

그러므로 표현을 중요시하는 문학류의 글쓰기는 밤중에 책상 앞에 앉아서 작업하는 것이 좋겠다. 대신 실용적인 창의성을 중시하는 사고는 책상 앞에 앉아서 하는 것보다 가벼운 움직임(보행)을 병행하는 것이 훨씬 효과적이다. 앉아서 하는 글쓰기와 발로 뛰면서 하는 글쓰기는 그래서 다르다.

이처럼 철학자는 말할 것도 없고, 기업가·과학자 등등 사고형 직업을 가진 사람들에게 산책은 더없이 중요한 일이다. 특히 예술가들에게는 필수다. 참신한 아이디어가 떠오르지 않을 때 무심히 편안한 마음으로 혼자 걸어 보라. 숲길도 좋고, 골목길도 좋다. 문득 전혀 새로운 아이디어가 떠오르기도 하고, 언뜻 스쳐 지나치는 돌멩이나 벽돌, 풀잎, 간판, 오가는 사람들의 여러 모양새에서 번뜩 기발하고 발칙한 생각이 떠오르기도 한다. 때로는 곰곰이 생각해 오던 의문이 확 풀리기도 한다. 그리고 밤새 책상머리에서 쥐어짜 낸 온갖 헝클어진 생각들에서 불필요한 잡것들이 떨어져 나가 정리 정돈이 잘되기도 한다. 이것저것 손대거나 써놓은 작품은 많은데, 하나도 제대로 된 것이 없어 고민하는 작가나 예술가가 있다면 당장 아침저녁으로 동네 골목길을 걸어 보라!

발가락으로 두뇌 운동을!

이쯤에서 사색을 위한 산책이라고 하니까 당연히 어떤 주제(문제)를 붙들고 걸어야 하지 않느냐고 반문할 수 있겠다. 물론 수행자처럼 화두를 붙들고 걸을 수도 있고, 또 사무실에서의 고민거리를 들고 걸을 수도 있다. 그렇지만 진실로 창의적인 사색이라면 굳이 그런 화두나 고민거리의 해결을 위한 것이 아니라 전혀 예상치 못한 발칙한 생각을 두고 하는 말이겠다.

일단 아무 생각 없이 걸어라!

고삐 풀린 망아지처럼 자기(魂)를 편하게 풀어 놓아라. 한 10분 쯤 그렇게 풀어 놓고 걷다 보면 차츰 보행과 호흡이 서로 조화를 이루어 리듬이 생긴다. 그러고 나면 걷는다는 인식조차도 거의 잊어 버리고서 시선은 차츰 발가락에 집중하게 되고, 생각은 홀가분하게 무상(無想)한 상태가 된다. 그런 상태에서 문득 화두(실마리) 같은 것이 스치듯 지나다가 붙잡힌다. 길을 가다가 이전엔 전혀 관심조차 두지 않았던(보지 않던) 어떤 꽃이 눈에 들어오는 것처럼! 바로 그 꽃(화두)을 꺾어 들고서 이리저리 흔들어도 보고, 뒤집어도 보고, 냄새도 맡아 보고, 꽃잎을 하나하나 뜯어 보기도 하고… 그러다 보면 이전까지 전혀 생각지 않았던 새로운 점이 문득 보일 때가 있다. 바로 그걸 건져서 다시 여기저기 갖다대어 보며 비교하고 뒤집어 보라! 그렇게 계속해서 물 흐르는 대로 따라가다 보면 새로운 세계(길)가 보일 때가 있다. 가만히 멈춰 메모를 해놓고, 다시 리듬을 타고 걸으면서 사색하기를 반복한다. 이번에는 아무거나 손에 붙잡히는 이파리를 따 들고서 흔들어 본다. 부담 없이 생각이 흐르는 대로 따라가는 것이다.

사색이 점점 깊어지면 자신이 그동안 붙들고 있던 편견이며 선입견, 상투적인 고정관념, 강박증적 확신들이 하나씩 하나씩 튀어나오기도 한다. 그것을 역시 뒤집어보고 흔들어 가며 걷다 보면 그제야 진면목이 보이기도 하는데, 심지어 어떤 믿음에 대한 자기 부정을 할 때도 있다. 그럴 땐 처음으로 하늘에서 땅을 내려다보는 것 같은 희열을 맛보기도 하는데, 삼매로 들어가는 것과 별 차이가 없다. 서서 걷기 때문에 참선에서 피하기 어려운 무기(無記) 혼침(昏沈)에 빠질 염려도 없다. 잘 이용하면 참선이니 간화선이니 하는 것보다 훨씬 바람직한 수행법이 될 수 있다.

억지로 화두를 잡으려 애쓰지 마라!
그건 고민이지 사색이 아니다. 인류가 이제껏 몰랐던 어마어마한 큰 진리가 있을 것이라는 생각 자체가 망상이고 선입견이다. 산책 중 아무것도 떠오르지 않으면 그냥 편하게 걸으면 그만이다. 생각을 비우는 것도 더없이 좋은 정신건강법이다.

물론 이는 사람마다 조금씩 다를 것이다. 하지만 아마 이 글을 읽는 독자들 가운데 많은 분들이 이와 비슷한 경험을 하였으리라고 짐작된다. 답답하고 딱딱한 사무실에 가둬 놓고 뭔가 새로운 걸 만들어내라고 직원들을 다그치는 기업주들, 잠깐 동안 운동이라도 할라치면(머리만 흔들어도) 저장된 공부가 다 날아가 버리기라도 할 것처럼 아침 일찍부터 밤늦게까지 꼭꼭 붙들어두고 입시 공부시키기에 여념이 없는 학부모들, 슬럼프에 빠져서 글이나 작품이 안 된다며 머리를 짓찧어대는 작가나 예술가들에게 당장 밖으로 나가서 발가는 대로 걸어 볼 것을 권한다.

미세먼지보다 더 무서운 건?

산책이라면 당연히 시골이나 교외의 숲 속에 나 있는 길을 걸어야 한다?

대기오염이 심각한 도심에서 산책을 하는 건 오히려 건강에 해롭지 않을까? 해서 도심보다는 변두리·강변·공원·뒷산 등에서, 그것도 미세먼지가 없는 날만을 골라서 산책해야 한다고 여기는 시민들이 대부분이다. 하여 산책은 고사하고 시내를 돌아다니는 것조차도 공해 속을 거니는 것으로 여겨 가능하면 숨을 적게 쉬려고 움츠리고 다닌다. 그렇게 내내 숨을 참고 살다가 주말이면 야외나 산에서 마음껏 숨을 쉬고 돌아들 온다.

요즘은 암이나 고약한 병에 걸린 도시인들이 농촌으로 내려가거나 산속으로 들어가 요양하는 일이 흔하다. 숲 속 나무들이 내뿜는 피톤치드라는 물질이 암 치유에 효과가 있다는 소문이 돌면서 지자체마다 숲길을 만들고 편백나무를 심는 등 도시인들을 끌어들이기에 혈안이다.

이미 도시에서 나고 자란 사람들은 저도 모르게 나쁜 공기 때문에 가슴 한번 시원하게 열어 놓고 살아 보지 못하였다. 그러다 보니 정작 매연이나 미세먼지 때문에 병을 얻는 것이 아니라 숨을 크게 쉬면 안 된다는 강박관념과 언젠가는 자신이 들이마신 도심 공기 때문에 암 등 치명적인 병에 걸릴 거라는 심리적 불안을 안고 살아간다. 그러고는 자신은 결코 건강하지 못하다는 선입견이 가득 차 있는데, 이런 상태가 장기간 지속되다 보니 안 걸릴 병도 걸리는 것이다. 움츠린 자세에서 오는 압박감과 심리적 불안감이 오래 지속되면 나중에 조급증·협심증·우울증·암 등으로 발전할 소지가 커진다.

실제로 병에 걸려서 시한부 삶을 선고받은 사람들이 크게 용기를 내어 시골로 이주한 경우, 의사의 짐작을 넘어 병이 완쾌되거나 더 이상의 진행을 멈춰 죽지 않고 잘살고 있다는 이야기는 흔하다. 이 경우 어쩌면 좋은 공기와 좋은 건강식 때문일 터이기도 하겠지만, 이미 심리적으로 공기 좋은 곳에 내려왔다는 안도감에 가슴이 열려 기혈의 흐름이 원활해져서 저절로 건강이 회복된 것이리라. 게다가 시골이나 산골 생활이 도심의 아파트보다 불편한 점이 많아 본인이 움직여야 하는 운동량도 늘어날 수밖에 없다. 당연히 직장 생활을 하지 않으니 딱딱한 정장을 입고 경직된 하루를 보내지 않아도 된다. 그야말로 몸도 마음도 편하게 긴장을 풀어 주는 바람에 건강이 회복된 것이지, 반드시 맑은 공기와 피톤치드 때문만은 아닐 것이다.

그렇다고 형편이 안 되는 이가 가족들을 두고서 촌으로 내려갈 수도 없는 일! 계속해서 도시 생활을 해야 하는 사람이라면, 먼저 앞에서 말한 선입견을 버리고 움츠린 가슴을 활짝 펴고 사는 습관을 들여야 할 것이다. 어차피 인간은 제 필요한 만큼의 산소를 들이마셔야 한다. 그럴 바에야 차라리 시원하게 들이마셔 버리는 게 낫다. 매연이나 먼지 등, 공해물질의 해로움보다 나쁜 공기일망정 편하게 들이마시는 것이 건강에 차라리 유리하다는 말이다. 나쁜 공기로 숨을 쉴 수밖에 없는데다가 그에 더하여 강박증과 스트레스로 움츠리고 사는 자세가 오히려 건강을 더 해칠 수 있다는 말이다.

요즘 한국인들은 미세먼지 예보만 나오면 너나없이 마스크를 쓰고 나온다. 그렇다 한들 그들이 남들보다 건강하게 더 오래 살까? 온갖 비료와 농약으로 농사를 짓지만 그나마 안 먹는 것보다는 잘 먹는 것이 사람을 건강하게 해서 수명을 늘리고 있지 않은가? 호흡기 하나만 깨끗하게 잘 간수한다고 오래 사는 것 아니다. 미세먼지만이 폐를 망치는 게 아니라는 말이다. 전체적인 건강을 염두에 두어야 한다는 말이다.

우리는 자동차가 옆으로 지나가면 습관적으로 숨을 잠시 멈추거나 들이쉬는 공기량을 줄이게 된다. 말이 난 김에 모든 자동차는 제가 내뿜는 미세먼지는 그 스스로 치우도록 강제했으면 싶다. 무슨 말인가 하면, 자동차마다 맨 앞에 배기량에 할당된 용량의 필터를 의무적으로 달게 하여 타이어 마모에서 나오는 미세먼지라도 걸러내어 도로변 공기정화에 일조를 시키자는 거다.

Tip 참신한 발상을 유도하는 사옥과 사색정원

미국 실리콘밸리에는 세계적인 IT기업들의 사옥이 경쟁적으로 들어서 각기 사세를 뽐내고 있는데, 땅덩이가 큰 나라여서 그런지 넉넉한 정원까지 앉힌 걸 보면 부럽기 짝이 없다.

특히나 애플사의 창업자 스티브 잡스가 생전에 구상해 놓고 간 거대한 도넛형 신사옥이 거의 완성되어 눈길을 끈다. 엄청난 대지에 원형 건물의 안팎으로 숲을 조성하였는데, 산책하기에 안성맞춤이다. 머리 운동은 발가락으로 시켜야 한다는 비밀을 스티브 잡스가 알고서 그렇게 설계해 놓고 갔는지는 알 수 없으나, 어쨌든 대단히 훌륭한 발상이다. 애플이 미래에도 끊임없이 IT산업을 선도해 나갈 것이다.

사옥을 바라보게 될 외부의 시선을 전혀 의식하지 않은 구상이 영 마음에 든다. 일단 대지가 평평한데다가 굳이 숲에다가 어떤 기기묘묘한 조형물 따위를 설치하지 않은 것에 무릎을 쳤었다.

대개 커다란 집이나 큰 사옥을 지을 때, 정원을 앉힐 만한 공간이 나오면 그곳에다 온갖 재주를 다 부려 멋을 낸다. 조각품에다 기묘한 정원석이며 정원수, 분수 등. 처음에는 그럴듯해 보이지만 자주 보면 차츰 지저분하게 느껴지는 것은 어쩔 수 없다. 건축가는 건축가대로 제 아이디어를 현실화하고 싶고, 건물주는 건물주대로 자기의 취향을 최대한 반영시키려다 보면 결국 조잡해지고 만다.

사옥을 지을 때면 먼저 그곳에서의 업무 성격부터 헤아려야 할 것이다. 영업관리를 하는 곳인지, 아니면 창의적이거나 연구적인 업무 공간인지에 따라 그 효율을 높이는 구조냐, 아니면 창조성을 유도하는 구조로 갈 것이냐를 먼저 결정해야 할 것이다. 관리형 업무라면 지금처럼 성냥갑 같은 빌딩형 사무실에서 일하는 것이 능률적이겠지만, 창조적 발상을 요구하는 작업이라면 그런 답답한 사무실 책상에서는 그다지 좋은 발상이 나오지 않을 것이다.

건축가가 지나치게 자신의 예술적 재능을 자랑하기 위해 짓는 것은 비즈니스 사옥에는 그다지 바람직하지 않다. 별스럽게 튀는 건물은 건축가 본인의 예술성은 넘쳐나 보일는지 모르나, 정작 그곳에서 일하는 이들이 자신만의 창의성을 발휘할 수 있는 여지를 제한하는 기능을 할 수도 있다. 훌륭한 예술작품들이 일정 부분은 독자나 관객의 몫으로 남겨두듯이 바람직한 건물도 사용자들이 나름의 상상력을 발휘할 여지를 남겨두는 것이 좋겠다. 인공적인 꾸밈보다 자연스러움이 낫다는 말이다. 그런 면에서 애플사의 신사옥은 명품으로 남을 것이다. 물론 외형만 보고서 짐작한 평이지만, 분명 건물의 내부도 잘 조화되었으리라 싶다.

한국의 대형 사옥들은 그저 앞에서 바라보는 데에 역점을 두어 정원을 건물 앞쪽에 앉히고, 전면 조경에 잔뜩 공을 들이는 예가 많다. 남의 시선을 지나치게 의식하기 때문이다.그렇지만 전통 한옥이나 궁궐의 뒤뜰 내지는 안뜰처럼 사옥의 정원도 앞보다는 뒤에 앉히는 것이 더 실용적이고 사색적이다. 요란하게 꾸미지 말고, 최대한 단순하고 편안하게 설계해서 관리하는 데 품이 적게 들게 하여야 세월이 갈수록 자연스런 깊은 맛이 난다. 자기를 뽐내는 것보다 바라보거나 거니는 사람을 편하게 안아주는 느낌을 주는 정원이 최고다. 그러려면 중간에 딱딱한 돌이나 스텐 난간 등 경계를 짓는 장애물이 없어야겠다. 정원이 작아 산책을 할 만한 길을 낼 수 없을 경우에는 정원 쪽으로 회랑을 만들어 주는 것도 좋겠다. 그러니까 건물을 위한 정원이 아닌 사람을 위한 정원이어야 한다는 말이다.

창의성을 추구하는 기업의 사옥 건물 높이 역시 애플사처럼 낮을수록 좋다. 어쩔 수 없이 높이 지을 경우 일반적인 업무는 고층으로, 연구실이나 임직원실은 저층에 배치하는 것이 좋다. 한국같이 권위를 중시하는 수직사회는 그와 반대로 회장실을 제일 높은 층에 잡아 놓고 그 다음 계급순으로 배정하는데, 이래서는 소통과 창의성을 기대하기 힘들다. 오너니까, 회장이니까, CEO이니까 경관이 좋은 높은 사무실에 앉아 멀리까지 내려다보면서 이런저런 구상을 해야 하지 않겠느냐는 건 착각이다. 깊은 사색이나 합리적인 판단은 그런 높은 곳에서 내리는 것이 아니다. 오히려 2,3층의 낮은 곳 북향에 서재같이 깊숙한 분위기에서 뒤뜰을 바라보며 사색하고 궁리하고 고민해야 합리적 판단이나 창의적인 아이디어가 잘 나온다.

사무실의 내부 구조 또한 정원처럼 편안한 분위기를 만들어야 하는데, 그러려면 직선보다는 곡선을 살리는 것이 좋다. 요즈음 건물 안팎에 비스듬한 사선을 적용하는데 아무래도 불편하다. 예술 공간 아니면 무조건 안정감이 우선이어야 한다. 여러 부서가 모여 일하는 곳이라면 업무 성격에 따라 분리해서 서로의 동선이 엉키지 않도록 해야 한다. 당연히 건물의 내벽들도 번쩍이는 타일이나 대리석·금속성은 지양해야 하며, 벽면을 여러 개로 분할해서 복잡하게 만들거나 장식물을 많이 걸지 않는 것이 좋겠다. 현관 로비에 드나드는 사람들과 직원들에게 자랑 내지는 강요하는 듯한 의미를 담은 붓글씨 액자, 창업자의 흉상, 홍보용의 옛 사진이나 기념품 전시 등은 오히려 부담을 줄 수도 있다. 거룩하고 위압적인 분위기를 연출하려면 교회처럼 로비의 천정을 높이고 기둥 등 수직선을 강조하고, 편안하고 안정적인 업무 공간이라면 층(floor)의 수평선을 강조하는 게 좋겠다.

직원들의 개성을 존중하고 톡톡 튀는 아이디어로 일대 혁신을 도모하려는 기업이나 부서라면, 아마존이나 구글처럼 딱딱한 틀을 벗어나서 아기자기하게 변화를 주는 개방형도 좋을 테다. 하지만 그러한 기업이라도 주요 사안을 심사숙고해야 하는 임원급들의 사무실은 사색형으로 가야 한다.

일반 업무용 공간은 밝은 직접조명도 무방하지만, 임원실이나 창의적 업무를 담당하는 공간은 간접조명이어야 한다. 약간 어둑하고 부드러운 분위기여야 하며, 책상에 큰 스탠드와 작은 스탠드를 둔다. 어둑한 방에 스탠드를 켜면 마치 작은 동굴에 들어앉은 느낌이 들어 집중력을 높인다. 예술가나 철학자·작가는 물론 사색이나 창조적 상상력을 중시하는 직업의 종사자들은 사옥뿐만이 아니라 자기 집의 내부도 모두 간접조명이어야 하며, 심지어 벽지조차도 모두 무광(無光)이어야 한다.

비록 건물 안의 책상에 붙박여서 하루 종일 일하지만 그 속에서도 걷는 시간이 결코 적지않다. 사색산책이 몸에 배면 불과 몇십 초 내지는 몇 분의 짧은 걷기에도 기발한 상상력과 깨침이 튀어나올 수 있다.

6

치매, 질병인가 섭리인가?

2017년 11월 로이터통신에 따르면, 빌 게이츠 마이크로소프트 설립자가 알츠하이머병 치료 연구에 총 1억 달러에 이르는 지원금을 내놓는다고 밝혔다. 영국에 있는 치매발견기금에 5천만 달러를 기부한데 이어 알츠하이머 연구를 위한 스타트업 기업에 추가로 5천만 달러를 투자하겠다고 밝혔다. 그리고 이 지원금은 게이츠가 운영하는 자선기금 빌 & 멜린다 게이츠 재단이 아닌 빌 게이츠 자신의 사재를 털어 내놓는다고 했다.

그러면서 게이츠의 '치매와의 전쟁'을 선포하게 된 사연을 공개했는데, 그의 가족 가운데 여러 명이 알츠하이머병을 앓아 왔다고 했다. 그는 "이 병으로 사랑하는 사람의 정신적 능력이 떨어져 분투하는 모습을 보는 것은 끔찍하다. 이것은 마치 아는 사람의 점진적 죽음을 대신 경험하는 것 같다"라며, "나이 들어 면역력이 떨어지면서 수많은 중병이 환자들을 위협하지만, 그 가운데 인류사회를 가장 크게 위협하는 병은 알츠하이머병"이라고 주장했다. 빌 게이츠 본인의 멀잖은 노년이 두렵기도 할 터이지만, 과연 치매가 돈 무서운 줄을 알까?

치매의 50~60%를 차지하는 알츠하이머병. 1906년 질병을 명명한 독일인 의사 알로이스 알츠하이머 박사의 이름을 딴 이 병은, 발견된 지 1세기가 넘었지만 뾰족한 치료법이 없어 고통받는 노인들이 나날이 늘고 있다. 어림잡아 계산해도 현재 한국인들은 80세까지는 대충 살아도 가능하고, 조금 더 욕심을 내어 관리를 잘한다면 90도 능히 넘을 수 있을 것으로 자신하는 듯하다. 그렇다면 나고 자라면서 교육받는 기간이 30년, 그후 한 30년간 근로를 하고, 다시 한 30년간을 무노동으로 생명을 이어가야 하는데, 이 단순한 계산만 하더라도 현대의 문명사회가 얼마나 노쇠한지를 짐작케 한다.

어쨌든 노년층의 급속한 증가와 더불어서 치매환자가 엄청난 비율로 늘어나고 있다. 기억상실 증세로 인해 주변인들의 감정적 고통은 물론 경제적 부담이 눈덩이처럼 늘어나고 있어 국가의 건강성을 떨어트리는 큰 요인이 되고 있는 것이다. 더하여 출산율 감소로 인해 젊은층이 급속도로 줄어들어 일하는 층보다 놀고먹는 층이 늘어나 국가의 경쟁력을 걱정하고 있는 마당에 치매, 선천성 혹은 후천성 장애, 불치의 희귀질병이 지속적으로 증가하고 있다.

이처럼 혼자 힘으로는 도저히 살아갈 수 없을뿐더러, 누군가가 지키고 돌봐주어야 하는 층의 비중이 점점 늘어나고 있다. 요양병원에서도 치매에 걸린 노인을 보살피는 일이 가장 힘들다고 한다. 차라리 거동이 불편한 사람은 가만히 있기라도 하지만, 치매환자는 계속해서 움직이기 때문이다.

불과 한 세기 전까지만 하더라도 동물 혹은 식물의 세계만큼은 아니지만 인간사회에도 자연적(혹은 인위적)으로 적자생존의 법칙이 분명코 적용되었었다. 스스로 생존의 몸부림을 칠 수 있거나, 최소한의 자기 먹을 것만큼의 노동력을 증명하지 못한 인간들은 도태될 수밖에 없었다. 물론 문명사회 일부 상층민은 그렇지 않았지만.

설령 부유한 가족이 있다 하더라도 장애인이나 병든 이를 온전하게 보호해 줄 수는 없었다. 끊임없이 되풀이되는 전쟁이며 자연재해, 홍수나 가뭄 등이 몰아치고 나면 인간도 다른 곤충이나 짐승들처럼 약자는 도태되고 강자만이 살아남을 수밖에 없었기 때문이다. 하지만 지금은 그럴 수가 없다. 그게 문명화된 인간의 업보다. 문명과 윤리의식의 발달은 결국 스스로 종의 건강성을 잃고 나약해져서 언젠가는 파멸의 지경에 이르게 될 것이다.

고려장(高麗葬)이란?

그 옛날 고구려에서는 늙고 병든 사람(부모)을 산 채로 버리는 풍습이 있었다고 한다. 일제 식민지 때 조선인들의 무지몽매를 주장하기 위해 일본인들이 억지로 지어낸 얘기라는 설도 있다.

고대 중국인들은 사람이 다쳐 피를 흘리며 죽어 가는 모습을 보고서 피가 곧 사람의 영혼이라고 여겼다. 그리하여 죽을 때에는 피를 흘려야 영혼이 육신을 빠져나갔다가 나중에 다른 육신으로 돌아온다고들 여겼던 것이다. 한데 늙어서 죽으면 피를 흘리지 못하므로 그 영혼이 육신과 함께 썩어 없어지니 큰일이 아닐 수 없었다. 해서 늙은이를 몽둥이로 때려 피를 흘리며 죽게 하였다. 갑골문에 나오는 미(微)자는 나약한 노인을 몽둥이로 때려죽이는 모양이다. 고고학과 인류학의 발달로 이러한 사실이 증명되었는데, 가령 중국의 광서 계림의 증피암(甑皮岩) 유적지에서 발굴된 다수의 두개골 중 50세 부근의 두개골들만 하나같이 모두 인위적으로 외부에서 가한 치명적인 상처가 있었다. 상고시대에는 삶과 죽음의 생리 현상에 대해 별로 아는 것이 없었다. 하여 끊임없이 순환되는 걸로 이해했기 때문에 피살된 사람도 그다지 상심하지 않았고, 죽인 사람도 죄의식을 느끼지 않았다. 그러다가 인지가 좀 더 발달하자 노인을 산이나 들에 내다버려 죽게 하였다. 매장 습속은 한참 후대의 이야기이지만 관 안쪽이나 시신에 붉은 주사나 적철광을 발라 피흘렸음을 표시했다. 현대에도 시신을 관에 안장할 때 붉은 천으로 덮는 습속이 남아 있다.

불과 한 세기 전만 해도 에스키모(이누잇)인들은 거동을 못하는 부모가 치아까지 다 잃게 되면, 밤중에 그 부모를 집에서 조금 떨어진 바깥에 내놓아 곰이 잡아먹도록 하는 풍습이 있었다고 한다. 거동도 못하는데다가 이빨까지 없으면 짐승의 가죽을 씹어 부드럽게 만드는 일조차 할 수가 없었기 때문이다. 더 이상 생존에 보탬이 안 되므로 떠나보낼 수밖에 없는 것이다.

그렇다면 왜 하필 고려장(高麗葬)일까? 마한장(馬韓葬)이나 가야장(伽倻葬), 또는 신라장(新羅葬)이나 백제장(百濟葬)은 어째서 없단 말인가? 그리고 일본장(日本葬)은? 유독 고구려에만 그러한 풍습이 있었던 것일까? 아닐 것이다. 고대에는 모든 원시부족이 공통적으로 가졌던 풍습이었으리라고 봐야 한다. 다만 고구려가 조금 늦게까지 그러하였기에 굳이 고려장(高麗葬)이라 이름 붙였을 것이다. 그러니까 수렵으로 살아가는 에스키모나 초원을 떠돌아야 하는 유목민들에게 그와 같은 풍습이 오래 유지되었을 거라는 말이다.

인간이 숲으로 들어가 먹거리를 구한 것은 불과 1만 년도 채 안 된다. 원시적이나마 활이나 창·돌도끼 같은 도구(무기)를 발명하고서야 깊지 않은 숲 속에 간신히 들어갈 수 있었다. 맹수들 때문이다. 해서 고대의 원시부족은 말할 것도 없고, 아마존 등 밀림에 사는 현대의 원시부족들도 대개는 물가에 집단을 이루며 살았었다. 홍수가 나면 휩쓸려 가기도 했지만, 그래도 숲 속의 맹수들보다는 덜 무서웠다. 우리나라 석기시대 빗살무늬 토기들의 아래쪽이 뾰쪽한 이유도 강가나 바닷가 모래벌판에 살았기 때문이다. 평평한 땅에서는 그릇이 평평해도 되지만, 모래벌판은 사람이 밟으면 울퉁불퉁 변하기 때문에 오히려 넘어져 내용물을 쏟을 염려가 더 많아서였다. 해서 바닥을 뾰쪽하게 하여 모래에 깊이 박아 놓았던 것이다.

그러다가 철기시대를 맞아 칼이나 도끼·톱 같은 도구다운 도구가 개발되고서부터 나무를 베고, 길을 내고, 울타리나 집을 짓는 게 가능해지면서 인간이 숲을 개척하기 시작했다. 그리고 농업 기술이 개발되면서 한곳에 정착해 살게 된다. 사회가 그제야 탄생하게 된 것이다. 식량의 저장(저축)은 거래를 만들어내고, 나머지 가족들을 먹여살릴 수 있게 해주었다. 비록 노동력을 상실했지만 늙은이의 경험적 지혜가 후손들에게 계속 유용했기 때문이다. 거기서부터 윤리니 도덕이니 하는 사회의식이 생겨나기 시작하였다. 더불어 토지나 재화를 뺏고 뺏기는 전쟁은 필연. 오히려 과학문명의 발달을 재촉하게 된다.

문제는 수렵민이나 유목민이다. 한곳에 정착해서 저축하며 살 수가 없다. 사냥감이나 풀을 찾아서 비를 좇아다니며 수시로 이동해야 한다. 큰 무리를 이루어 살 수도 없다. 최소한의 무리, 최소한의 가족 단위로 초원 여기저기에 흩어져 살아야 한다. 밀림에 사는 부족들도 마찬가지다. 그러다 보니 가족 중 누군가 부상을 당하거나, 병이 들거나, 늙어 거동을 못하게 되면 무리(가족)에 크나큰 부담이 된다. 그날그날 먹거리를 찾아 많은 거리를 움직이거나 이동해야 하는데, 스스로 걷지 못하는 가족이 있다면 자칫 무리 전체에 큰 위기를 불러 올 수가 있다.

가장 무서운 건 대소변을 못 가리는 노인이나 병자의 냄새가 맹수를 끌어들이는 것이다. 그러니 가족의 안녕을 위해서는 늙고 병든 가족(부모)을 버리고 떠날 수밖에 없다 하겠다. 정착해서 사는 농업부족은 굳이 그럴 필요가 없어, 그에 따르는 각종 효(孝) 문화가 꽃피울 수 있게 된 것이다.

치매(癡呆)는 자연의 섭리

만약 인간에게 치매가 생기지 않는다면 어떨까?

사실 수명의 길고 짧음에 상관없이 치매가 올 때까지 살았다면 그 인간은 천수(天壽)를 다 누렸다고 볼 수 있다. 중간에 맹수나 적에게 피살되지 않고, 병이나 사고도 당하지 않고 살아남은 것이 아닌가? 그럼에도 마지막으로 치매가 올까봐 무섭다? 어찌 보면 치매는 당사자에겐 축복이라 할 수 있다. 다만 그를 끝까지 돌봐야 하는 가족들에겐 재앙이지만.

야생 상태와 문명화 상태! 바로 이 둘을 잘 비교해 보면 우리는 어렵지 않게 치매의 원인을 발견할 수 있지 않을까? 조물주의 섭리란 게 참으로 묘해서 인간에게 치매 프로그램을 깔아 놓은 것이다. 그렇다고 인간에게만 치매가 있겠는가? 아니면 다른 영장류들에게도 치매가 있을까? 물론 있다. 모든 동물에게 공통적으로 내재된 프로그램이다. 단지 자연, 다시 말해 야생의 상태에서 어느 동물에게든 치매가 왔다면 그 동물이 더 살아갈 수 있는 시간은 그리 많지 않다. 순간의 방심에도 야생에서는 곧 목숨을 잃기 때문이다. 스스로 먹이를 구하고, 적의 공격으로부터 도망갈 능력이 떨어지는 순간 굶어죽거나 다른 동물들의 먹이가 될 것이기 때문이다.

야생의 상태라면 인간이나 짐승 모두 뇌의 기능이 쇠퇴하기 전에 이미 신체의 다른 한 가지 기능이라도 정상에서 떨어지는 순간 그는 자연계에서 더 이상 생명을 유지하기가 어렵다. 따라서 야생의 상태에서는 전염병이나 적의 공격, 또는 우연한 사고로 인해 다치지 않고 오래 산 경우에도 치매와 비슷한 질환이 나타나지 않는다. 그러니까 야생의 동물들은 치매 증세가 나타나기 전에 저절로 도태되기 때문에 관찰이 안 되는 것일 뿐이다. 오직 동물원에서 제 신체의 기능이 다할 때까지 숨을 쉴 수 있는 동물들에게서 나타날 수 있는 것이 치매다.

원시적 인간 역시 현재의 동물원 짐승들처럼 늙도록 오래 살 수가 없었다. 오늘날의 우리가 흔히 천수(天壽)를 누린다고 표현하지만, 실은 동물원 짐승들처럼 가족이나 요양원의 보호를 받아 스스로 숨쉬는 기능을 상실할 때까지 억지(?)로 살다 가는 것을 말한다. 천수를 한참 오버해서 살다 가는 것이다. 그러니까 인간의 윤리(倫理)가 자연의 섭리(攝理)를 걷잡고 있는 것이다.

치매란 무엇인가?

인간 뇌의 신경세포 수는 약 1천억 개로 이루어져 있는데, 다른 체세포와 달리 신경세포엔 많은 가지(축삭과 가지돌기)들이 뻗어 나와 서로 연결되어 있고, 신경세포 하나에 무려 수천 내지는 만 수천 가지가 나 있어 세포들끼리 신호를 주고받는데 그게 바로 시냅스다. 그러니 사람 뇌엔 무려 1백조 개에 이르는 시냅스가 존재하는 것으로 추산할 수 있겠다. 신경세포들은 기본적으로 전기적 방법으로 소통하지만, 이들 시냅스끼리는 신경전달물질이라는 40여 종의 화학물질을 분비해서 정보를 주고받는다.

인간이 자랑하는 AI(인공지능)가 아무리 발달해도 이런 식의 회로를 만들어내기란 불가능하다. 컴퓨터는 아무리 용량을 늘려도 정보를 평면적으로 전달할 수밖에 없으니 이를 아무리 중첩하더라도 평면일 뿐이다. 게다가 뇌세포는 끊임없이 죽어가고, 또다시 생성되곤 한다. 반도체 회로를 시냅스처럼 입체적 전달체계로 만든다고 해도 이렇게 재생하지는 못한다. 그러니 제아무리 발달시켜도 계산기일 뿐이지 판단기가 될 순 없다.

치매란 우리 뇌 속의 신경세포 뉴런이 노화로 서서히 죽어가면서 그 신호전달망인 시냅스가 기능을 잃고 차츰 기억을 상실해 가는 질병(?)이다. 우리 뇌의 학습 및 기억력은 신경계의 아세틸콜린이라는 신경전달물질에 의해 형성되는데, 치매환자는 뇌에 쌓인 '베타아밀로이드'로 인해 아세틸콜린을 제대로 생산해내지 못한다고 한다. 뇌와 몸에서 생기는 독성물질인 '베타아밀로이드'는 치아에 붙은 치석(plaque)처럼 뇌세포에 달라붙는 변형 단백질로 뇌의 중요 부위에 다량이 쌓이면 심한 우울증에 걸리기도 하고, 다시 이 단백질이 뇌에 퍼지면 점점 기억을 상실하는 등의 증상을 겪게 된다.

결국 신경세포가 죽으면서 뇌에 구멍이 숭숭 뚫리는데, 치매의

50~60%를 차지하는 알츠하이머처럼 이런 증상이 일찍 생기면 질병이라 하고, 늙어서 찾아오면 노화 현상이라 하여 어쩔 수 없는 것으로 받아들인다. 물론 아직까지 왜 그런 현상이 생기는지 과학자들은 명확히 밝혀내지 못했다. 현재로서는 치료 불가능하다고 한다.

2016년 5월에 이에 대한 재미있는 연구 발표가 있었다. 미국 매사추세츠 종합병원 신경퇴행질환연구소 유전학-노화연구실의 로버트 모이어 박사는, 베타아밀로이드 응집은 뇌의 단순한 노폐물이 아니라 뇌에 침입한 박테리아·바이러스·곰팡이균 같은 병원균과 싸워서 생긴 잔유물이라는 연구 결과를 발표했다.

뇌세포 표면에 있는 베타아밀로이드 단백질은 나이가 들면서 점차 약화되는 혈뇌장벽을 뚫고 뇌로 들어온 병원균을 감지, 이를 끈끈한 물질로 둘러싸서 죽이는데, 그 잔해가 쌓여 플라크를 형성하면서 신경세포가 손상을 입게 된다고 모이어 박사는 밝혔다. 혈뇌장벽이란 아주 작은 모세혈관으로 이루어진 특수혈관조직으로 혈류에 섞여 있는 해로운 물질이 뇌로 들어가지 못하도록 선택적으로 차단하는 뇌의 검문소다. 뇌에서 가장 먼저 혈뇌장벽이 약화되는 부위는 치매가 시작되는 기억중추인 해마라고 그는 주장했다.

처음부터 불량품인 것들도 있지만 온전한 기계도 중간에 어떤 원인으로 고장이 나기도 하고, 장기간 사용치 않으면 녹슬고, 또 오래되면 성능이 차츰 떨어져 수명을 다하게 마련이다. 뇌는 신체의 그 어떤 장기보다도 완벽하게 보호되어야 하지만 고장과 노쇠는 어쩔 수 없다. 그 완벽한 방어적 성채 때문에 아이러니하게도 뇌는 청소나 복구가 안 된다. 뇌 밖에서 생긴 베타아밀로이드는 인체가 스스로 제거해내지만, 뇌 속에 쌓여 플라크화된 것은 제거가 불가능하다. 왜냐하면 혈뇌장벽 너머로는 청소부인 혈액이 들어갈 수가 없어 베타아밀로이드 플라크뿐만 아니라 다른 죽은 세포나 신경전달물질의 찌꺼기도 가지고 나올 수가 없기 때문이다.

기억이 사라진다는 것은?

새로운 정보는 뉴런을 통해 전기 신호로 전달되다가 가장 최근에 생겨난 시냅스에 저장되는데, 이들은 도파민·세로토닌·노르에피네프린·아세틸콜린 등 수십 종의 신경전달물질을 만들어 서로 신호를 주고받는다. 노화로 인하여 이 뇌세포까지 원활하게 영양을 공급하지 못하거나, 뇌졸중 혹은 뇌경색으로 그 어느 한 지류에 혈액 공급이 막히거나 줄면 시냅스들이 영양과 산소 부족으로 말라죽으면서 그에 저장됐던 정보들도 같이 사라지게 되는 것이다. 이때 가장 최근의 정보부터 우선적으로 지워진다. 말하자면 활엽수의 잎과 잔가지들이 겨울이 되자 다 부러져 나가고 큰 줄기들만 앙상하게 남는 꼴이다. 상대적으로 혈액 공급이 그럭저럭 되는 튼튼하고 굵은 가지에 저장된 오래된 정보(장기 기억)들만 남게 된다. 오랫동안 반복적으로 사용된 정보는 이중삼중으로 여러 곳에 저장되어 있기 때문이기도 하다.

그렇게 허약한 부분의 혼(魂)이 먼저 쇠약해지지만, 백(魄)은 정상적이어서 생존에는 지장이 없다. 오히려 본능적인 욕구, 원초적 학습으로 몸에 밴 습관 등 백(魄)의 성질이 상대적으로 강해져서 수치심이며 경계심·판단력·도덕심 등 학습에 의한 것들은 잊어먹고, 백(魄)의 가장 강한 성질인 식탐이 커진다. 노망이 들면 어린아이 같아진다는 말은 그 때문이다. 갓난아이의 뇌는 아직 신경세포가 많지 않아서 노인네의 그것과 비슷한 상황이라 할 수 있다. 때로는 굳이 노화가 아니어도 어떤 원인으로 인해 특정 신경전달물질이 과다 혹은 과소 분비되는 바람에 조현증·ADHD·우울증·광기·정서불안·파킨슨 등의 증세가 나타나기도 한다.

파킨슨병은 나이가 들면서 중뇌의 흑질에서 도파민을 분비하는 신경세포가 손상되면서 발생하는 대표적인 신경퇴행성질환이다. 이는 중뇌 오르가노이드에서는 신경세포들이 네트워크를 만들고, 신경전달물질인 도파민을 생성하는 과정에서 파킨슨병에 관여하는 '흑질'을 구성하는 핵심 물질인 '뉴로멜라닌'을 만든다는 것까지는 밝혀졌지만, 더 구체적인 것까지는 아직 알려져 있지 않아 이 역시 마땅한 치료 방법이 개발되지 못했다.

만약 늙어서 치매가 오지 않으면 어떻게 될까?

현대인들에겐 그게 마치 행운인 것처럼 인식되지만, 아주 오랜 원시수렵시대였다면 그렇게 여기지만은 않았을 듯하다. 생존에 도움이 안 되는 거동이 불편한 늙은이를 계속해서 같이 데리고 다닐 수도 없고, 고려장을 하자니 정신이 멀쩡하고… 본인이나 자식들이나 참으로 난감했을 테다.

만약 야생에 가까운 수렵시대에 치매에 걸리면 어떻게 될까? 분명한 것은 굳이 고려장이 필요치 않았을 것이다. 무슨 말인가 하면, 늙어서 기력이 떨어진 인간은 동물들의 세계에서와 똑같이 치매가 오기 전에 사냥 도중이나 도망중에 저절로 도태되기 때문이다. 그러니 치매란 구경조차 할 수 없었을 것이다. 따라서 치매란 인간이 정착생활을 하기 시작하면서부터 생겨난 사회병(문화병)이라 할 수 있겠다.

생로병사! 죽음이 두렵지 않은 인간이 있을까? 석가는 과연 이 문제를 극복했을까? 하물며 보통인이라면? 만약 죽는 순간까지 멀쩡한 정신을 가진 사람과 일찌감치 치매에 걸려서 자신이 왜 죽는지도 모르고 죽는 사람 중 누가 더 행복(덜 공포스러움)하겠는가?

이미 치매에 걸려 상황 판단이 안 되는 당사자에게는 이런 물음조차도 의미가 없을 것이다. 다만 인간이기 때문에 도덕적 도리를 다하여야 하는 가족이나 주변 사람들로서는 당연히 갈 때 가더라도 민폐 안 끼치고 깨끗하게 생을 마감하는 것이 바람직하다는 생각을 가질 수밖에 없을 것이다. 요즈음 논란이 일고 있는 존엄사 문제도 그런 차원에서라면 긍정적으로 검토할 만하다 하겠다.

이왕이면 마지막 숨을 거두는 그 순간까지 망령이 들지 않고, 인간적인 품위를 잃지 않았으면 하는 것이 인간 모두의 바람이리라. 나중에 죽음에 대해 따로 이야기하겠지만 누구든 맨정신을 지니고 죽는 순간, 그 공포를 떨치기란 쉽지 않은 노릇이다. 자살이야 순간적인 판단의 실수라 하겠지만, 불치의 병으로 고통받거나 돌이킬 수 없는 노화라면 현대적인 의료 기술의 도움으로 두려움 없이 죽음을 맞는(해탈) 것도 고려해 볼 일이라는 거다.

치매의 증상

치매가 오면 가장 먼저 나타나는 증상은 기억력이 떨어진다는 것이다. 기억을 담당하는 신경세포가 파괴되면서 그곳에 저장된 자료(정보)가 날아가 버리는 것이다. 동시에 새 시냅스를 생산하는 능력 또한 급격히 떨어져 당장의 정보도 더 이상 수용하지 못하고 흘려 버린다. 당연히 스스로 상황을 판단하는 온갖 능력들도 함께 떨어지는데, 재미있는 것은 공포심이 우선적으로 사라진다는 점이다. 그러다 보니 조심성이 없어진다. 치매 노인을 가두어 돌볼 수밖에 없는 이유가 거기에 있다. 어떻게 보면 치매는 조물주의 절묘한 작업의 산물이라 할 수도 있겠다.

원시시대였다면 치매 증상이 있는 늙은 인간은 공포심이 사라져 함부로 맹수에게 다가가 잡아먹히거나, 조심성 없이 나돌아다니다가 절벽 같은 곳에서 떨어져 다치거나 죽게 마련이다. 똥오줌을 제대로 못 가리니 냄새 때문에 금방 주변의 맹수들을 끌어들인다. 그러니까 겨우 걸음마를 배운 어린아이가 맹수들이 우글거리는 초원이나 밀림 속으로 저 혼자서 걸어 들어가는 셈이다. 사자나 호랑이를 가족인지 맹수인지 판별할 턱이 없으니 곧바로 짐승의 먹이가 되고 말았을 것이다. 치매가 심했다면 잡아먹히면서도 두려움조차 없었을 테다. 고려장 역시 마찬가지다. 아무 두려움이 없는 늙은 부모를 짐승에게 내어준 것이니 인간으로서 차마 못할 짓을 저질렀다고 비난할 수만은 없지 않은가?

어찌 보면 인간이 행하는 장례니 효(孝)니 하는 인간의 행위는 자연의 섭리를 거스르는 것이 아닌가? 인간만이 죽으면서 자신의 썩어 버릴 육신을 다른 개체의 하루살이 먹이로도 내놓지 않는 가장 인색하고 이기적인 동물인 셈이니 말이다. 그 옛날엔 다른 짐승들과 마찬가지로 인간도 죽을 때에는 기꺼이 자신의 몸뚱이를 다른 생물들의 먹잇감으로 내놓았다. 자연으로의 회귀! 그것이 곧 토템의 시작이 아니던가?

인간은 스스로 우주적인가? 지구적인가? 자연적인가?
지금 이 순간에도 수없이 많은 철학자들이 머리를 싸매고 고민하고 있을 것이다. 기껏해야 문명이라는 거창한 명분을 내걸고 제가 사는 환경을 파괴시켜 이 지구상에 반짝하고 나타났다가 맨 먼저 사라져 갈 가장 어리석고 무지하고 탐욕스런 돌연변이적 동물일 뿐인 것을! 겨우 그 정도밖에 안 되는 인간이 요즘 우주가, 은하계가, 블랙홀이 어쩌니 떠들고 있으니 참으로 가소롭고 웃기는 일이 아닐 수 없다. 다시 이 지구에 수억만 년이 흐르도록 이같은 종자가 또 태어날까? 아닐 것이다. 어쩌면 인간은 조물주가 만든 가장 완벽한 실패작일는지도 모른다.

치매는 피할 수 없는가?

그런데 왜 인간 스스로 뇌세포를 파괴하는 물질을 만들어내고, 또 그것을 체내에 축적한단 말인가? 그냥 둬도 언젠가는 절로 수명을 다하여 차츰 죽어갈 텐데 말이다.

현대 의료계의 이상한 규정 때문인지 요즘은 아무리 나이가 많아 죽어도 반드시 의사의 진단이 따라붙는다. 그러니까 예전에는 그냥 노화로 돌아가셨다 하면 그만이던 것을 굳이 심장이 어떻고 폐가 어떻고 등등 갖은 병명을 갖다붙인다. 핑계 없는 무덤 없다더니 병명 없는 죽음이 없다.

노화 현상, 그러니까 스스로(?)가 뇌의 활동을 중지시켜 이제 그만 살겠다는 자발(?)적인 행위(현상)를 병이라 칭하기가 좀 어색하다는 말이다. 자살을 병이라 이름하기가 그렇듯이. 물론 좀 더 살고 싶은 인간의 욕망에서 보자면 도저히 용납이 안 되겠지만, 거친(자연적인) 표현을 쓴다면 "이제 그만 살고 싶다!"가 아니라 "이제 그만 가라!"는 자연의 신호이자 신의 뜻이다. 조물주가 그렇게 설계해 놓은 것이다.

어쨌든 지구상 그 어떤 생물보다 영악한(어쩌면 어리석은) 인간이 기 때문에 이 위대한 자연의 섭리를 뛰어넘어 더 오래 살아 보겠다 고? 가능할까? 가능하다면 이 역시 신의 뜻을 거스르는 것이 아닌 가? 그렇다면 이는 천벌을 받을 짓이 아닌가?

치매는 귀족병이다!

필자가 과학자도 의학자도 아닌 일반인에 지나지 않으니, 나름의 논리적 확신을 가지고도 그걸 객관적으로 증명하기 위해 실험을 할 수 있는 처지가 아니다. 그러니 먼저 주변을 관찰하여 귀납적으로 유추해 설명하는 수밖에 없다.

우선 먼저 던지는 의문이 "누가 치매에 잘 걸리나?" 어떤 신분이나 어느 업종에 종사하는 부류의 사람들이 치매에 많이 걸릴까?

먼저 신분의 상하를 가지고 관찰해 보자. 신분이 낮은 노비가 치매에 걸리는 걸 본 적이 있는가? 어느 집 머슴이나 늙도록 밭에 나가 일을 하는 가난한 농사꾼이 치매에 잘 걸리던가? 혹은 빨리 오던가? 그에 비해 대감님이나 마나님, 부잣집 노인네가 치매에 걸리지 않고 죽음을 맞는 경우가 흔하던가? 혹은 늦게 오던가?

다음으로 어떤 일에 종사하는 사람들이 치매에 잘 걸리는가? 좀 더 구체적으로 말하자면 정신노동을 한 사람과 육체노동을 한 사람

중 어느쪽이 더 치매에 잘 걸릴까? 혹은 더 빨리 올까?

더하여 어떤 시기에 치매가 많이 생겨날까? 구체적으로 전쟁이나 재난 등 살기 힘든 시기와 태평성대의 영화로운 시기 중 어느 때에 더 많이 발생할까?

답은 대충 짐작했겠지만 치매는 팔자가 좋아야 얻을 수 있거나, 일찍 찾아오는 병이다.

친구 중에 의사가 있었다. 60대 중반 무렵에 이르자 더 이상 힘들 어 못해먹겠다며 병원문을 닫았다. 물론 그때까지는 친구들이 보기 에도 다른 친구들에 비해 전혀 건강이 떨어지거나 더 늙어 보이지 도 않았다. 그후 2년 동안 얼굴을 못 보다가 어느 날 모임에 나왔는 데 모두가 놀랄 만큼 팍 늙어 머리까지 새하얗게 변했다. 짐작되는 바가 있어 물어보니 아니나 다를까 그동안 집에 틀어박혀 소파에서 빈둥거리며 텔레비전만 보고 지냈단다.

친일 행적으로 말년에 체면을 좀 구기고 작고한 한국의 대표 시 인은 살아생전에 치매를 예방한답시고 세계 명산들의 이름을 매일 같이 외웠지만, 결국 말년에 이르러 치매를 앓다 돌아가셨다고 한다.

큰 선승으로 알려진 어느 고매한 스님은 생전에 평소 사람들의 방문을 번잡하게 여겨 자기를 만나려면 일천배를 하고 와라, 이천 배를 하고 와라, 삼천배를 하고 와라며 끝내 만나주지 않았다. 기실 본인이 만나주지 않은 건지, 제자들이 가둬 두고 못 만나게 한 건지 필자가 직접 뵌 적이 없으니 장담할 수는 없는 노릇이나 다른 승려들의 말년과 비교해 보면 후자가 아닌가 싶다. 치매는 수행을 강조하는 불교계의 오랜 고민 중의 하나다.

주변의 연세 지긋한 어르신들 가운데 교통사고나, 또 길을 가다가 넘어져서 다리를 다치는 바람에 병원 침상에 몇 달간 누워 있다 나온 경우, 남아 있던 검은 머리카락이 몽땅 새하얗게 변하여 사람들을 놀라게 했던 적이 있을 것이다.

인간도 동물(動物)이다!

움직이는 생물이라는 말이다. 아무려면 누가 그 뜻을 모르랴! 그러나 그 말을 한번 뒤집어 보면? 움직이지 못하면 동물이 못된다는 말이다. 다시 말해, 움직이지 않으면 동물로서의 역할을 하는 신체 각 부분의 기능이 급속하게 퇴화될 수 있다는 말이다. 더구나 노년이라면 더욱 그러하다 하겠다.

사람이 늙어 치아가 빠지면 인체(뇌)는 자발적으로 소화액을 적게 분비하기 시작한다. 이가 시원찮으니 먹는 게 부실할 테고, 그렇다면 굳이 많은 소화액을 만들어낼 필요가 없기 때문일 테다. 어차피 보급품도 모자라고 기운도 떨어지는데. 이건 본인의 의지(魂)와는 상관없이 자율신경계(魄)가 스스로 그렇게 판단해서 결정하는 일이다. 자율신경계가 제 치아가 빠졌는지 안 빠졌는지 어떻게 아느냐고? 잇몸의 자극이 뇌로 올라가지 않는 것만으로도 능히 그러한 결정을 내린다. (다른 경로도 있을 수 있겠다.) 그걸 역이용한 것이 바로 가장 기본적인 도인법 '고치(叩齒)'다. 아침에 일어나면 위아랫니를 자근자근 부딪치고, 혀로 입안을 돌려 침과 소화액 분비를 촉진시키는 섭생술을 말한다.

인체의 멀쩡한 기관도 장기간 사용하지 않으면 기능이 점점 떨어지는데, 어떤 경우에는 작동 불능에까지 이른다.

가령 눈을 뜬 심봉사가 심청이를 알아보았을까? 절대 못 알아본다. 보는 것도 어린 시절에 배워야 가능하다고 한다. 미국 캘리포니아대의 아이온 파인 박사팀은 40년 전, 그러니까 3세 때 눈이 멀어버린 마이클 메이의 시력을 각막 줄기세포 이식 수술을 통하여 회복시켜 사물의 빛깔이며 형태·움직임 등을 정상적으로 볼 수 있게 하였다. 그런데 문제는 메이가 사람의 얼굴과 표정을 알아보는 데 어려움을 겪는다는 것이다. 아마도 사람의 얼굴, 즉 감정 표현을 알아볼 때 기능하는 뇌의 특정 영역이 이미 다른 용도로 쓰였을 가능성이 크다고 한다.

두 발로 직립보행하는 인간이기에(다리가 없는 불구자를 제외하고) 움직인다는 것은 곧 선다는 것이고, 서면 걸어야 한다. 따라서 사람이 걷지 않으면 그에 상응하는 뇌 부분이 차츰 그 기능을 상실해 갈 테고, 긴 세월일 경우 그 부분을 관장하는 뇌세포가 죽으면 대신할

새 세포를 양산하지 않아서 사라지거나, 다른 용도로 전용하게 될 수밖에 없다는 말이다. 몸살림이나 나라살림이나 한정된 자원이라면 효율을 따지지 않을 수 없기 때문이겠다.

알츠하이머나 치매를 앓는 환자의 뇌를 단층촬영해 보면 대뇌의 중간층, 그러니까 속뇌(동물적 시절의 구뇌)에 구멍이 숭숭 뚫려 있다. 그러니까 동물적 기능을 상실해 간다고 할 수 있겠는데, 이는 장기간 동물적 행동, 즉 동물적 움직임을 하지 않아 그 쓸모없는 부위를 파괴시키거나 더 이상 재생하지 않았다는 뜻이다. 따라서 동물적 행동을 멈추지 않아 구뇌를 지속적으로 자극한다면 예방이 가능하다는 논리가 성립된다.

걸어야 뇌가 산다!

아주 오래전에 유럽에서는 수녀들이 치매에 가장 많이 걸린다고 통계한 신문기사를 인상깊게 본 적이 있다. 그런가 하면 예전에 집안 머슴이나 마름이 치매에 걸려 죽었다는 얘기를 좀처럼 들어 본 적이 없다. 아마도 죽는 그날 아침까지도 마당을 쓸었을 것이다. 유명한 예의 선승 외에도 노년에 치매에 걸려 요양원에서 숨을 거둔 스님들이 많다. 다만 수행자가 치매나 중풍에 걸렸다는 사실이 외부로 알려질까 쉬쉬하며 감추는 바람에 신자들조차도 잘 모르는 것일 뿐이다. 신부나 수녀들도 마찬가지다.

그렇다면 모든 수녀나 승려가 치매에 걸리는 걸까? 절대 그렇지는 않다. 대개는 그 조직에서 직급이 높은 사람이 비교적 잘 걸린다. 청소하고 밥짓고 빨래하고 텃밭 가꾸는 하위직 성직자들은 여간해서 치매에 걸리지 않거나 뒤늦게 걸린다.

그러니까 치매는 일을 하지 않는, 육체적 노동을 하지 않는 편한 사람이 보다 잘 걸린다는 것을 알 수 있다. 공부를 많이 하고, 두뇌를 쓰는 일에 종사하는 사람이 치매에 덜 걸릴 것이라는 짐작은 완전 오산이다. 육체적 노동은 일어나서 걷게 되어 있다. 그러니까 치매는 걸음과 인과관계가 있다는 말이다.

필자의 수행 문중 어르신들은 90대 중반까지 살았지만 아무도 치매에 걸리지 않았다. 물론 그분들이 무슨 막노동 같은 일을 하면서 살다간 것도 아니다. 평생 수행을 하였으니 치매에 걸리지 않는 것은 당연한 일이지 않느냐는 건 오해다. 일찍부터 걷기에 대한 인식이 있었기에 거의 하루도 거르지 않고 산책을 한 덕분이다. 물론 다른 양생법도 게을리하지 않았지만, 가장 중요한 산책을 빠트리는 법이 없었다. 그분들 가운데 한 분은 아침 산책 마치고 점심 무렵에 조용히 가셨다. 다음 책에서 자세히 이야기하겠지만, 치매에 걸리면 수행이고 뭐고 아무 소용이 없다. 맑은 정신이 아니면 입적의 순간 해탈이 불가능하기 때문이다. 그러니 수행자라면 반드시 치매를 예방해내야만 한다.

또 간간이 대기업 오너 회장님들의 노년 근황이 언론에 소개될 때가 있는데, 골프며 등산, 농원에서의 버섯 재배 등 갖가지 취미생활을 즐기는 분들이 있는가 하면, 특별한 소일거리 없이 은둔자처럼 집에서 독서나 하면서 두문불출하는 분들도 있다. 그분들 가운데 어떤 이가 치매에 걸릴 확률이 높은지는 짐작이 가고도 남을 것이다. 게다가 이런 부유층들은 일찍부터 자가용 기사를 두고 움직이기 때문에 일반인에 비해 걷는 일이 절대적으로 부족하다. 물론 재산이 많으니까 주변에 시중들 사람도 많을 테니 노년을 오랫동안 치매로 보낸다 한들 뭔 대수겠는가?

내친김에 한마디 더 보태자.

한국의 많은 승려들이 노년에 길에서 죽는다고 한다. 설마 길 한 가운데서 엎어질까마는 그만큼 의지할 곳이 없다는 말이다. 상당한 명성과 재산(개인 사찰)을 모은 고승이야 어찌어찌 제자들의 돌봄을 받을 수 있지만, 나머지 대부분은 소리 소문 없이 불쌍하고 구차하게 생을 마쳐야 한다. 절도 사람 사는 곳이라 늙어서 제 몫을 못해낼 처지면 쫓겨날 수밖에 없다. 그게 현대식 고려장이다. 출가인이다 늙어서 다시 돌아갈 집이나 가족이 있을 리 없다. 그러니 제발 한국 불교계도 서양의 수도원처럼 한번 들어가면 다시 나오지 않는, 승려라면 누구든 늙어서 마지막 생을 맡길 수 있는 절(양로원)을 운영했으면 좋겠다. 만약 그런 것이 있다면 굳이 중질하면서까지 재물을 밝히지 않아도 되지 않겠는가? 노후가 불안한데 해탈은 무슨 해탈? 골짜기에 틀어박혀 평생을 바쳐 정진할 사람이 몇이나 되겠는가?

아무튼 부적을 붙이고, 경전을 달달 외우고, 또 진언(眞言)을 입에 달고 다닌다 해도 귀신을 쫓을 순 있을망정 치매는 못 막는다. 치매귀(癡呆鬼)는 무서운 게 없다. 세상의 어떤 큰무당 큰귀신도 이 치매귀는 못 쫓는다. 당연히 돈 무서운 줄도 모르고, 글 무서운 줄도 모른다. 빌 게이츠 회장처럼 아무리 돈을 많이 내놓아도, 아무리 독서를 많이 해도 소용이 없다. 치매귀는 저하고 앉아서 놀아 주는 인간을 제일 좋아한다. 치매귀를 내치는 유일한 방법은 빠른 걸음으로 내빼는 것뿐이다.

치매는 계속 늘어난다!

세상은 갈수록 인간을 편하게 만들어 주고 있다. 자가용, 거미줄 같은 교통망, 텔레비전, 컴퓨터, 휴대전화…. 안락함과 편리함을 위한 인간의 노력은 끝이 없다. 현대는 '편리'가 돈이 되는 세상이다. 그러니 치매는 날이 갈수록 늘어날 수밖에 없다. 발이 편하면 오래 못살뿐더러 삶의 끝이 추하다. 무리한 운동은 지양하되 인간다운 인격체로서의 존엄을 유지하기 위한 걷기는 죽는 날까지 멈춰선 안 된다.

"그럼 손가락 운동은 치매에 도움이 안 되나?" 하고 묻는 분들이 있을 것이다. 이미 많은 연구자들이 실험을 통해 손 운동보다 하체(발, 다리) 운동이 치매 예방은 물론 치유에 훨씬 효과적이란 결론을 얻어냈다. 치매에 걸린 노인들을 모아 한쪽 팀은 카드놀이를, 다른 한 팀은 손으로 종이접기를, 나머지 한 팀은 자전거 페달밟기를 시켰더니 카드놀이팀은 전혀 변화가 없고, 종이접기팀은 약간의 개선, 페달밟기팀은 매우 개선되었음이 학계에 보고된 바 있다.

종일토록 앉아서 집중적으로 단순반복작업에 종사하는 사람들 가운데 치매 증상이 나타나기도 전에 뇌가 스펀지처럼 푸석푸석해지는 사례도 있다. 평생 손가락을 많이 사용하는 전각가 · 서각가 · 서예가 중에서도 그러한 증세를 앓다 죽은 이가 필자 주변만 해도 여럿이다. 두뇌를 많이 사용하는 일, 손을 많이 사용하는 것만으로는 뇌질환을 예방하기 어렵다는 말이다. 이런 직종에 종사하는 사람들은 필히 일정 시간을 스트레칭과 하체 운동에 할애해 주어야 한다. 손작업만으로는 치매 예방 치료 효과를 거두기 어렵다. 반드시 하체, 즉 발가락을 움직이는 운동이어야 한다. 할 수만 있다면 온몸을 움직이고 자극하는 도인체조면 더욱 효과적이겠다.

요즘은 걷기 운동이 치매를 예방하는 데 효과가 있다는 걸 의학계에서도 차츰 받아들여지고 있으며, 규칙적인 운동이 노인들에게 기억–학습 능력을 향상시키는 효과가 있다는 주장이나 연구 결과 또한 수없이 많다.

미국 일리노이대학 첨단과학기술연구소 소장 아트 크래머 박사는, 노인이 걷거나 자전거타기 등의 운동을 하루 최장 1시간씩 6개월에서 1년간을 지속하면 기억력과 문제해결 능력이 15~20%가량 개선된다고 밝혔다. 운동은 심혈관질환이며 당뇨병을 예방하는 효과 외에도 뇌기능과 뇌구조에 영향을 미쳐 기억력·주의력·다중 작업 기능을 향상시키는 것으로 나타났다고 하였다. 특히 노인들이 규칙적인 운동을 6개월 이상 지속하게 되면 뇌의 기억중추인 전전 두피질과 해마의 용적이 2% 정도 늘어났다면서, 이는 뇌의 노화를 1~2년가량 되돌리는 것과 맞먹는 효과라고 한다.

구체적으로 무엇이 이 두 뇌부위의 용적을 증가시켰는지에 대한 연구는 아직 없지만, 걷기 운동으로 인한 뇌의 정상적인 가동 덕분에 뇌혈류량이 평상시보다 늘어나고, 그 과정에서 보다 많은 산소와 영양소가 공급되면서 신경세포를 포함한 뇌세포의 수가 많아졌기 때문임은 능히 짐작할 수 있다. 그러니까 뇌 역시 기계와 마찬가지로 안 쓰는 것보다 규칙적으로 가동해 주는 것이 수명을 늘려 준다고 하겠다.

일어서서 걷는다는 것은 뇌에 비상등이 켜진 것과 같다. 주변 좌우를 살피고, 팔다리는 물론 신체 전체가 균형을 잡아야 한다. 넘어지지도 말아야 하고, 다른 사람과 부딪치지도 않아야 한다. 어디로 갈지 상황 판단도 해야 한다. 인체의 모든 혼(魂)과 백(魄)이 깨어나야만 한다. 당연히 많은 에너지가 소요되기 때문에 혈류가 증가할 수밖에 없다. 덕분에 새로운 시냅스 생성이 활발해진다. 더불어 신경전달물질의 원재료를 만들어 공급해야 하는 장기들도 부산해진다.

인간이 제 의지대로 신체의 기능을 다스릴 수 있는 건 근육밖에 없다. 나머지는 자율신경계를 통해 자기들끼리 소통하며 생존해 나간다. 물론 근육이라 해도 각각의 근육세포들은 자신의 주인(?)이 누구인지 알지 못한다. 신경전달물질도 마찬가지다. 아무리 의식을 하고 용을 쓰도, 인간의 의지대로 분비가 촉진되거나 감소되지 않는다. 결국 약물이나 기타 외부의 자극적인 방법을 통해 조절시키거나 보충해 주는 수밖에 없다. 일어나 걷는 것으로 뇌의 긴장 상태를 조성해서 기능들을 정상화시키는 것이 가장 안전하고 효과적인 방법일 수 있다.

그렇다고 너무 욕심을 내어서도 곤란하다. 항상 안전을 생각해야 한다. 산책을 하다가 헛디디거나 누군가와 부딪쳐 넘어지기라도 하면 십중팔구는 크게 다쳐서 병원 침상 신세를 지게 마련이다. 그럴 경우 종내는 삶을 크게 단축시키고 만다. 치매에 좋은 운동은 걷기뿐 아니라 양생도인체조에도 많이 있다. 그 중에 발뒤꿈치를 들거나 발가락에 중점을 두는 동작들이 매우 효과적이다. 특히 호보(虎步)는 거의 결정적으로 치매를 예방해 준다. 걷기가 불편한 사람은 지팡이에 의지해서라도 걷기를 계속해야 한다. 일어서야 하고, 발바닥과 발가락 자극이 뇌에 전달되어야 뇌세포를 파괴하는 베타아밀로이드의 생산을 막을 수 있다.

원시의 야생생활이었다면 근육에 힘이 떨어지는 순간 바로 도태되었을 테지만, 현대는 마지막까지 인간답게 살아야 한다. 바깥으로 산보를 나가는 것이 어려울 경우에는 거실 바닥에 올록볼록한 거친 멍석 같은 깔개를 펴놓고서라도 맨발로 걸어야 한다. 벽이나 난간을 짚고라도 발뒤꿈치를 들어올리는 운동을 계속하면 죽는 날까지 능히 예방하거나 늦출 수 있다. 맨발로 맨땅바닥 걷기는 치매 치료에 탁월한 효험이 있다.

자극이 없으면 뇌는 녹슨다!

만약 가족 중 누군가가 어떤 사고로 이와 같거나 비슷한 상황에 처해 있다면 어떻게 할 것인가? 의사가 아니니 달리 어찌해 볼 수가 없다. 이럴 경우에는 환자의 팔다리를 끊임없이 주물러 주어야 한다. 보다 효과적인 방법은 발을 계속 마사지해 주는 것이다. 허리가 삐끗하거나 다리가 부러져 깁스 상태로 누워 있는 노인에게는 성한 쪽 다리로라도 운동을 하도록 해야 하며, 그나마도 움직이지 못할 경우에는 발마사지를 해주면 노화를 상당히 늦출 수가 있다. 그리고 식물인간일 경우에는 고무줄 따위로 발바닥과 발가락을 지속적으로 따끔하게 튕겨서 뇌간에 찌릿찌릿한 전기 신호를 끊임없이 보내 주면 예상치 못한 효과를 볼 수도 있다.

실제로 교통사고를 당한 뒤 15년간 식물인간으로 지낸 35세 환자의 의식을 회복시켰다는 소식이 있다. 2017년 9월, 프랑스 리옹 제1대학의 마르티나 코라졸 교수팀은 20세 때 교통사고로 대뇌피질·뇌간·간뇌·뇌백질이 손상된 프랑스인 청년의 뇌를 자극하기 위해 뇌의 바깥쪽에 위치한 뇌줄기에서 뻗어나온 신경섬유에 전극을 심었다. 이렇게 약 1개월 동안 지속적으로 전기 자극을 주었더니, 마침내 환자가 눈동자와 머리를 좌우로 움직였다고 한다.

또 거실이나 안방에 앉아 텔레비전을 보더라도 두 손으로 발바닥과 발가락·종아리·사타구니 등을 마사지하거나 주먹으로 가볍게 쳐주는 것도 매우 좋은 방법이다. 이는 치매 예방뿐 아니라 정상인의 건강과 회춘에도 크게 효과적이다. 지하철을 탈 경우에 기둥이나 손잡이를 잡고 뒤꿈치를 살짝 들어서 균형을 잡는 것도 유용한 발가락 운동이 된다. 발가락 운동은 전통적으로 도인법에서 호흡과 더불어 가장 중요하게 여기는 요체로, 발뒤꿈치를 들어올리는 것도 결국 발가락 운동을 통해 뇌에 건강한 자극을 주기 위한 것이다.

발이 편하면 치매가 온다!

하체가 불구인 사람은 치매에 잘 걸리는가?

이치적으로 보자면 당연히 그럴 것 같지만 도리어 덜 걸리는 편이다. 왜냐하면 정상인보다 오히려 더 위험을 느끼고 용(노력)을 써야 하기 때문에 뇌에 자극이 더 심하게 올라간다. 그렇지만 아무래도 정상인들에 비해 수명이 짧다. 해서 노인성 치매가 오기 전에 생을 마치는 경우가 많아 덜 관찰되는 것으로 짐작된다.

치매 재활치료 및 예방을 위한 노인 스포츠 게임을 개발하여 전국에 보급하는 것도 좋은 방법이 될 듯싶다. 이를테면 포켓볼이나 당구 대신 어린 시절에 놀았던 비석치기라든가, 지팡이를 짚고도 놀수 있는 발(足)당구, 발(足)볼링, 맨발로 구슬치기 등등. 그런가 하면 사교댄스는 노인성 치매 예방 치료에 탁월하다. 이왕이면 혼자서

추는 춤보다 둘이서 함께 추는 춤이 더 좋다. 상대와 발을 맞춰야 하기 때문에 장애물 경기를 하는 것만큼의 효과를 낸다.

앉아서 외운 건 쉽게 잊혀지지만, 몸으로 익힌 건 여간해서 지워지지 않는다. 개념어(명사 혹은 명사화된 형용사)는 전두엽〔魂〕만의 활동으로 기억할 수 있지만, 동사는 육신〔魄〕이 기억해야 하기 때문이다.

무엇보다 걷는다는 건 뇌의 조심성과 경각심, 그리고 균형감각을 담당하는 부분에 자극을 주기 때문에 설령 너무 늙어 기억력 쇠퇴는 어쩔 수 없다 하더라도 인간으로서 최소한의 품위는 지킬 수 있다. 그러니 죽는 그날까지 걷기를 포기하지 말아야 한다.

근육과 마찬가지로 사용하지 않는 기관은 오래잖아 작동 불능이 된다. '세월호 침몰사고' 때처럼 재난본부가 제대로 작동하지 못한다. 뇌 역시 장기간 사용하지 않으면 기계가 그 부분을 파괴(포기)시킨다. 베타아미노이드라는 독성 단백물질이 뇌에 쌓여 신경세포가 죽으면서 발생, 신경전달물질인 아세틸콜린 감소, 학습 능력과 기억력을 감퇴시키는 것이다. 에너지 절약으로 기계가 녹스는 것과 같다. 거식증환자와 비슷한 경우가 신경계에서 이루어진다. 운동을 통해 평소 혼백이 서로 피드백할 수 있도록 훈련시켜야 한다.

국내외의 연구 결과에서도 다양한 신체 활동에 의한 에너지 소모가 뇌구조를 개선해 치매 예방에 도움을 주는 것으로 드러났다. 에너지 소모량이 많을수록 뇌의 전두엽과 측두엽, 그리고 기억중추인 해마가 들어 있는 두정엽의 용적이 큰 것으로 나타나는데, 전문가들은 이같은 연구 결과 등을 고려할 때 '걷기'가 효율적인 치매 예방법 가운데 한 가지라고 입을 모은다. 걷기 운동으로 몸 전체 근육뿐만 아니라 뇌도 많이 사용할 수 있어 인지 기능의 향상, 뇌발달, 치매 예방에 도움을 주고, 특히 운동 능력이 떨어지는 노인 등이 크게 무리하지 않으면서도 많은 에너지를 사용할 수 있다는 장점도 있다고 한다.

치매의 지름길 닦는 식탐(食貪)

많이 먹는다는 건 그만큼 몸의 관련 기관들에 음식을 소화시키는 일을 많이 시킨다는 것이고, 또 그로 인한 비만은 소화 기능뿐만 아니라 신체의 모든 장기와 골격의 수명을 단축시킨다. 나이가 든다는 건 인체가 노후 자동차처럼 된다는 것이다. 엔진이며 타이어 등 모든 것들이 낡아 가는데, 짐을 점점 더 많이 싣게 되면 고장이 나서 보다 먼저 폐차장으로 가는 건 당연한 이치. 대신 낡아 가는 만큼 짐을 적게 싣고, 또 부드럽게 운전하고 정비를 자주 하면 오래 사용할 수 있다. 인체도 마찬가지다. 나이가 들어갈수록 명태처럼 말라 가면 장수할 것이고, 고등어처럼 살이 찌면 빨리 썩을 수밖에 없다.

다섯 발가락 끝에서 시작하는 경락의 자극은 치매 예방뿐만이 아니라 전체 건강에도 더없이 도움이 된다. 예를 들면 생리통이나 생리불순일 때 침이나 뜸을 뜨는 자리가 엄지발가락 안쪽 발톱 뿌리 부근의 대돈혈(大敦穴)이다. 그밖에도 발바닥 자극과 하체 운동은 성기능을 증진시키고, 성호르몬 분비를 증가시킬 것은 불문가지다. 그리고 활발한 성호르몬 분비는 다른 기관과 그 기능들을 자극해서 활성화시키고, 여타 호르몬과 신경전달물질의 분비를 촉진시킨다. 당연히 노화(퇴화)를 늦춰 준다. 도인체조와 산책을 병행한다면 치매는 거의 완벽하게 예방할 수 있다.

원시 지혜와 고통의 순기능

요즘은 찾아보기 힘든 풍속이지만, 예전에 결혼을 하면 새신랑은 처갓집에서 동상례(東床禮)라 일컫는 신랑다루기로 곤혹을 치러야 했다. 신부 동네의 동년배 총각들이 무명천을 끈으로 삼아 새신랑을 대들보에 매달아 놓고 명태 같은 걸로 발바닥과 종아리를 쳐서 혼찌검을 내는 놀이다. 그렇게 해서 잔칫집에서 술과 음식을 더 내놓게 하는 일종의 텃세부리기인 셈이다. 한데 바로 이 풍속이 성(性)과 생육에 무척 도움이 되는 행위였던 것이다.

새신랑의 아랫도리에 대한 매질은 신장에 엄청난 자극을 주며, 고통은 종족 보존(생식 능력)을 자극해서 정자 생성을 활성화시킨다. 그리고 매질의 통증은 도파민 등 각종 화학물질의 분비를 돕는데, 이는 결과적으로 정자의 수명을 연장시켜 임신 가능성을 높여 준다. 호르몬을 잔뜩 머금은 정자(꼬리 부근에 붙은 10여 개의 미토콘드리아)가 흥분해서 죽기살기로 내달리기 때문이다.

전쟁중에 여성이 강간을 당하면 십중팔구 임신이 되는 것도 그 때문이다. 죽음의 공포에서 쏟아져 나오는 신경전달물질로 인해 남성의 성욕이 폭발적으로 자극된다. 더불어 여성도 죽음과 강간의 공포에 의한 신경전달물질로 난자의 수명까지 늘려 가임 기간을 대폭 연장시키기 때문이다. 도덕적으로 용인이 안 되는 일이지만 자연의 섭리가 원래 그러하다.

모든 민족의 성인식이나 결혼식 신랑다루기가 담력과 육체적 고통을 시험하는 행위인 것은 인류가 은연중에 터득한 종족 보존의 지혜라 하겠다. 이를 역으로 잘 이용하면 치매와 마찬가지로 불임으로 고생하는 사람들에게 크게 도움을 줄 수도 있을 것이다.

치매에 좋은 한약재

걷기가 치매(알츠하이머, 파킨슨병)의 예방과 치료에 크게 도움이 되는 것은 인체의 여러 가지 기능을 활성화시키기 때문이다. 현대의학에서도 치매를 조기에 발견하면 완치까지는 아니라 하더라도 진행을 멈추거나 늦출 수 있을 정도의 약물은 처방되고 있다. 또한 치매에 도움이 된다는 온갖 음식과 건강보조식품들도 수입, 판매되고 있다. 물론 그 효과는 대개가 과장되었거나 확인이 불가능한 경우가 많아 온전히 믿음이 가지는 않는다.

전통적으로 치매에 좋은 한약재로는 천마(天麻)·초석잠(草石蠶)·석창포(石菖蒲) 등이 있는데, 건조한 천마와 초석잠(뿌리)을 갈아 환으로 만들어서 총명탕(聰明湯: 석창포가 들어감)과 함께 꾸준히 복용하면 크게 효험을 본다. 자세한 것은 한의사와 상의하길 바란다. 환자의 상태에 따라 달리해야 할 경우도 있고, 또 한의사마다 더 좋은 방법도 있을 수 있으니 말이다. 당연히 치매 개선의 주요 약제는 뿌리들이다.

Tip 싱겁게 늙고, 싱겁게 놀아라!

늙으면 나이에 맞는 운동을 하는 것이 당연하다. 대신 늙으면 싱겁게 살아야 한다. 당연히 운동도 싱거운 것을 골라야 한다.

주변에 대학교수 시절부터 테니스를 오랫동안 해온 퇴직 교수님이 한 분 계셨는데, 신체가 건장하여서 퇴직 후에도 열심히 정력적으로 일을 하셨다. 그분은 젊었을 적부터 쉬지 않고 해온 테니스 덕분에 이렇듯 건강하게 살고 있노라고 자랑하시며, 끝없이 테니스 예찬론을 펼치시는 분이다. 그러던 어느 날 한참을 안 보이시다가 나오셨는데, 사정인즉슨 테니스를 치다가 오른쪽 어깨 인대가 끊어져 큰 수술을 받았노라고 했다. 입원해 있는 동안 폭삭 늙어 버리기도 하였거니와 그 얼굴이 많이 초췌해 보였다.

나이가 들면, 사실 자신이 아무리 애착을 가지고 평생을 해온 운동이라 하더라도 놓을 줄 알아야 한다. 그리고 그 연령에 맞는 적당한 새 운동거리를 찾아야 한다.

기실 현대인들이 즐기는 대부분의 운동은 거의 경기 방식으로 치러지는 스포츠들이다. 특히 상대방과 직접 겨루는 스포츠는 자연적으로 격렬해질 수밖에 없고, 또 이기려 들다 보니 어쩔 수 없이 상대를 괴롭히는 동작이 많다. 역으로 자신도 상대로부터 공격을 받게 되고, 결국은 무리하지 않을 수 없게 되는 것이다.

앞서 예를 든 테니스의 경우만 하더라도 네트를 사이에 두고 공을 쳐서 상대편으로 넘기는 운동인 만큼 혼자서 하기에는 어쩐지 재미가 덜해 경기 방식으로 즐기게 된다. 그러다 보니 공을 받아서 넘길 때면 상대가 받을 수 없도록 하거나 실수를 하도록 고약한 곳에 교묘한 방법으로 쳐넣는다. 당연히 상대도 공을 곱게 넘겨 주지 않는다. 결국 그 공을 받아내기 위해서는 무리하게 팔을 뻗어야 하고, 다리가 갑자기 꼬이거나 관절에 무리가 가도록 뛰어야 한다. 그러니 결국 재미가 골병으로 이어질 수밖에 없다. 젊었을 적엔 몸이 유연하고 관절의 연골도 싱싱해서 그나마 건강을 유지할 수가 있지만, 나이가 들면 아무래도 무리일 수밖에 없다. 누가 라켓을 빨리 놓을 것인가의 차이일 뿐, 언젠가는 모두 라켓을 내려놓아야 한다. 다만 스스로 남보다 빨리 라켓을 내려놓는 것이 보다 건강하게 사는 길이다.

나이가 들면 경기 방식, 혹은 경쟁을 유도하는 운동은 무조건 삼가야 한다. 노후 차량을 남보다 오래 끌고 다니려면 과속 과적을 피하고 부드럽게 몰아야 하는 것처럼 운동도 점점 부담이 적고 부드러운 것으로 바꿔야 한다. 노익장 과시는 어리석은 짓이다.

7

호보(虎步)란 무엇인가?

'호랑이걸음'이라? 원래는 전통 무가(武家)에서 사용하는 전문 용어이다. 그러던 것이 어느 때인가부터 담장 밖을 넘어가더니, 왕도 마뱀걸음인지 게걸음인지 모를 요상한 모양새로 시중에 퍼져 나가기 시작했다.

언젠가 텔레비전 앞에 앉아 산에서 무술을 닦는다는 한 무리가 호보를 수련한다며 엎드려 네 발로 산길을 엉금엉금 기어다니는 모습을 보고서 그만 포복절도한 적이 있다. 또 어떤 수련단체는 호보를 팔자걸음에 비교해서 십일자로 걷는 법이라고 주장하기도 하는데, 모두 장님 코끼리 만지기식 해석이다.

국어사전에서는 예의 호보를 '씩씩하고 힘차게 걸음'이라고 기록하여 올린 걸 보면, 꽤 오래전부터 명사로 자리매김된 단어였던 듯하다. 한데 누가 호랑이걸음을 씩씩하고 힘차다고 말하는가? 코끼리나 코뿔소 · 들소 · 말 등속의 걸음이라면 또 모를까! 가장 조심스럽게 걷는 고양이과 동물의 걸음을 씩씩하고 힘차다고 하였으니! 어쩌면 사전을 편찬한 분들도 호보가 뭔지 구경도 못하고서 기술하였음이 분명해 보인다.

사실 일반인들은 죽었다 깨어나도 호보(虎步)를 알 수가 없을 테다. 심지어 평생 동안 무술을 하였다는 사람들 중에도 호보의 숨은 의미(목적)는 고사하고 걸음 모양이라도 아는 이가 극히 드물다. 감히 장담컨대 대한민국에서 호보를 아는 사람은 필자가 무예를 배운 문중의 몇 사람에 지나지 않는다. 중국이나 일본의 그 많은 무술인(책)들도 호보를 설명한 적이 없다. 호보를 아는 사람이 없다는 말이다. 있다면 무술을 그런 식으로밖에 단련하지 않았을 것이기에 말이다. (무예와 무술의 차이가 궁금하다면 필자의 저서 《무덕(武德)》을 참조하기 바란다.) 하여 필자가 10년도 넘게 이 호보를 글로 공개할까말까를 망설였던 것이다.

세상이 희한해서 이런 사소한 재주 하나만으로도 능히 호구지책으로 삼을 수 있음을 모르는 바 아니지만, 그런 건 필자의 생리에 맞지 않다. 알고서도 가만히 입 다물고 살다가자니 눈앞에 딱한 이들이 너무 많다. 해서 건강을 위해 공개하고자 한 것이다.

호보(虎步)란 일자보(一字步)!

야생의 늑대와 집에서 키우는 개는 크게 두 가지 특징에서 구별된다. 늑대는 이빨이 누렇고, 개는 희다. 또 늑대는 가슴이 없(좁)고, 개는 가슴이 있(넓)다. 사실 늑대뿐 아니라 호랑이나 표범, 여우나 산양, 심지어 곰이나 멧돼지도 마찬가지다. 생식(生食)이 아닌 화식(火食: 익힌 음식)을 하면 이빨이 하얘진다. 또 길다운 길이 없는 야생의 숲에서 사는 동물은 가능하면 좌우 보폭을 좁혀서 거의 일직선으로 걷다 보니 흉곽이 좁아지게 진화한 것이다.

그러니까 호보란 꼭 호랑이걸음만이 아닌 야생 짐승의 걸음을 말하는 것이다. 대부분의 짐승들이 그렇게 걷는다. 눈 위에 나 있는 발자국을 보면 인간과 달리 좌우 발이 한 줄 위를 걸어가고 있음을 알 수 있다. 그만큼 에너지를 절약하는 경제적인 걸음이기도 하다.

일자보(一字步)로 걷는다는 건 에너지 절약적인 이유도 있지만, 그 바람에 뛰어난 균형감각을 지니게 마련이다. 무예의 기본 자세로 치면 독립보(獨立步)로 걷는 셈이다. 그러니까 독립세(獨立勢)는 균형감각을 기르는 것이다. 이게 몸에 익어야 균형감은 물론 순발력과 순간적인 자세 변환이 가능해지고, 동작에 탄력성이 붙는다. 도장에서 아무리 많은 수련을 해도 이게 부실하면 실전에서 얻어터지게 마련이다. 우악스럽게 생긴 떡대가 날렵한 자에게 깨지는 이유이기도 하다.

늙으면 독립(한쪽 발)으로 서는 능력이 현저히 떨어지는데, 바지를 입을 때에도 한쪽 발로 서서 다른 한쪽의 다리를 바짓가랑이에

꿰지 못한다. 해서 걸터앉거나, 아니면 한쪽 손으로 벽을 짚고서야 바지를 입을 수 있게 된다. 두 팔을 벌리고서 한쪽 발을 들고 설 수 없으면 그만큼 늙은 것으로 자가진단해 볼 수 있다. 역으로, 독립보 훈련을 매일같이 꾸준히 하게 되면 뇌기능이 활발해져서 치매 정도 는 가볍게 예방할 수 있다는 말도 성립될 테다.

여성들의 경우엔 골반의 구조상 호보는 물론 갈(之)보도 어렵지 않다. 하여 모델처럼 엉덩이가 씰룩씰룩한 걸음걸이가 된다. 옛날 에는 천박해 보인다 해서 손가락질을 받았지만 요즘은 자신만만, 소위 섹시한 걸음이라 하여 부러워하기도 한다. 반면 남성들은 갈 보가 불가능하며, 호보 또한 쉽지 않다. 신경을 쓰지 않으면 누구든 팔자보가 되고 만다. 키가 큰 남성 모델이나 신사들은 일자보가 쉽 다. 덩치에 비해 다리가 짧거나 뚱뚱해지면 너나없이 두 다리를 벌 려 광폭의 팔자보를 하게 마련, 앉아서도 쩍벌남이 되기 십상이다.

호보(虎步)의 효과

팔자걸음을 걷던 사람이 호보를 하면 여러 가지 변화가 생긴다. 먼저 성기능(생식 능력)이 증가한다. 왜냐하면 사타구니를 좁혀서 스치듯이 비비며 걸어야 하기 때문이다. 하여 도인기공체조에서 회 춘공은 사타구니를 비비는 동작이 반드시 들어 있다.

다음으로 기우뚱거리는 몸의 균형을 잡아야 하기에 자연히 열 발

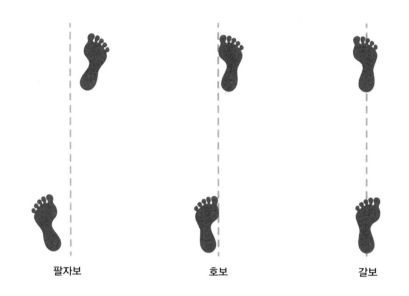

<table>
<tr><td>팔자보</td><td>호보</td><td>갈보</td></tr>
</table>

가락을 움찔대지 않을 수 없는 것이다. 이 균형잡기의 아찔아찔함이 대뇌를 활성화시켜 노화와 치매를 예방, 치료하는 효과를 낸다.

그런 다음 이게 웬만큼 훈련이 되면 균형감각이 높아져서 돌부리에 걸리거나 사람들과 부딪쳐도 여간해서는 나자빠지지 않는다. 많은 노인들이 방안에서 바지를 입다가, 혹은 화장실에서 넘어져 몸이 크게 상하곤 한다. 이미 뼈가 약해져 있기 때문에 일단 넘어지면 어딘가 금이 가거나 부러진다고 보면 된다. 게다가 세포를 재생산하는 기능의 약화로 회복하는 데 상당한 기간이 걸린다. 결국 운동 부족으로 노화가 급속도로 진행된다. 따라서 같은 산책을 하더라도 호보(虎步)로 하면 보통의 산책에 비하여 그 효과를 몇 배나 더 거둘 수 있다.

치매 예방의 최고 비방 호보(虎步)

성인이 일순간에 일어나서 걷는 것은 언뜻 간단해 보이지만, 기실 어렸을 적에 아이가 걸음마 연습을 하던 때를 생각해 보면 결코 쉬운 일이 아님을 알 수 있다. 매우 위험하고 어려운, 그리고 긴 시간 동안의 반복적인 훈련 결과이다. 살기 위해서는 어떻게 해서든 서둘러 익혀야 하는 것이다. 다른 모든 동물들이 그러하듯이.

이는 혼(魂)의 작용, 즉 사고에 의한 판단에서 그렇게 하는 것이 아니다. 백(魄)의 요구에 의해 본능적 직감으로 그렇게 용을 쓰는 것이다. 그리하여 과정에서 얻은 균형잡기의 정보(학습 경험)를 대뇌와 소뇌의 기억세포에 축적하는 것이다. 뇌졸중이나 뇌경색으로 근육운동을 관장하는 부분에 영양과 산소가 공급되지 못하면 사멸하게 되며, 그 학습 정보까지 잃게 된다. 그렇게 되면 갓난아이처럼 처음부터 다시 익혀서 새로이 생겨나는 신경세포에 학습 정보를 축적해 나가야 한다. 당연히 회복에 장기간이 소요될 수밖에 없다.

움직인다는 것은 혼(魂)의 판단력과 그에 대응하는 백(魄)의 기능이 혼합되어 있다. 따라서 일어나 걷는 것은 곧 혼백의 균형잡기 연합훈련이라 할 수 있다. 비유하자면 전투부대·공병부대·보급부대를 포함한 전 군인이 전투훈련을 빈번히 하고, 또 재난관리본부가 훈련을 자주자주 한다는 말이다. 걷지 않는 것은 이러한 훈련들을 소홀히 하는 일과 같아서, 막상 사고가 터졌을 때에는 가동이 잘 안 되거나 우왕좌왕하게 만들어 버린다.

늙으면 걷기를 싫어하게 되고, 해당 신경세포의 사멸로 이러한 정보들이 조금씩 사라지게 되며, 연관 기억 또한 스러져 버린다. 점점 보급이 줄어들다 보니 일단 가장 사용 빈도가 적은 신경세포부터 죽어 나가는 것이다. 자연적인 현상이다. 하지만 팔자걸음을 호보로 바꾸면 일단 젊어 보이고, 실제로도 젊어진다.

호보(虎步)에 숨은 비결

먹이를 사냥해서 살아가야 하는 짐승들에겐 어떻든 이빨과 발톱이 가장 소중한 도구다. 그만큼 강한 이빨과 발톱을 가져야만 한다. 이빨과 발톱이 빠져 버린 호랑이를 일컬어 종이호랑이라 한다.

걸음걸이가 일자보라 하여 온전히 호보로 여기면 오산이다. 호보의 진정한 묘미는 발가락의 운용에 있다. 하지만 천하에 그렇게나 많은 무가(武家)며 도가(道家), 불가(佛家)며 양생수련단체 등에서 이 발가락 운용법을 중시하여 가르치지도 않을뿐더러, 또 이를 이해하고 있는 수행인을 본 적조차도 없다. 그저 무심코 수련하다 보니 그 의미도 모른 채 일부 동작들에 발가락 운동이 들어가 있는 경우만이 종종 있을 따름이다.

자기 앞 중앙에 일직선을 그어 놓고, 엄지발가락이 그 선을 밟도록 걸음을 옮기되 발이 땅에 닿을 때 발가락으로 땅을 지긋이 움켜쥔다. 특히 엄지발가락에 집중하면 나머지 발가락들도 덩달아 따르게 된다. 그러니까 발뒤꿈치가 먼저 땅에 닿고 몸의 중심이 앞으로 옮겨지면서 발끝이 나중에 닿게 되는데, 바로 이때 발가락에 힘을 줘서 땅을 거머쥐듯 누른다. 이것이 호보의 핵심이다.

본격적인 무예 단련을 위해서는 모래밭에서 맨발로 연습해야 한다. 땅을 움켜쥔 발을 앞으로 옮기기 위해 발을 뗄 때 모래를 차고 나가는 훈련이다. 그 다음은 일상의 보행중에 호보 상태에서 뒷다리를 쭉 밀어 앞으로 나아가는 습관을 들인다. 이는 보통 사람의 보법이 짐을 실은 리어카를 앞에서 끄는 것과 같다면, 무예인들의 보법은 리어카를 앞세워 밀고 나아가는 것과 같다 할 수 있다. 그 차이를 수련을 해보지 않은 사람들은 느끼기 어려울 것이다. 일상에서는 맨발로 걸을 일이 별로 없다. 그러니 걸을 때 신발 속에서 발가락에 힘을 주면 된다.

당연히 호보는 모든 동공(動功)의 수련에 그대로 적용된다. 그렇게 오래도록 익히게 되면 마침내 손가락 발가락에 눈이 달리게 되는데, 엄지발가락에서부터 손가락 끝까지 힘이 일체로 연결되어 몸 전체가 탄력성을 지니게 된다. 하여 힘의 축발(縮發)을 자유자재로 구사하여 공격과 수비를 하게 되는데, 그 파괴력과 순발력이 가공할 정도에 이른다. 그러니까 발경(發勁)의 방아쇠가 엄지발가락임을 이해할 정도는 되어야 진정한 무예 고수라 할 수 있다. 하여 이러한 이치를 알고서 익힌 무예 고수끼리는 저 앞에 오는 상대의 걸음걸이만 보고서도 그 내공을 능히 짐작한다. 상승의 무공으로 올라가느냐 못 올라가느냐는 이 호보의 이치를 터득하느냐 못하느냐에 달려 있다고 해도 지나친 말이 아니다.

다시 이를 호흡과 배합시키는 경신(輕身)·경행(輕行)의 훈련이 있다. 처음엔 네 걸음 들이쉬고, 네 걸음 내뱉는다. 숙달되면 여덟 걸음 들이쉬고, 여덟 걸음 내쉰다. 그렇게 되면 보통 사람들보다 걷는 속도가 두세 배쯤 빨라지는데, 보통 사람들이 볼 때면 분명히 걷는 모습인데 남들이 뛰는 것만큼이나 빠르다 보니 도무지 이해가 되지 않아 옛사람들은 땅을 줄여서 걷는 도술이라 하여 속칭 축지법(縮地法)이라 칭하기도 하였다. 그러니까 일반인이 그런 수행인과 동행하여 길을 가자면 한 사람은 걷고 한 사람은 뛰어야 하는 진풍경이 벌어지는 것이다.

예로부터 우리나라 수양 가문마다에 전해 오는 나름의 축지법이 예닐곱 가지쯤 된다. 대표적인 것 가운데 하나가 7자 7행의 주문을 외우며 일곱 발자국, 일곱 걸음에 북두칠성을 밟아 나가는 것으로 필자도 어렸을 적에 심취해 49일간 한밤중에 지옥 훈련한 적이 있다. 당시 운동화를 열 켤레가량 작살냈었다. 나머지 것들도 대체로 그와 유사한데, 기실 비과학적이고 황당무계해서 전혀 도움이 못된다. 이왕 신비하게 꾸며 사람을 유인해 믿도록 해서 집중시키는 것은 선의로 이해할 수 있지만, 과학적 뒷받침이 안 되면 사술(邪術)에 불과하다 하겠다.

격투중에도 제삼자가 곁에서 보기엔 그다지 빨라 보이지 않지만, 그런 고수를 상대하는 당사자에겐 그야말로 전광석화 같아서 얼떨

결에 눈뜬 채 당하고 만다. 신법(身法)의 완성도 엄지발가락에 달려 있다. 더 이상의 설명은 전통 명가에서 제대로 무예 수련을 하지 않은 이들이 이해하기란 불가한 일이니 이쯤에서 그치는 것이 좋겠다. 글만으로는 상상이 안 되니 직접 사람을 붙들고 실연 동작과 함께 설명해야 한다는 말이다.

늙어서 가장 조심해야 할 것이 과식과 감기, 그리고 넘어지는 것이다. 걸을 때 외에도 의자에 앉거나 일어날 때 엄지발가락(나머지 발가락도 자연스럽게 같이)에 힘을 주어서 땅을 꽉 쥐어잡고, 또 계단을 오르내릴 때에도 발끝에 의식을 집중하여 힘을 줘야 한다. 그렇게 습관이 들면 여간해서 넘어지지 않는다.

운동선수가 호보(虎步)를 익히면

간혹 공사장이나 공장 등지를 지날 때면 무거운 물건을 들어올려서 이동시키는 카고크레인이란 차량을 볼 수가 있다. 이 카고크레인은 작업을 하기 전에 먼저 몸체인 차체를 바닥에 고정시키는데, 그 차체의 양옆으로 아우트리거(outrigger: 지지용 다리)가 장착되어 있다. 물건을 들어올리거나 이동시키는 쪽으로 이 아우트리거를 길게 내밀수록 더욱 무거운 물건들을 운반할 수가 있는 것이다.

사람의 발도 마찬가지다. 여느 때 같으면 사람들은 걸으면서 굳이 이 발가락(엄지)을 사용치 않을뿐더러 그다지 느낌도 오지 않는다. 그런데 누군가와 밀고 당기거나, 카고크레인처럼 손에 든 물건을 얼마간 멀찍이 떨어져서 건넬 때에는 저도 모르게 발가락에 힘이 들어간다. 따라서 만약 운동선수가 평소에 이 호보를 단련한다면 어떻게 될까? 필자의 경험으로 짐작건대 5% 정도의 각종 운동력이 늘어날 거라고 감히 장담할 수 있다. 프로선수와 같은 전문운동인에게는 대단한 것이다. 다시 장담건대 선수로서의 수명도 그만큼 늘어나리라고 확신할 수 있다. 발바닥 전체의 길이에서 엄지발가락이 차지하는 비율만큼이나 말이다. 물론 대개의 선수들도 운동중에 저도 모르게 엄지발가락을 일반인보다는 많이 사용한다고 하지만, 호보를 일상생활화해서 수행하다 보면 다른 선수들보다 그 공력이 훨씬 높아질 것이다.

게다가 몸의 무게(힘) 중심을 뒷발에 두고 있어서 그 뒷발을 완전히 땅에서 떼기 전까지는 앞발이 자유롭다. 해서 축구선수라면 공을 다루는 기술이 그만큼 더 세밀해지고, 야구선수라면 배트를 휘두르는 찰나의 순간에도 조절해 나가는 순발력이 생긴다. 비록 미세한 차이지만 엄청난 결과를 가져다 준다.

한국에는 잘 알려져 있지 않지만, 우크라이나에 로마첸코라는 복서가 있다. 2008년, 2012년 올림픽 금메달리스트이기도 한 로마첸코는 2018년 5월 WBA 라이트급 챔피언에 올랐는데, 그 전에 이미 페더급·수퍼페더급 챔피언으로 불과 12경기 만에 3체급을 따낸 복싱 천재다. 그를 두고 어느 복서는 "로마첸코는 복싱 상식을 깨버리는 돌연변이다. 이런 선수 처음 본다"며 혀를 내둘렀다 한다. 상대가 도저히 따라잡을 수 없는 빠른 발놀림과 유연한 몸놀림으로 마치 춤을 추듯 상대의 펀치를 피하다가 강력한 왼손 스트레이트로 경기를 끝내 버린다. 재밌게도 그는 복싱 코치인 아버지의 조언으로 9세부터 13세까지 발레를 배웠다고 한다. 엄지발가락을 쓸 줄 안다는 거다.

불가수행법 경행(經行)

오래전, 한국에서 누구라 하면 알 만한 고승을 몇 차례 뵌 적이 있다. 평생을 고고한 학승(學僧)으로 살아오신 분이었는데, 안타깝게도 근자에 소문을 듣자 하니 치매가 와서 몹시 힘들어하신다 했다. 그때 그렇게 뵈올 적에 이미 예상했던 일이었으나, 감히 치매 방지를 위해 호보(虎步)를 추천해 드릴까 어쩔까 하다가 주제넘은 짓 같아서 당시엔 차마 입밖에 내지 못하였었다.

불가에서는 걷기를 '경행(經行)' 또는 '행선(行禪)'이라 부르기도 한다. 걸으면서 발과 다리의 느낌에 의식을 집중하여 그것을 알아차려 가는 방법이라고 하는데, 실은 좌선으로 인한 운동 부족과 소화불량, 졸음을 쫓기 위한 목적이 더 강하다. 어느 유명 외국인 승려는 경행으로 마음의 안정과 평화, 그리고 행복을 찾을 수 있다고도 하는데 과장이 조금 심한 듯하다. 교실에서건 선방에서건 밥을 먹고 나면 졸리는 건 어쩔 수 없는 생리 현상. 굳이 그걸 종교적 형용사로 미화할 것까진 없겠다.

한국불교(여타 종교도 사정은 마찬가지이지만)의 가장 큰 맹점이라면 심신, 곧 몸과 정신(마음 혹은 의식)을 따로 생각하는 데에 있지 않나 싶다. 더 나아가 육신을 하찮이(필요악 정도로?) 여기고, 정신만을 고귀하게 여겨 몸을 망치고 결국은 정신도 온전치 못하게 만드는 것 같아 안타깝다. 똑똑한 친구들이 큰맘 먹고 선방에 들어 정진하다가 정신이 이상해져서 나오는 경우를 여러 차례 보고 들었기 때문이다. 혼백(魂魄)의 이치를 알 리가 없으니 당연한 귀결일 테다.

몇 달, 혹은 몇 년 동안 토굴 속에서 용맹정진하다 나온 소위 큰스님들이 하체가 썩어 지팡이에 의지해서 걷는 모습을 보면 그 미련함에 혀를 내두르지 않을 수 없을 정도다. 일찍이 달마대사가 양생체조인 역근법(易筋法)을 남긴 것도 그러한 폐단을 방지코자 함이었음을 어찌하여 그렇듯이 무시해 버리는 것인지 참으로 알다가도 모를 일이다. 아무려면 달마대사가 9년 동안 동굴에서 꼼짝도 않고 앉아서 면벽 수련을 하였을까? 그가 남겼다는 《역근경(易筋經)》을 두고서 후세인들 가운데 누군가가 그의 이름을 빌려 쓴 것일 수 있다는 설도 있지만, 아무려면 고만고만한 몇 동작이 뭐가 그렇게 어렵고 복잡하다고 달마대사가 손수 문서로까지 만들어 전하였을까? 요즘으로 치면 인도 수행인들의 양생법인 고대 요가를 제자들과 함께 행하였는데, 그것이 전해지다가 나중에 운동신경이 둔한 누군가(초보자)가 문서로 남긴 것일 테지. 하여 '요가'의 고대 인도 발음과 유사한 한자어로 '易筋'이라 하지 않았을까?

역근법은 맨손 근육 운동인 도인체조를 말한다. 군대에서 하는 체력 단련(PT)체조나 각종 기구를 사용하는 헬스 운동 등도 역근법이다. 그러니 형편에 따라 근육 운동을 하면 되는 것이지, 굳이 고대의 법을 고집할 것까진 없다 하겠다.

조선시대 도가(道家)의 기인으로 알려진 북창(北窓) 정염(鄭磏) 선생이 남긴 〈용호비결(龍虎秘訣)〉의 말미에도 정좌(靜坐) 전후에 행하는 14가지 도인법과 오금수희법(五禽獸戱法)이 실려 있는데, 필자가 속한 문중에도 전해지고 있어 동문들이 지금까지 수행중이다. 이 오금수희법도 활동적인 동공(動功)으로 정좌중에 부족해진 근력을 기르기 위한 역근공의 일종이다. 용호(龍虎)란 토납(吐納: 호흡)의 도가적 은어(隱語)다. (〈용호비결〉은 《권법요결》에 실려 있으니, 본격적으로 수행할 사람은 참조하길 바란다.)

안타깝게도 한국의 불가에서는 이러한 심법(心法)이 전하여 오지 않는다. 심법이라는 의미조차도 알지 못하여 마음 심(心, ↑)자 붙은 단어만 보면 무작정 붙들고 죽기살기로 좌선과 명상에 매달린다. 심(心)은 혼(魂)과 백(魄)의 결합(균형)이다. 육신이든 정신이든 만병은 이 균형이 깨어지면서 비롯된다. 심법이란 정좌로 수행하는 사람에게 꼭 필요한, 심신을 동시에 단련하는 운기법(運氣法)으로 정공(靜功)이라 한다. 흔히 시중에서는 단전호흡법으로 알려져 있는데, 그것만으로는 정공이라 정의하기에 부족하다. 단전호흡도 정공을 위한 수단 가운데 하나일 뿐이다. 아무튼 역근으로 다스리든 심법(호흡)으로 다스리든 백(魄)을 다스리지 못하면 수행을 계속하기가 어려워진다.

이왕 꺼낸 말이니 불가의 수행자들을 위해 산책 수행으로 호보를 권한다. 다리나 발이 아니라 엄지발가락 끝에 의식을 집중해서 걸어라. 다른 곳에 눈 돌리지 말라는 거다. 그리고 그게 습관화되고 나면 굳이 의식하지 않고서도 일상의 보행중에 저절로 호보가 가능해진다. 그런 다음엔 본래의 화두를 붙잡고 명상이든 철학이든 들어가면 된다. 익숙해지면 멀리서 승려들의 걸음걸이만 보고서도 공부가 어느 정도인지를 짐작하게 될 것이다.

어쨌든 호보를 함께 수련하면 선병(禪病)의 대부분은 예방할 수 있다. 참선 전후에 도인체조까지 곁들이면 더욱 좋다. 참(參)을 하든 선(禪)을 하든 용맹정진 오기만으론 한계를 넘어서지 못한다. 육신이 온전해야 혼백도 온전한 법이다. 산정에 오르는 길이 어찌 하나뿐이더냐. 앉아서만이 깨달음을 얻고, 깊은 산속에서만이 신선이 될 수 있는 건 아니다.

발가락만 움직여도 운동 효과

몇 해 전 미국의 미주리대학 연구팀이 '발가락 운동과 심혈관 피흐름의 상관관계'를 연구 발표한 적이 있다. 이 대학의 영양·운동 생리학과 자움 패딜라 교수가 이끄는 연구팀은, 건강한 젊은 남녀 11명으로 하여금 3시간 동안 의자에 앉아 있도록 한 뒤 그 전후에 각각 슬와동맥의 피흐름을 측정했다. 또 1분간 한쪽 발만 '발가락 운동'을 하게 한 뒤에 양쪽 다리의 피흐름도 측정했다.

그 결과 오래도록 앉아 있으면 슬와동맥의 혈류량이 줄어드는 것을 확인했다. 그러나 1분간 발가락 운동을 한 다리의 혈류량은 혈관 내피 기능장애를 예방할 수 있을 정도로 늘어났다. 발가락 운동은 신발을 벗든 신든 발가락만 바닥에 닿게 한 채 발뒤꿈치를 들어 위아래로 떨 듯이 움직이는 것이다. 실험 참가자들의 1분간 평균 움직임은 250회였다. 연구팀은 장시간 앉아 있어야 할 경우에는 중간중간 일어나고, 또 걷고, 운동을 하는 것이 건강에 가장 좋다고 강조했다. 하지만 여의치 않을 때는 가끔이라도 발가락을 바닥에 붙이고 잠시 위아래로 떨어 주는 것이 대안이 될 수 있다고 했다.

춤이나 각종 체조를 하는 사람들은 저도 모르게 엄지발가락을 잘 사용한다. 해서 균형감각이 남다르다. 그렇지만 발레처럼 발가락을 지나치게 혹사시켜 뼈마디를 몽땅 비틀어 놓으면 그 고통은 또 어쩌라! 어쨌든 나이 들어서까지 다리를 번쩍번쩍 들어올릴 순 없는 노릇! 또 권법 수련중이나 몰래 살금살금 다가가야 할 때에도 뒤꿈치를 들고 움직이지만 이 역시 일상적으로 습관화할 수 없는 일이다. 해서 평소 걸음중에 호보를 단련하는 것이 가장 안전하고 쉽다.

하이힐을 신는 여성 또한 저절로 호보가 된다. 하지만 이 새[鳥]걸음은 엄지발가락 혼자서 그 몸무게를 감당할 수 있을 만큼 인간의 체형이 진화되어 있지 않으므로 발의 골격들에 많은 무리가 따른다. 그리고 그러한 걸음 자세는 허리에까지 영향을 미치기 때문에 여간 날씬한 사람이 아니라면 늙어서까지 하이힐을 신을 수가 없다. 버스나 지하철을 기다리는 무료한 시간들에 발뒤꿈치를 살짝 들어 균형 감각을 훈련시키는 것도 좋은 습관이다.

Tip 골(骨) · 기(氣) · 풍(風) 삼원론(三元論)

자연 현상에서부터 종교며 신화 · 정치 · 풍속 · 건축 · 예술작품 등에 이르기까지, 그것들의 고유한 특성이나 미적 감각을 평할 때 사용되는 용어들은 이루 다 헤아릴 수 없을 정도이다. 가령 격(格)이란 나무가 자라는 모습을 본뜬, 그러니까 사물의 외형을 표현하는 글자로서 좌우를 비교하여 구별하는 용어이다. 여기서부터 골격(骨格) · 격식(格式) · 풍격(風格) · 인격(人格) 등의 용어가 만들어졌다. 그에 비해 품(品)은 상하 등급을 매기는 글자로서 질(質)의 좋고 나쁨을 매긴다. 또 세(勢)란 고대 중국에서 전쟁에 관하여 논할 때 사용했던 개념어이다. 갑골문에서 풍(風)자는 봉(鳳)자를 가차해서 사용했었다. 사람의 모양새나 행동거지, 정서나 기운 · 특성 등을 형용할 때 쓰는 용어들 역시 때로는 서로 상통하거나 상관하기도 하고, 중층적인 개념으로 사용되기도 하였다.

동양고전을 읽다 보면 예술적 풍미를 더하는 수많은 개념과 용어들이 등장하는데, 기실 그 분야의 전공자들도 그 모든 용어들을 이해하는 데 있어 어려움이 적지않다. 게다가 고대에는 지금처럼 학문이나 예술의 경계가 분명치 않았으며, 대개는 문사철(文史哲)과 예술 · 예능을 두루 섭렵하여야 했기 때문에 그에 해당하는 용어들 또한 분야를 넘나들었다. 같은 글자임에도 불구하고 전혀 다른 의미로 해석되는가 하면, 기실 같은 정감을 나타내면서도 다른 어휘를 사용한 예도 부지기수다.

그렇지만 그간의 용어들을 살펴 그 개념과 쓰임새에 따라 정리해 보면 굳이 서양의 현대 예술철학 용어가 아니어도 능히 동양예술을 감상하고 평가하는 데에 부족함이 없다. 그 수많은 미학(美學) 용어들을 모아 분류해 보면 골(骨)·기(氣)·풍(風) 세 글자로 대별할 수 있는데, 이를 자(尺)로 삼으면 학문이나 수행의 길에 훌륭한 이정표가 된다.

• 《주역(周易)》에서 "상(象)을 세워 뜻을 다한다 立象以盡意"고 하여 일련의 의상론(意象論)의 범주를 제기하고, 아울러 예술창작과 감상의 형상적 특징과 심미심리 특징에 관한 논의의 실마리를 제공했다. 이를 위진(魏晉)에 이르러 왕필(王弼)이 노장의 도를 빌어 "말이란 단지 상(象)을 밝히는 것일 뿐이니, 상(象)을 얻으면 말은 잊혀진다. 상(象)이란 뜻을 담고 있는 것이니, 뜻을 얻으면 상(象)은 잊혀진다"며 예술적 측면을 강화한 진일보한 해석을 내놓았다.
• 갈홍(葛洪)은 《포박자(抱朴子)》에서 "무릇 사람에게는 청탁이 있고, 사고에는 깊고 얕음이 있다. 비록 같은 문장을 지어도 그 품(品)은 오히려 천차만별하다. 어떤 것은 호탕하나 깊이가 없으며, 어떤 것은 정리(情理)에 부합하나 문사(文辭)가 둔하며, 또 어떤 작품은 사물의 이치에는 어긋나지만 언어는 아름답다"고 하였다.
• 유소(劉劭)는 《인물지(人物志)》에서 "골격(骨格)이 바르고 기(氣)가 맑으면 아름다운 명성이 생긴다. 기(氣)가 맑고 힘이 강건하면 곧

고 강하다는 평판이 생긴다"라며, 외형을 골(骨)로 보고 내재한 정신을 기(氣)로 보았다.

"균형과 치우침의 근본은 신태(神態)로 표현되고, 총명과 우매의 근본은 정기(精氣: 눈빛)로 표현된다. 용감과 겁약은 근육에 의해 결정되고, 강인함과 유약함은 골격으로 결정된다. 성격의 조급함과 안정감은 혈기에 의해 결정되고, 근심과 기쁨의 정감은 안색에 표현되며, 흐트러짐과 단정한 형태는 의표에 의해 드러나고, 간사함과 정직함의 변화는 얼굴에 나타나며, 느긋함과 조급함의 상태는 말투에 나타난다."

• 갑골문에는 '풍(風)' 자가 없었다. 대신 '봉(鳳)'을 가차하여 사용했다. 《춘추좌전》에서는 "춤은 팔음(八音)을 조절하고, 팔풍(八風)을 행하는 것이다"라고 하여, 처음으로 '풍(風)'을 악론(樂論)에 도입하였다. 춘추전국시대에는 '풍교(風敎)'라는 정치적 개념이 생겨났다. 그리고 한대(漢代)에는 이 '풍(風)'으로 인물평을 구분하였으며, 위진남북조시대에서는 예술비평에서 작품의 풍격을 구분하는 기준으로 삼았다. 이후 '풍(風)'은 시(詩)·문(文)·서(書)·화(畵)·악(樂)·예(藝, 劍法)·무(舞)·희(戱)·술〔酒〕·바둑·잡기 등으로 확대되어 다양한 범주의 평가 개념으로 파생되어 나갔다.

• 팔풍(八風)이란, 허신(許愼)의 《설문해자(說文解字)》에 나오는 명서풍(明庶風)·청명풍(淸明風)·경풍(景風)·양풍(凉風)·창합풍(閶闔風)·부주풍(不周風)·광막풍(廣漠風)·융풍(融風)을 말한다. 바람이란 사방팔방에서 불어오는데, 절기에 따라 다른 그 세기와 성질을 나눠 표현한 것이겠다. 이를 조선시대의 《악학궤범》에서는 "노래는 말을 길게 하여 율(律)에 맞추는 것이고, 춤은 팔풍(八風)을 행하여

그 절(節)과 조화를 이루는 것이다"하였다. 고대인들은 소리를 바람이 가져오는 것으로 인식했었다.

골(骨)이 주로 외적인 형상을 나타내는 것으로 사용된 반면, 풍(風)은 내적인 정신의 면모를 나타내는 데에 많이 사용되었다고 할 수 있겠다. '내재된 성정(性情)과 기질(氣質)의 발현'이라는 인물평이 예술작품에 대한 비평으로 확장되는데, 먼저 서론(書論)·시론(詩論)·화론(畵論) 등에서 나타나기 시작했다.

• 위부인(衛夫人)은 《필진도(筆陣圖)》에서 "필력이 좋은 사람은 골(骨)이 많고 필력이 떨어지는 사람은 육(肉)이 많은데, 골(骨)이 많고 육(肉)이 적은 것을 근서(筋書)라 하고, 육(肉)이 많고 골(骨)이 적은 것을 묵저(墨猪)라 한다. 힘이 많고 힘줄이 풍부하여 근골(筋骨)이 풍성한 것이 상품이고, 힘이 없고 힘줄도 없는 것은 병든 것으로 하품이라 한다. 그러니 각기 가득 차고 빔에 따라 운용해야만 한다"고 하여, '다골미육(多骨微肉)'의 단단하고 마른, 즉 강건한 서법 풍격을 제창하였다.

• 왕희지(王羲之)는 《제위부인필진도후(題偉夫人筆陣圖後)》에서 "붓을 대기에 앞서 뜻을 세운 후에 글자를 쓰라"며 '의(意)'와 '필(筆)'을 주장하였다. 그는 또 "글자의 점과 획 사이마다 뜻[意]이 있으니 말로는 다할 수 없는 것이 있다. 그 묘함을 얻는 것은 모든 일이 그러하기 때문이다"라고 하였으며, "한 글자마다 반드시 모든 체(體)가 다 들어가야 하고, 종이에 씌어지는 글자마다 뜻이 달라진다"고 하였다.

• 양무제(梁武帝) 소연(蕭衍)은 《답도은거론서(答陶隱居論書)》에서 "순전히 골(骨)만 있고 아름다움이 없는 것, 순전히 육(肉)만 있고 힘이

없는 것"에 대해 비판하면서 골(骨)과 육(肉), 필력과 아름다움을 결합시킬 것을 주장하며, 서법이란 "살이 찐 것과 마른 것이 서로 조화를 이루고 골(骨)과 육(肉)이 서로 대칭되어야 하며, 아름답고 따사로워 자꾸 보고 싶고, 위풍이 있어 항시 생기가 있으며, 눈에 들고 마음에 합치되어야만 장원(壯元)에 상응한다고 할 수 있다"는 견해를 피력하였다.

• 유협(劉勰)은 《문심조룡(文心雕龍)》〈체성(體性)〉편에서 팔체(八體)로써 문체(文體)를 논하였는데, 그 팔체란 전아(典雅) · 원오(遠奧) · 정약(精約) · 현부(顯附) · 번욕(繁縟) · 장려(壯麗) · 신기(神奇) · 경미(輕靡)이다. 그는 "말의 짜임새가 단정하고 반듯하면 문골(文骨)이 성취되고, 감정기개가 빼어나고 명랑하면 문풍(文風)이 청신해진다"고 하였다. 〈풍골(風骨)〉편에서는 "이 때문에 슬퍼하는 마음에서 우러난 정서의 서술은 반드시 풍(風)에서 시작하며, 말을 펼쳐 진지하게 읊는 데는 무엇보다도 골(骨)이 선행되어야 한다. 수사에서 골(骨)의 중요성은 마치 인체에서 골격을 형성하는 것과 같고, 정서가 풍(風)을 함유하는 것은 마치 형해가 정기를 함유하는 것과 같다. 언어의 결합이 서직(瑞直)하면 문장의 골(骨)은 성취되며, 작가의 의기가 준상(駿爽)하면 문장의 풍(風)은 맑아질 것이다. …그러한 까닭에 골(骨)에 숙련되려면 문장의 분석에 반드시 정밀해야 하고, 풍(風)에 깊어지려면 감정이 반드시 명백하게 드러나도록 서술해야 한다"고 주장하였다.

• 고개지(顧愷之)는 "몸체의 아름다움과 추함은 근본적으로 그림의 핵심인 묘처(妙處)와 무관하다. 전신사조(傳神寫照)는 바로 눈동자에 있다"고 하면서, '사형(寫形)'과 '전신(傳神)'의 관계에 대하여

언급했다.

• 종영(鐘嶸)은 《시품(詩品)》에서 사대부들의 시(詩)를 상품·중품·하품으로 품평하였다. 그는 또 "풍력(風力)으로, 시(詩)의 근간으로, 단채(丹彩)로 시(詩)를 다듬어라!"고 하였다.

• 남제(南齊)의 사혁(謝赫)은 《화품(畫品)》에서 "무릇 화품이란 여러 가지 그림의 우열을 나타내는 것이다. 그림이 선한 것은 권하고 악한 것은 경계하며 성쇠를 분명히 드러내지 않음이 없으니, 1천 년의 세월에 걸쳐 적막한 가운데 방치되었다 할지라도 그 그림을 펴보면 감별할 수 있다. 비록 그림에는 여섯 가지의 법이 있지만, 이 여섯 가지를 능히 다 갖추고 있는 이는 드물다. 예부터 오늘에 이르기까지 각기 한 가지만을 잘했을 따름이다. 그 여섯 가지 법이란 무엇인가? 첫째는 기운생동(氣韻生動)이 바로 그것이고, 둘째는 골법용필(骨法用筆)이 그것이다. 셋째는 응물상형(應物象形)이 그것이고, 넷째는 수류부채(隨流賦彩)가 그것이다. 다섯째는 경영위치(經營位置)가 그것이고, 여섯째는 전이모사(傳移模寫)가 그것이다"고 하였다. 특히 이 가운데 '기운생동(氣韻生動)'이란 명제는 중국 고전 미학이나 회화 이론에 지대한 영향력을 발휘하였다.

• "정기가 물이 된다. 精氣爲物" (주역)

• "조화를 이루되 무리짓지 않는다. 和而不流" (공자)

• "자신의 마음으로 작자의 뜻을 미루어 헤아린다. 以意易志" (맹자)

• "정신을 모으고 사념을 끊어 고요한 지경에 들어야 한다. 凝神靜思" (왕희지)

• "사람의 의기를 드러내야 한다. 發人意氣" (왕희지)

• "형체가 썩으면 정신도 없어진다. 形朽神亡" (왕충)

- "말은 마음의 소리이고, 글은 마음의 그림이다. 言, 心聲也. 畵, 心畵也" (양웅)

- "신채를 으뜸으로 삼고, 형질을 그 다음으로 삼는다. 神彩爲上 形質次之" (왕승건)

- "손과 마음이 서로 응해야 한다. 心手相應" (왕승건)

- "외물의 형상 밖에서 기이함을 선택한다. 探奇於象外" (교연)

- "시에는 네 가지 격이 있는데, 그것들을 흥·취·의·이라 일컫는다. 詩有四格, 日興, 日趣, 日意, 日理" (사연)

몇 개의 예문을 들었으나, 웬만큼 공부를 했다 하더라도 한자의 다의성(多意性) 때문에 여전히 모호함이 남아 안개구름 속을 거니는 듯하다. 하여 그 가운데 사용 빈도가 높은 글자들을 씨줄과 날줄로 간추려서 3단으로 필자 나름대로 나열해 보았다. 작품이나 품평 전체를 통관(洞觀) 혹은 직관(直觀)하는 데 도움이 될 것이다. 인간이 벌이는 그 어떤 행위도 이 삼원(三元)의 이치에서 달리 벗어나지 않는다 해도 무리가 없을 듯하다.

골(骨) 격(格) 형(形) 식(式) 법(法) 강(剛) 품(品) 진(眞): 정(精) 축(蓄) 백(魄)
기(氣) 세(勢) 력(力) 능(能) 조(調) 화(和) 운(韻) 선(善): 기(氣) 운(運) 심(心)
풍(風) 류(流) 경(勁) 의(意) 화(華) 유(遊) 흥(興) 미(美): 신(神) 묘(妙) 혼(魂)

이외에도 숱한 글자들이 등장하는데 계속해서 상(象)·근(筋)·육(肉)·물(物)·체(體)·사(事)·엄(嚴)은 골(骨)단에 해당시킬 수 있을 것이고, 발(發)·기(技)·용(用)·용(勇)은 기(氣)단에, 미(味)·정(情)·

취(趣)·치(致)·인(仁)과 같은 용어는 풍(風)단에 이어붙일 수 있겠다.

그렇지만 위의 분류에도 불구하고 강약과 편재에 따라 서로 달리 위치시키고 상관시켜 미적 감흥을 표현해낼 수 있다. 가령 골(骨)을 다시 세분화하면 골(骨)·근(筋)·육(肉)으로 나눌 수 있겠고, 이를 골(骨)-골(骨), 기(氣)-근(筋), 풍(風)-육(肉)으로 묶을 수도 있을 것이다. 그러니까 예술적 특성과 본인의 성향에 따라 골(骨)로 의(意)를 드러낼 수 있고, 근(筋)에 의(意)를 묻어두거나, 육(肉)에 의(意)를 입힐 수도 있다는 말이다.

다시 예를 들자면 위 분류에서 세(勢)를 기(氣)단에 놓았지만 경우에 따라 골(骨)-세(勢), 풍(風)-세(勢)로 위치시킬 수도 있고, 기(氣) 역시 골(骨)-기(氣), 기(氣)-기(氣), 풍(風)-기(氣)로 이어붙일 수 있으며, 기(氣)나 미(美) 역시 품(品)으로 등급을 매길 수 있다는 말이다.

그리하여 풍격(風格), 풍골(風骨), 풍교(風教), 풍기(風氣), 풍기(風紀), 풍도(風度), 풍력(風力), 풍모(風貌), 풍미(風味), 풍류(風流), 풍속(風俗), 풍습(風習), 풍색(風色), 풍운(風韻), 풍자(風姿), 풍절(風節), 풍조(風操), 풍조(風潮), 풍채(風采), 풍취(風趣), 풍치(風致), 풍토(風土), 현풍(玄風), 학풍(學風), 골법(骨法), 골상(骨相), 골격(骨格), 골기(骨氣), 체세(體勢), 임기(任氣), 품격(品格), 풍격(風格), 골격(骨格), 성격(性格), 체격(體格), 격식(格式), 기운(氣運), 기풍(氣風), 지기(志氣), 신사(神似), 신채(身彩), 신운(神韻), 형질(形質), 정기(精氣), 의경(意境)···. 사물이나 경관, 인물이나 작품이 내뿜거나 함유하고 있

는 기운, 기질, 분위기, 멋, 맛, 스타일, 취향, 성향, 사상, 감정, 기개, 정서, 절도 등을 표현하는 용어들이 생겨나고, 이후 문명의 지속적인 발달과 함께 인간의 사유 체계 역시 진보를 거듭하여 현학적인 개념들이 무한히 생산되었다.

여기에다 다시 색(色), 정(靜), 청(淸), 원(遠), 광(廣), 달(達), 일(逸), 경(境), 허(虛), 현(玄), 고(孤), 오(悟), 우(優), 수려(秀麗), 미려(美麗), 전려(典麗), 청아(淸雅), 청탁(淸濁), 고고(高古), 고묘(高妙), 고아(高雅), 청탁(淸濁), 미추(美醜), 천박(淺薄), 천박(舛駁), 심오(深奧), 웅건(雄建), 고상(高尙), 질박(質朴), 강개(慷慨), 교졸(巧拙), 미취(媚趣), 방일(放逸), 호방(豪放), 함축(含蓄), 운치(韻致), …화려하나 기발하지 못하다, 활달하나 솔직하지 못하다, 교묘하나 빼어난 기운이 없다, 성기지만 흐트러짐이 없다, 거칠고 날카롭다, 곧고 겸손하다, 텅 비어 감춤이 없다, 완만하고 여유가 있다, 문체가 화려하고 기백이 웅장하다… 등등의 미학적 수사들을 보태면 된다.

남송 소흥(紹興) 20(1150)년에 나이 10세였던 신기질(辛棄疾)은 시상이 하늘의 별처럼 번뜩여 곳곳마다 빛을 발하는 시인이었다. 어느 추운 겨울날 아침, 신기질이 시집을 들어 막 읽으려고 할 때, 멀지 않은 매화나무 아래에서 학 같은 머리에 아이 같은 얼굴을 한 노인이 무술을 단련하고 있는 것이 보였는데, 움직일 때는 바람 같고, 서 있을 때는 못 같으며, 솔개처럼 날고 새처럼 내려앉았다. 신기질이 보면 볼수록 빠져들다가 노인 앞에 무릎을 꿇고 무예를 배워 나라를 보호하기를 원했다.

노인은 신기질의 얼굴에 정성이 가득한 양을 보고서 웃으며 말하였다. "너를 보니 손에서 책을 놓지 않는 것이 틀림없이 수많은 좋은 구절들을 읽었을 것이다!" 이윽고 눈과 서리 같은 겨울철 매화를 가리키며 그에게 시 한 수를 외우게 하였다. 신기질이 눈을 들어 잠시 생각하고서 북송의 시인 왕기(王淇)의 칠언절구 〈매화(梅)〉를 읊었다.

　　　　티끌의 침범을 조금이라도 받아들이지 않고,
　　　　대나무 울타리 띠집에서 스스로 달갑게 여기네.
　　　　다만 잘못 임포를 알게 되어,
　　　　시인을 끌어들여 지금까지 읊게 하네.
　　　　不受塵埃半點侵, 竹籬茅舍自甘心.
　　　　只因誤識林和靖, 惹得詩人說到今.

　　노인이 연신 좋다고 칭찬하며, 그에게 무예를 가르쳐 주겠노라 했다. 신기질은 이 말을 듣고 뛸 듯이 기뻐서 무엇을 배워야 하는지 황급히 물었다. 늙은 스승은 직접적인 대답을 피하고, "내가 왕기(王淇)의 시에 화답하면 네가 듣고서 알 것"이라 말하고서 시를 읊었다.

　　　　연지와 분을 조금도 받아들이지 않고,
　　　　베옷을 입고 돌을 삼키면서도 스스로 달가워하고,
　　　　잘못하여 소림사로 들어갔네,
　　　　권법을 얻어 오늘까지 연마하는구나!

不受脂粉半點侵, 穿麻呑石自甘心.
只因誤入少林寺, 惹得拳頭打到今!

　총명한 신기질은 이 시를 듣고 연신 좋다고 말하였다. 이로부터 스스로 힘들게 몸을 단련시켜서 마침내 문무를 겸비한 훌륭한 장수가 되어 금(金)나라에 저항하였다.

　과연 스승은 신기질에게 무엇을 먼저 단련시켰을까?
　모래주머니(沙袋)이다. 먼저 팔과 다리 힘을 기르기 위한 것으로, 신기질은 "베옷을 입고 돌을 삼키면서도 스스로 달가워하고"에서 답을 찾은 것이다.

　한국인들만큼 유달리 시(詩)를 좋아하고, 시인(詩人)을 경외하는 민족도 드물 듯하다. 고대로부터 한국문학의 대부분을 차지해 왔고, 일제 강점기를 거치면서 시인이 곧 애국지사인 양 이미지가 굳어졌기 때문일 것이다. 그래서인지 한국만큼 시인도 많고, 수필가가 많은 나라도 드물 듯싶다. 간혹 누군가가 보내오는 시집이나 산문집을 들출라치면 그 공력의 깊고 얕음이 거의 투명에 가까울 정도로 드러나 보여서 쓴웃음이 나올 때가 있다.

　또 일찍이 직장을 나온 터에 경제적 여유까지 있어 서예나 그림을 공부하는 친구들이 있다. 그들 중에는 취미생활을 넘어 아예 전문가로 나선 이들마저 있어 전시회를 열기도 한다. 기실 더러는 그다지 성공적이지 못했던 전직에 대한 콤플렉스를 극복하기 위한 도

전, 그러니까 그저 그랬던 지난 삶을 예술가로 세탁하려는 심리가 저변에 깔려 있는 건 아닌가 싶은 짐작이 들 때가 있기도 하다. 한데 이들의 작품을 보노라면 공통적으로 골기(骨氣)가 부족한 것이 특징이라면 특징이다.

가령 서예를 익힌다면, 일찍부터 붓을 잡고 한 일(一)자를 1만 번은 그어 본 사람과 뒤늦게 2,3백 번쯤 그어 보고 글씨를 쓰는 사람과의 차이는 속일 수가 없다. 서양화라면 수많은 시간을 데생과 해부도를 그려 본 사람과 그런 과정을 대충 건너뛴 아마추어의 차이라 하겠다. 호랑이를 그렸는데 왠지 고양이 같은 느낌이 나거나, 유명작가의 진품을 그대로 보고 베낀 그림이 어딘지 모르게 조잡해 보이는 것도 바로 이 골기(骨氣)와 기기(氣氣)의 부족 때문이라 하겠다. 선 하나를 그어도 힘과 기세가 다르다는 말이 그래서 나오는 것이다.

무예 수련도 마찬가지다. 이를테면 요즈음 검무(劍舞)를 추는 춤꾼들이 많이 늘었다. 그들 중에는 처음부터 무예를 익히다가 검무를 추는 이들이 있는가 하면 고전무용을 하다가 검무를 추는 이들도 있는데, 일반인들은 그 춤만 보고서는 그것을 구별해내지 못하지만 필자와 같은 전문가들은 그냥 한두 동작만으로도 바로 알아차린다. 골(骨)-격(格), 즉 자세만 보아도 그런 게 다 들여다보이는 것이다.

모두 자기 만족이고 취미생활이려니 하지만 문제는 골(骨), 곧 기초를 제대로 다지지 못한 상태에서는 제아무리 열심을 부려도 기세

(氣勢)가 나오지 않는다는 것이다. 그러다 보니 풍(風), 즉 멋을 부리는 데 열중하기 마련인데, 아무리 기교를 부려 보았자 신(神)도 의(意)도 살아나지 않을뿐더러 그럴수록 오히려 조잡해진다. 법(法)과 식(式)도 모르고 제멋에 겨워 망나니 칼춤 추듯이 전후상하좌우로 칼을 휘두르다 보니 몸 따로, 칼 따로, 눈 따로 돌아가는 것이다. 심지어 어떤 이는 무당을 흉내내어 칼날을 잡고서 흔들고, 몸을 감기도 한다. 하여 검법을 조금이라도 아는 이가 보게 되면 민망해서 고개를 돌릴 수밖에 없다. 그래 놓고는 거기에다 천지인 조화니, 음양오행이니, 우주와 합일한다는 등 뜬구름잡기식의 '너 모르고 나 모르는' 자기 도취성 용어들을 이현령비현령으로 가져다 붙인다. 칼맛도 모르면서 멋만 잔뜩 부렸다. 그런 걸 흔한 말로 '아마추어의 한계'라고도 한다. 그걸 분별할 수 있는 안목을 가지지 못한 관객들은 그저 '신(神)바람 아닌 헛바람'에 무작정 박수를 보낸다. 아무튼 골기(骨氣)를 다지는 기초가 부족한 것이 한국무용의 가장 치명적인 약점이다. 학문을 하더라도 그 기초를 중시하는 것이 그 때문이다. 무림 명가(名家)치고 기초를 소홀히 하는 곳이 없다.

골(骨)은 격(格)을 중시하고, 기(氣)는 세(勢)를 타야 하고, 풍(風)은 류(流)를 드러내어야 한다. 인간은 누구나 그 자체로 예술가다. 제 몸, 제 삶이 곧 작품이다.

건강한 신체에 건강한 정신이 깃든다고 했다. 수신제가(修身齊家)? 어느 분야에서건 리더에게 요구하는 기본이란 게 있다. 매너와 교양이 바로 그것이다. 매너가 곧 인격이고, 교양이 인품이다. 지식인과 지성인의 구별은 품격의 차이다. 그게 교육의 골기(骨氣)다. 대한민국 교육이 황폐화한 것은 그 골기가 부족해서다.

나아가 작금의 한국사회가 방향을 잃고 추락하는 것도, 민주주의 자본주의가 올바로 자리잡지 못하고 부패하는 것도 실은 고도성장, 압축성장하는 바람에 그 골기(骨氣)를 제대로 닦지 못한 까닭이리라! 그 후유증으로 지금 고산병·잠수병을 앓고 있는 것이리라! 그만큼의 인고(忍苦)의 세월 없이는 금선탈각(錦蟬脫殼)으로 날아오를 수 없다는 말이다. 과연 대한민국이 아픈 만큼 성숙할지, 아니면 예서 이대로 주저앉을지?

청말(淸末)의 유희재(劉熙載)는 "문(文)은 마음(心)의 학문"이라고 하였는데, 이에 감히 덧붙여 필자는 "무(武)는 성(性)의 학문"이라 일컫고 싶다. 성(性)은 태어날 때 부여받은 인간의 본질이지만, 심(心)은 습(習)을 통해 후천적으로 다듬어질 수 있다. 심성(心性)을 가꾸고 품성(品性)을 기른다는 건 타고난 기질(氣質)을 윤리니 도덕이니 하는 공동선(共同善)으로 절제해서 고상한 인품(人品)으로 드러나게 한다는 말이겠다. 우리가 수행(修行), 즉 공부(工夫, 쿵푸)를 통해 몸을 닦고 지식을 축적해서 바른 지혜를 가지는 것, 그것을 두고 공(功)을 이룬다고 하는 것이다. 무가(武家)나 도가(道家)에서 수행의 목표로 삼고 있는 정기신(精氣神) 역시 골기풍(骨氣風)에 대응시켜도 그 의미가 상통한다.

학문(學問)이란 곧 연구, 골기(骨氣)를 다져 가는 지난한 과정이다. 그 학문(學問)을 게을리하고 서푼어치 학문(學文)으로 영달을 좇아 정권에 붙어서 시녀 노릇하던 교수들 때문에 나라의 근간이 흔들리고 있다.

아무려면 다골(多骨), 강근(强筋), 풍육(豊肉)한 성취가 그리 쉽겠는가?

"찬 기운이 한 번 뼛속을 사무치지 않았다면 어찌 매화가 코 찌르는 향기를 얻었으랴. 不是一番寒徹骨 爭得梅花撲鼻香" 당나라의 황벽선사가 남긴 게송이다. 철골추조(鐵骨抽條)! 매화는 골수를 뽑아 한겨울에 꽃을 피운다. 강철은 두드릴수록 강해진다. 모름지기 뜻을 품은 자는 혹독하게 골기(骨氣)를 단련할 일이다. 시어족하(始於足下)! 수련은 '처음처럼'이 아니라 매번 '처음부터' 시작해야 한다. 교과서 진도 나가듯 훑고 지나가는 게 공부가 아니다. 무언(武諺)에 전하기를 "천 초를 펼칠 수 있다고 하여 자랑하지 말고, 한 초가 숙련되었음을 두려워하라 不侉千招會, 就怕一招熟"고 하였다.

골(骨)을 다지는 것은 곧 백(魄)의 강화이다. 하체 단련이 그 시작이다.

8

인간은 왜 우울한가?

필자에게 약간의 재주가 있어 그동안 주변인들의 건강을 챙겨 주면서 무예와 더불어 양생과 수행에 관여하다 보니 자연스레 정신 건강에도 관심을 기울이게 되었다. 하여 자폐증·협심증·공황장애·강박증·편집증·트라우마·신경질·소심증·무대공포증·스트레스·우울증·조현증·불안증·임신 및 출산공포증·거식증·불면증·몽유병·부정맥·간질·말더듬 등을 낫게 도와준 경험이 있는데, 대부분 현대의학에서는 고치기 힘든 것으로들 알고 있다가 의외로 쉽게 낫는 걸 보면서 그 이유를 탐색하기 시작했다.

참으로 오랫동안 궁리한데다가 주변에 온갖 재주를 지닌 친구들을 많이 둔 덕에 마침내 만족스런 결과를 얻을 수 있었다. 그렇게 해서 찾아낸 것이 혼백(魂魄)의 구분이었고, 그 둘 사이의 균형이 깨어지거나 둘 다가 크게 충격을 받아 서로 상관(부화뇌동)하여 증폭

될 때 건강에 심각한 문제가 생긴다는 사실을 알게 되었다. 그리고 수년 동안 그 이치를 현대의학의 성과나 생물학적 상식에 대입해도 전혀 어긋나지 않음을 확인한 다음 비로소 사람들에게 이야기해도 되겠다는 자신감을 가지게 되었다.

우울증의 원인, 혼백의 균형 상실

우울증이란 정동장애(情動障碍), 즉 감정의 병이다. 물론 사람은 누구나가 때에 따라 우울해지기도 한다. 한데 그것이 지속적으로 유지되어 정상생활에 장애가 될 정도면 우울증이라 하여 병증으로 분류한다. 본인 스스로 감정 조절이 안 된 경우인데, 심할 경우 극단적인 선택까지 하게 되는 심각한 병이다.

우울증의 원인은 여러 가지가 있으나 도파민·세로토닌·노르에피네프린과 같은 뇌의 신경전달물질, 호르몬의 불균형이라는 생화학적 요인, 가족력과 같은 유전적 요인, 그리고 스트레스, 경제적 문제, 인간관계의 문제라는 환경적 요인 등을 꼽을 수 있다. 이와 함께 계절성 우울증, 갱년기 우울증, 생리 전 우울증, 출산 후 우울증처럼 계절이나 인생 주기와 관련된 우울증도 자주 나타난다. 예민하거나 심약한 사람, 혹은 주변 사람들과의 소통이 원활하지 않은 사람, 북구 핀란드와 같이 겨울이 길고 습한 고장 사람들도 잘 걸린다. 대도시 생활에서 인간과 인간이 좁혀질수록 오히려 접촉을 싫어하는 경향이 짙어지고 있어 앞으로도 계속해서 늘어날 수밖에 없는 질병이다.

계절성 우울의 가장 큰 원인은 일조량의 변화 때문이다. 가을에는 햇볕의 양이 부족해지기 때문에 세로토닌 분비가 줄어든다고 한다. 세로토닌은 사람을 기분 좋게 하는 호르몬이다. 상대적으로 가을에는 우울함을 증대시키는 멜라토닌이 증가한다. 또 일조량이 줄어들게 되면 비타민 D가 줄어들게 되고, 남성 호르몬인 테스토스테론이 적게 분비되어 남성들이 오히려 가을이면 우울증에 더 잘 걸린다고도 한다.

우울증의 증상들도 여러 가지로 나타난다. 무기력, 기분 저하, 자존감 저하가 지속되고, 눈물, 절망감, 죄책감, 일상생활에 대한 흥미 상실, 섹스 욕구 상실, 자신이 쓸모없다는 회의, 화가 나거나 불안 등등. 그 최악의 경우가 자살이다. 가령 감정 표현을 직업으로 하는 배우들이 이 병에 걸리면 걷잡을 수 없이 악화되어 자살로 치닫는 경우가 많다. 한참을 연기에 몰입해 있다가 갑자기 줄 끊어진 연처럼 내동댕이쳐져 현실로 돌아오게 되면 대부분이 일시적으로 심각한 감정의 파고에 휩쓸리게 되기 때문이다. 이럴 경우 재빨리 다른 배역을 맡아 다시 몰입하면 괜찮으나, 그러지 못하고 한참 동안 소외되어 혼자 있게 되면 그 감정의 파고가 증폭되어 엄청난 너울로 변하게 되고, 결국 감당치 못하고 방파제를 넘어 버리는 것이다.

배우가 아니더라도 음악가·미술가·무용가·가수 등 감정을 중시하는 직업군 중에서도 지나치게 몰입한 나머지 자기 감정 조절에 실패하는 경우가 종종 있다. 즉 백(魄)까지 지나치게 뇌동하여 혼(魂)이 감당을 못하게 된 것이다. 그러한 반면에 스님·무당·목사·신부 등 종교인들은 이미 감정 극복에 훈련이 잘된 사람들이라서 그러한 극단적인 감정 변화에 무디다고 볼 수 있다.

우울증에 가장 잘 걸리기 쉬운 직종(?)이 가정주부임은 더 말할 나위가 없을 테다. 특히나 이들은 가족들에 의해 '설마하니 저러다 말겠지!'라는 장기간의 방임 속에 병이 점점 더 깊어지기 일쑤다. 게다가 어린아이를 키우는 경우 우울증은 자칫 끔찍한 결말을 초래할 수 있으므로 주위에서 적극적으로 개입하여 치료받을 수 있도록 해야 한다.

정상적인 경우 혼(이성)과 백(본능)은 서로를 의지해서 극단적인 행동을 할 수 없도록 견제하는 역할을 하지만, 비상의 경우에는 서로 뇌동하여 증폭시킨다. 스트레스며 트라우마 등 외부적인 충격이나 신체 어느 장기의 기능적인 문제에서 생긴 우울(조울)증이라면 의료적 도움으로 원상 복귀가 쉽지만, 주부들의 장기간에 의한 자폐적 우울증은 주변 환경이 획기적으로 바뀌지 않는 한 원상 복귀가 쉽지 않다. 왜냐하면 이 경우 대개가 자기 세뇌적으로 우울증을 심화시켰기 때문에 주변의 관심만으로 그 상태를 벗어나기가 쉽지 않다.

처음에는 혼(魂)이 나는 외롭다, 나는 우울하다, 나란 존재는 참으로 보잘것없구나, 죽고 싶다, 죽을 거야… 등으로 자기를 비하시키는데, 그때마다 반발하는 의식이 있어 아니야, 그래도 살아야 해, 죽는 건 무서워 등으로 웬만해선 그 경계심을 허물지 않는다. 하지만 이런 일이 지속적으로 반복되면 혼(魂)은 자기 판단에 확신을 가지게 되고, 백(魄)도 차츰 무덤덤해져서 방임 상태에 빠져든다. 그러니까 혼(魂)의 장기적이면서 반복된 세뇌에 백(魄)이 걸려들어 본연의 임무(죽음에 대한 반발)를 망각해 버린 것이다. 특성상 일단 백(魄)까지 그렇다고 받아들이게 되면 여간해서 그 정보(인식)는 번복되지 않는다. 나중에서야 혼(魂)이 주변의 도움이나 치료를 받아 이성적으로 되돌리려 해도 이번에는 백(魄)이 좀처럼 동조하지 않는다.

스트레스와 조울증, 공황장애

우울증보다 무서운 것이 실은 조울증이다. 감정장애라 불리는 조울증은 우울증과 조증 상태가 교대로 반복되는 '양극성 기분장애'를 말한다. 조증 상태에서는 자신감 넘치는 과잉 행동들을 하면서도 방해를 받으면 발끈해서 짜증도 잘 내고, 때로는 공격적으로 돌변하기도 한다. 정도가 심하지 않을 때에는 예술가들에게 에너지가 넘치고 자유분방한 사고가 창의성을 촉진시킬 수 있어 긍정적인 영향을 주기도 하지만, 심할 경우엔 기분이 갑자기 들뜨면서 자신감과 의욕이 넘치다가도 불현듯이 우울해하고 무력해져 버린다. 반대로 우울 상태에 빠지면 불안과 무력감·초조·절망감에 휩싸여 비관적인 생각에 빠져든다. 주변인들이 마치 자신을 비웃는다는 망상에 사로잡히기도 하며, 이해력이나 집중력·판단력이 떨어져 쉽게 자신감을 잃고 극단적인 상태로까지 몰아 가기도 한다. 마크 트웨인·헤밍웨이·헨델·만 등 유명한 예술가들도 앓았던 질병이다. 요즘은 2,30대 사회 초년생에게서 조울증이 많이 나타나는데, 경쟁적 업무 환경 등의 영향으로 인한 과도한 스트레스와 불안감 때문일 것이다.

필자도 한때 극심한 스트레스로 위험한 상태에까지 간 적이 있다. 97년 한국이 IMF 사태에 들어가지 직전 서적도매상들의 연쇄부도로 회사의 존망이 걸릴 만큼 손실이 막대했었다. 사흘이 멀다 하고 돌아오는 어음들을 대신 변제하느라 집을 팔아도 모자라 사채와 은행 빚이 눈덩이처럼 늘어나는데, 그 원인이 모두 남 탓이다 보니 화병까지 겹쳐 도무지 헤어날 방도가 없었다.

밤새 이를 악물고 자느라 아침이면 잇몸이 아파서 먹을 수가 없어 죽을 쑤어 보온병에 넣고 도살장에 끌려가는 소처럼 억지로 출근했다. 매일 억장 무너지는 일만 닥치다 보니 스트레스로 숨을 쉴 수조차 없었는데, 아무리 크게 숨을 쉬어도 가슴에 도무지 바람이 들고나는 감각조차 없었다. 심장은 답답해서 졸아들다가도 어느 순간엔 제 마음대로 통탕통탕거렸다. 그럴수록 머리는 더욱 복잡해지고, 몸은 한없이 지쳐만 갔다. 이러다간 곧 무너지고 말겠다는 위기감이 들자 어쩔 수 없이 살아야겠다고 한약(문중의 비방인데다 약전에 나오는 처방이 아니어서 공개할 수 없음)을 지어먹었다. 그러자 다음날부터 신기한 일이 생겼다.

어차피 부도로 인한 문제는 당장에 해결할 수 없는 일, 머릿속은 그대로 복잡한데 목 아래쪽은 언제 그랬더냐 싶게 조용해져 버렸다. 너무 이상해서 머리가 생각하기로는 심장이 얄미울 정도였다. 어제까지만 해도 서로 부둥켜안고 어쩔 줄 몰라 죽네 사네 생쇼를 하던 심장이 "이젠 너하고 안 놀래!" 하고 따로 떨어져 나가 버린 느낌이었다. 아니 어찌 이럴 수가 있나? 같은 몸인데! 난 이렇게 시달리는데 저만 편하게 희희낙락 모른 척하고 가버리다니? 하여 억지로 고민을 해서 심장을 다시 자극해 보았지만 도무지 요지부동이었다. 심하게 말해서 머리와 몸통이 분리된 듯한 기분이었다. 나중에야 곰곰이 생각한 끝에 그 현상이 곧 혼백(魂魄)이 격리될 때의 현상임을 깨닫게 되었다. 그렇게 해서 심장·폐·위장이 편하니까 차츰 정신도 안정이 되고, 배짱이 생겨나 무사히 고비를 넘길 수 있었다. 물론 그때 진 빚은 아직도 안고 있지만, 그때의 기억을 아무리 다시 떠올려도 화가 나거나 심장이 두근거리진 않는다.

다음 책에서 얘기하겠지만, 이러한 혼백의 격리는 약물이 아닌 수행을 통해서도 가능하다. 하지만 그 수행이 쉽지도 않은 일이고, 또 장기간을 두고서 투자해야 하는데다가 결과를 장담할 수도 없는 것이어서 일반인에게 권할 만한 것이 못된다. 그리고 수행을 통해 심리적으로 자신을 컨트롤하는 것도 일정한 한계가 있어 막상 본인에게 엄청난 일이 닥치면 극복하기가 여간 쉽지 않다. 필자가 여러 수행자들을 지켜본 바로는 그들도 그저 세상일에는 초연한 척, 남의 일에 방관자적 태도를 취하거나 자기 일도 웬만한 것은 체념하도록 자신을 달래는 데 익숙해진 것뿐이었다.

알츠하이머와 불안증

사람의 백(魄)은 혼(魂)에서 오는 신호, 즉 희로애락에 따라 각종 호르몬을 만들어낸다. 사람에 따라서는 선천적으로 그 중 어느 기능이 부족하거나 과도한 이들이 있는가 하면, 어렸을 적부터 학습(훈련)을 통해 정상적으로 그 기능이 작동되지 못한 이들도 있는데, 간혹 성격이 불같거나 얼음같이 냉정한 이들이 그러하다. 그러니까 성격과 신경전달물질의 생산 기능과는 서로 연관성이 있다는 말이다. 불안증 역시 마찬가지이다. 공황장애 · 공포증 · 우울증 · 의심증 역시 불안과 관련된 증상으로 불안 증상의 장기 지속과 증가는 알츠하이머에 걸리는 요소가 된다는 의학적 보고가 있는데, 그 원인 물질로 베타아밀로이드를 지목하고 있다.

사실 아밀로이드는 우리 몸의 정상적 활동의 부산물이다. 불안증이 대항해서 만들어낸 일종의 완화물질로서, 다른 신경전달물질과 마찬가지로 대부분은 잠을 자는 동안 청소된다. 그렇지만 만약에 지나치게 분비되는데다가 불안으로 인해 불면증에까지 시달린다면 어떻게 될까? 청소가 제대로 될 리 없고, 그 찌꺼기(플라크)가 쌓이면서 신경회로가 파괴되어 치매로까지 진행된다고 한다.

불안은 분명 혼(魂)의 역할이지만, 그 영향은 혼(魂)에만 그치지 않는다. 자신(魂)은 비록 인식하지 못하고 있지만, 백(魄)은 그에 대응하는 호르몬과 신경전달물질을 열심히 만들어낸다. 불안의 원인이 제거되지 못하고 장기적으로 지속될 때 백(魄) 또한 지치게 마련이며, 다른 여타 임무에 소홀할 수밖에 없게 되어 신체 전체의 균형이 차츰 깨어지게 되는 것이다. 정신과 육신이 점점 지쳐 갈수록 오히려 서로에게 부화뇌동해서 걷잡을 수 없이 건강을 해치게 된다.

갱년기 우울증과 호르몬

한의학에서는 예로부터 음양오행과 오장육부의 조화를 중시하였으며, 그 조화가 깨어져 불균형이 오게 되면 병이 생기는 것이라고 보았다. 굳이 어떤 실험적 증명이 아니어도 상식적으로 이해 가능한 주장이다.

뇌에서 일어나는 정신질환 역시 오장육부의 부조화에서 기인한다고 여겼다. 우울증·자폐증·뇌전증·ADHD·ADD·학습장애·정신지체 등, 정신은 육체와 밀접한 상호 관련이 있다고 여겼다. 해서 기쁨은 심장, 사려는 비장, 분노는 간장, 슬픔은 폐장, 공포는 신장에 영향을 미친다고 했다. 물론 어떤 점은 인체의 기관과 기능을 오행에 따라 억지로 짝지은 느낌도 들지만, 임상 경험을 통해 수긍이 갈 수밖에 없는 점도 더러 있다.

나이가 들면 우리 몸의 여러 기관들이 노화한다. 따라서 자연히 그 기능이 쇠하게 마련인데, 대표적으로 호르몬 분비가 예전 같지 않아서 장애를 겪는 경우가 많다.

남녀를 불문하고 현재의 나이로 50이면 누구나 갱년기로 접어들게 된다. 해서 남성은 성기능이 쇠퇴하기 시작하고, 여성은 이때를 고비로 노화가 빨라지고 이런저런 병치레가 잦아지는데, 이 시기에 많은 여성들이 우울증을 겪게 된다. 특히 에스트로겐의 부족은 함께 작용하던 세로토닌·도파민·아드레날린 등 신경전달물질의 분비에 혼란을 초래하고, 그로 인해 자율신경의 균형을 깨뜨리게 된다. 해서 심장이 두근거리거나 땀이 나고, 몸이 더웠다 식었다를 반복하게 되며, 우울하고 불안한 감정의 소용돌이를 겪게 된다.

우울증과 체질과의 관계를 살펴보면, 우선 우울증에 쉽게 걸리는 사람은 양인(陽人)보다는 음인(陰人), 그러니까 내성적이며 꼼꼼한 성격의 사람이 잘 걸린다. 태음인의 경우 생각이 많고 고민이 있어도 꾹 참아내다 보니 간의 기운이 울체하여 우울증이 오기 쉽고, 소음인은 선천적으로 심장의 기운이 약하여 소심·불안·초조·강박증에 잘 빠진다. 그밖에도 갑상선기능저하증과 같은 내분비질환이나 정신과적 문제가 있는 사람들도 우울증이 함께 나타나는 경우가 흔하다.

이를 치료하는 데는 간이나 신장·심장의 기혈을 복돋우는 여러 가지 처방이 있는데, 한약재로는 백하수오가 갱년기장애에 잘 듣는다고 해서 그것으로 만든 건강식품이 한때 불티나게 팔린 적이 있다. 예로부터 젊어지게 하는 것으로 하수오와 구기자를 꼽는데, 이들은 인체 내 에스트로겐의 활성을 높여 주는 기능을 한다고 알려져 있다. 그러나 이런 식의 처방은 그다지 효험이 크지 않은 듯하다. 이미 호로몬을 분비하는 전체적인 인체의 기능들이 쇠퇴해서, 조절 능력이 상실되어 오는 것을 억지로 활력을 유지시켜 그 시기를 약간 늦추는 기능밖에 하지 못한다. 차라리 그 쇠퇴하는 기능은 그대로 두고 혼백(魂魄)을 격려, 안정화시켜 조울(躁鬱)의 폭을 최소화시켜 갱년기를 큰 무리 없이 넘기게 하는 것이 효과적이다. 하여 안심탕(安心湯) 계열로 심장을 다스려 주기를 권한다.

가까울수록 더 멀어지는 현대인

어느 청소년 연수원 담당자의 이야기다. 숙소의 샤워장을 공동으로 사용하고 있는데, 요즈음 젊은이들은 이마저도 공동으로 사용하기를 몹시 꺼린단다. 개인용을 원한다고 한다. 신체간의 접촉, 특히 옷을 벗고 살갗이 닿는 것을 지독히 싫어한다는 것이다. 공동생활을 해본 적이 없어서이다. 멀쩡한 남자끼리도 옷을 갈아입는 걸 서로에게 보이지 않으려고 한단다. 공동 목욕탕엘 가본 적이 없어 이런 기숙사 생활이 그저 낯설고 싫은 것이다. 하긴 요즈음 동네든 시내든 사우나(목욕탕)엘 가보면 50대는 어린아이 취급받는다. 전부 노인네들뿐이다.

그래서 그런지 대기업 신입직원들의 연수 프로그램을 보면, 거의 전부가 어린이집 놀이를 그대로 답습하고 있다. 화합·단결·협동 등의 거창한 구호를 내걸지만, 내용적으로 보면 하나같이 스킨십 훈련이다.

아무튼 현대인은 우울하다. 사람과 사람 사이가 좁혀질수록 역설적으로 점점 더 외로워한다. 밀집한 대도시일수록 사람 사이가 더욱 소원해진다. 아파트에 밀도 높게 모여 살지만 정작 서로 눈조차 마주치지 않으려 한다. 하여 좁은 우리 속에 갇힌 동물처럼 과도한 스트레스를 받는다. 소통 부재로 인한 배타적 단절은 어찌할 수 없는 우울증으로 변한다. 존재감에 자신이 없어지면서 개인은 한없이 초라해진다. 모든 것이 시시해지는 순간, 삶과 죽음의 경계가 모호해진다. 아차 하는 순간에 누구든지 그 경계에서 발을 헛디딜 수 있다. 중심잡기가 정말 어려운 시대이다. 모든 것이 한없이 가벼운 시대이다. 사는 게 시시한 만큼 죽고 죽이는 것도 시시한 일이 되고 말았다.

'우울' '고독' '의미' '행복' 등등의 말랑말랑한 수식어들은 모두 편견이나 선입견이다. 시간이 남아도는 현대의 인간에게 팔아먹기 위해 개발한 마약과 다를 바 없는 허사(虛辭)들이다. 학습되지 않으면 거저 줘도 가져가지 않을 것들을 문학이니 예술이니 하며 그럴듯하게 포장해서 갈취의 도구로 삼는 것이다. 인간 존재의 가치를 무한대로 확장시킨다고 법석대지만 실은 생명의 무게감을 오히려 떨어뜨리고 있다.

사는 게 '의미'가 없다고? 백 퍼센트 맞는 말이다. 원래 '의미'라는 말 자체도 선입견이자 헛것이다. 없는 말을 지어낸 거다. 존재에, 팩트에 무슨 '의미'가 있나? '의미'가 있어야 할 이유가 있나? 그저 인간이 그런 것에다 일일이 물표 달 듯이 온갖 '의미'를 붙인 것뿐이다. 의미(스토리텔링)를 붙인다고 해서 본질이 달라지는 것도 아니다. 가령 감자 하나를 먹으면서 소금에 찍어먹을까, 설탕에 찍어먹을까, 캐첩을 발라먹을까, 기름에 튀겨먹을까를 두고 고민한다. 감자는 존재이고, 소금·설탕·미원·기름은 의미이다. 존재보다 의미가 더 중요해지면 사기(詐欺)가 된다. '의미'를 강조하는 예술이나 철학치고 헛짓 아닌 것이 없다. '의미' 없이도 살 수 있어야 한다. '의미' 없어도 존재는 존재고, 삶은 삶이다. 감자가 성한지 썩었는지 알 바 없고, '의미'만 고민하는 것을 우매 혹은 몽매라 한다.

의기소침(意氣銷沈) 극복하는 법

불안증은 혼백의 피드백을 단절시키는 것이 우선이다. 그런 다음 백(魄)을 강화시키면서 흥분한 혼(魂)을 살살 달래어 안심시켜야 한다. 혼백(魂魄)이 함께 뒤엉킨 상태에서 혼(魂)만을 진정시키는 건 그다지 효력이 없다.

반면 우울증은 혼(魂)이 딴짓(망상)을 못하도록 유도해야 하는데, 그러려면 먼저 그 우울증이 백(魄)의 나태에서 온 것인지, 혼(魂)의 자기 최면에서 온 것인지를 파악하여 적절한 대응책을 모색해야 한다. 일단 혼백(魂魄)을 격리시켜 놓고 나면 어느쪽에 문제가 있는지 바로 드러난다. 그러나 조울증의 경우는 그 구분이 쉽지 않다. 조울증은 혼(魂)의 신경전달물질 과다분비와 백(魄)의 호르몬 과다분비가 널뛰듯이 교대로 반복하는 현상으로 혼백 간의 상호 견제 기능을 상실했을 때 일어난다. 심하면 조현증으로 넘어가기도 한다.

단순한 초기 우울증은 정신과 상담과 치료, 가족들의 적극적인 보살핌으로 원상 복귀가 어렵지 않다. 그밖에도 환경을 바꾸어 생활 패턴을 이전과 다르게 변화를 주는 것도 부드러운 대책이라 하겠다. 가령 이사를 하거나, 직장을 바꾸거나, 운동을 하거나, 가족들과 멀리 여행을 하는 것 등. 때로는 반려동물을 들여 호기심과 활동성을 자극하는 방법도 괜찮다.

가장 효과적인 것은 본인이나 집안에 위험이 닥치거나, 적(敵)이 생기는 일이다. 사실 우울증에 잘 걸리는 사람은 꼼꼼하고 내성적인 성격이 많지만, 잘 알려지지 않은 사실 가운데 하나는 이 사람들이 살아오면서 그다지 큰 육체적 고통이나 위험을 겪지 않은, 소위 팔자 좋은 사람들이 잘 걸린다는 사실이다. 해서 이제 막 우울증에 걸린 여성에게 갑자기 남편이나 자녀 중에 교통 사고 등 크게 다치는 일이 발생하면 정신이 화들짝 들어 우울증을 잊어버리는 경우가 있다. 물론 본인이 육체적인 상처를 입으면 백(魄)의 살아야겠다는 본능적 기능이 작동되는 바람에 그에 상당하는 호르몬과 신경전달물질을 급하게 분비하게 된다. 그 바람에 다른 기분을 즐기거나 달랜다며 부둥켜안고 있을 여지가 없다. 해서 일순 우울증이 확 달아나 버린다. 그러니 환경을 바꾸는 김에 생존(투쟁, 시비) 본능이나 호기심을 유발시키는 어떤 작위적인 퍼포먼스를 통해 우울증 환자를 자극시키는 방법도 시도해 봄직하다.

의기소침(意氣銷沈)! 걷기를 비롯해 그 어떤 일에도 의욕이 솟지 않는 무기력이야말로 우울증의 전형적인 증상이다. 백(魄)을 자극시켜 기(氣)를 보강하면 의(意)는 저절로 일어난다. 하여 운동선수나 위험한 일에 종사하는 사람은 우울증에 잘 걸리지 않는다. 격렬한 스포츠가 그 대안이 될 수도 있겠다.

이사를 하거나 벽지색을 바꾸는 등 생활 환경을 바꾸는 것도 중요하지만, 먹는 음식도 이왕이면 자극적인 것으로 바꿔 주는 것이 좋다. 마늘·고춧가루·후추·계피·정향·산초·박하·겨자·와사비·강황 등, 향신료가 듬뿍 들어간 맵고 시고 쓰고 화끈한 음식으로 백(魄)을 화들짝 놀라게 해주는 것이다. 왜냐하면 그러한 자극도 신체적인 고통과 마찬가지여서 그에 대응하여 신체의 각 조직들이 비상 가동체제에 들어가기 때문이다. 향신료가 곧 자연 각성제인 것이다.

호기심을 자극하거나 집중 혹은 집착할 수 있는 취미생활을 가지게 하는 것도 바람직하다. 우울증으로 고생하다가 자살하는 대학생이나 연예인들을 살펴보면, 그 대부분이 자기 취미 하나 제대로 가진 이가 없다. 성공하기 위해 남들과 함께 노는 시간조차도 아까워하다 보니 막상 혼자서는 놀 줄을 모른다. 하여 누구와 마음을 터놓고 대화할 사람도 없고, 또 대화할 줄도 모른다. 스캔들이라도 날까봐 이미지 관리한다며 편하게 주변인들과 어울리지도 못하고 숨어 지내다시피 하는 것이다. 결국 저 혼자 우울하고, 저 혼자 묻고 대답하고 자학하다가 점점 깊은 곳으로 빠져든다. 게다가 이들은 몰입하는 훈련이 잘되어 있어서 한번 그 수렁에 빠지면 여간해서 헤어나지 못한다. 만약 '이번 작품 마치면 얼른 추자도로 낚시하러 가야지!'라는 간절한 취미가 있다면 작품을 마치고도 우울증에 빠지지 않았을 것이다.

남들과 은근히 겨루는 것이면 더욱 좋겠다. 수집 취미도 그 가운데 하나이다. 수집벽이 있는 사람은 절대 자살하지 못한다. 처음엔 하나씩 둘씩 사다 줘도 별 무관심하겠지만, 자꾸 모이다 보면 별수 없이 관심을 가지게 된다. 중간에 실수한 척 고의적으로 한두 개 깨트려서 자극을 주고, 또 괜찮은 물건 수집을 핑계로 나들이를 유도할 수도 있겠다. 새로운 것을 모을 때마다 가족이나 주변 친구들이 감탄과 부러움으로 관심을 보여주어야 한다.

열정 없는 삶은 죄악?

프랑스 작가 알렉상드르 자르댕의 《쥐비알》이란 작품집이 있다. 역시 작가이자 사랑과 열정, 장난과 익살 없인 단 하루도 못 사는 자신의 아버지 쥐비알에 대한 회상록이다.

쥐비알은 어느 날 공중전화 부스에 비치된 전화번호부 속에 백지 수표를 끼워 놓고 나오면서 아들에게 "누군가가 그 수표를 발견하게 되면 오늘, 내일, 8일 후, 어쩌면 5년 후 우리는 파산하게 될 거야. 그러니 우린 지금 이 순간을 즐기며 살아야 해!"라고 말한다.

또 언젠가는 친구한테서 얻은 KGB의 구닥다리 도청기로 옆집 부부의 사는 모습을 염탐하기 시작했는데, 정년퇴직한 그들 부부의 사랑과 열정이 이미 다 식어 버려 무관심하기 짝이 없는 대화에 실망하고 분노한 그는 마침내 예의 부부에게 사랑의 열정을 되살릴 아이디어를 고안해내어 바로 실천에 옮긴다. 다음날 옆집 여자 앞으로 꽃다발이 배달된다. "30년 전부터 은밀히 당신을 사랑해 온 남자로부터"라는 알쏭달쏭한 글귀가 적힌 카드와 함께.

그로부터 한 시간 후, 그들 부부 사이에 이러쿵저러쿵 호기심어린 수다로 대화에 활기가 일기 시작했다. 마침내 남편의 심문이 시작되자 노부인은 아직도 자기가 남자에게 열정을 불러일으킬 수 있다는 기쁨에 찬 오만한 핀잔이 이어지다가, 저녁 무렵에는 남편의 본격적인 의심과 질투 끝에 마침내 욕설까지 등장하고 말았다. 꽃다발 하나로 두 부부 사이에 꺼져 가던 질투와 열정의 불씨를 잠시나마 되살려낸 것이다.

반려동물과 더불어 살아가기

우울증이나 자폐에는 동물기르기가 효과적이다. 특히 형제자매가 없거나 적은 요즘의 어린아이들에게 동물기르기는 어쩌면 필수적이라고 하겠다. 함께 놀아 줄 형제자매가 없다는 것은 어린아이의 정상적인 성장에 자못 위험스러운 요인일 수 있다.

형제자매나 또래의 관심과 부대낌이 있어야 아이가 정상적으로 자랄 수 있다. 특히 다른 형제자매 하나 없이 혼자서 크는 아이는 어렸을 적부터 형제자매나 또래와의 접촉에 대한 학습 부족으로 성격장애를 겪을 가능성이 높다. 게다가 홀로 키우는 엄마가 내성적이고 사교적이지 않은 경우나 워킹맘의 경우, 아이의 지능과 행동 발달에 있어서 미처 예상치 못한 문제 행동들과 맞닥뜨리지 않을 수 없을 것이다.

　그런데 반려동물, 특히 개를 기르는 집에서는 우울증이나 자폐아가 거의 없다. 동물을 그다지 좋아하지 않는 사람들에겐 무척 성가신 일일 테지만, 가족의 건강성을 증진시키는 데 큰 몫을 한다.

　요즘은 핵가족화되면서 가족 중 누군가가 생로병사하는, 피할 수 없이 겪어야 하는 일들을 함께 살면서 직접적으로 경험하기가 쉽지 않다. 대체로 병원에서 태어나고 병원에서 죽으니, 그 집안 어린이가 그러한 일들을 직접 목격해 생로병사의 고통이며 슬픔에 대한 학습과 면역성을 지니기가 거의 불가능하다. 하여 반려동물이라도 집으로 데려와서 새끼를 낳고, 그 새끼가 다른 집으로 분양되어 가기도 하고, 또 개중에는 병들어 죽기도 하고, 늙어서 죽기도 하는… 이런 간접적인 생로병사를 어렸을 적부터 자연스럽게 학습하는 것은 나중에 건강한 인간으로 살아가는 데 큰 도움이 된다. 물론 아파트나 도시형 주택에서 사람과 동물이 더불어서 살아가는 것이 무척 귀찮고 성가신 일이기는 하지만, 아이의 건강성을 위해서라면 충분히 감수할 만한 가치가 있다고 본다. 그게 싫으면 아이가 형제자매와 함께 자랄 수 있게 해주라.

가족간에 대화가 별로 없는 가정일지라도 강아지 한 마리가 들어오면 차차로 말들이 많아지게 된다. 늦둥이를 낳거나 어린아이를 입양하는 것도 좋은 대안이 될 수 있다. 자연스레 집안에 활력이 넘친다. 공동 관심사가 생긴 것이다. 어린아이나 어린 강아지가 점점 자라 가는 모습을 지켜보노라면 저도 모르게 생에 대한 욕구가 생겨난다.

그렇지만 반려동물을 지나치게 아끼는 것은 문제다. 동물을 짐승이 아닌 애완으로 키우는 것은 원칙적으로 자연의 섭리에 반하는 행위이다. 동물을 자식인 양 애정을 쏟아 키우는 사람들도 많은데 지나치면 변태다. 짐승은 어디까지나 짐승일 뿐, 결코 인간을 대신할 순 없다. 사람과 동물의 경계는 지키는 것이 좋다.

스마트폰을 멀리하라!

요즈음 지하철을 타게 되면 흡사 뱀파이어나 좀비, 아니면 강시의 세계에 발을 들여놓은 듯한 느낌이 들기도 한다. 어른 아이 할 것 없이 모두들 고개를 푹 숙이고서 스마트폰을 들여다보고 있는데, 그 풍경이 자못 괴기스럽기까지 하다. 잠시라도 거기에서 눈을 떼면 호흡이 끊어지기라도 할 듯이 매달려 간다. 마치 은하철도를 타고 외계의 어느 행성으로 가는 것 같다. 누구든 스마트폰을 깜빡

잊고 사무실이나 집에 놓고 나오기라도 하면 바로 공황 상태에 빠져 버린다. 흡사 끈 떨어진 우주 미아가 된 기분이랄까.

스마트폰(SNS)의 해독은 너무나도 잘 알려져 있건만, 한국인들의 '설마!' '까짓!' '남들도 하는데!'라는 노비적 근성 때문인지 스스로는 어찌할 생각조차 않는다. 특히 어린이와 청소년들에게는 거의 마약과 다름없을 정도로 치명적이지만, 부모들의 무관심(편의주의)으로 거의 모든 아이들이 하루 대부분의 시간을 스마트폰과 씨름하며 보내고 있다.

스마트폰의 해악은 그것을 만든 사람들이 가장 잘 알고 있다. 해서 IT계의 세계적인 거물들은 진즉부터 자기 자식들에게는 절대로 스마트폰을 못 쥐게 하고 있다.

애플사의 팀 쿡은 2018년 1월 영국의 한 대학 강연에서 "나는 아이들이 쇼셜 네트워크를 이용하는 것을 원치 않는다"고 밝혔으며, 그보다 앞서 창업자인 스티브 잡스도 2011년 아이패드를 출시하면서 "우리 집에서 아이들은 아이패드를 사용할 수 없다. 아이들이 집에서 IT기기를 다루는 것을 엄격히 제한한다"고 했었다. 마이크로소프트 창업자인 빌 게이츠도 고등학교와 대학을 다니는 세 자녀에게 스마트폰 사용을 엄격히 제한해 온 사실을 공공연하게 실토했었다. 그외 대부분의 IT업계 임직원들도 한결같이 자기 자녀들이 IT기기를 이용하는 것을 금지시키거나 제한하고 있다 한다. 하여 대부분의 선진국들은 중학생은 물론이려니와, 심지어 고등학생들에게까지 스마트폰 소지를 금지시키거나 제한하고 있다.

거물 투자자인 소로스도 2018년 스위스 다보스 세계경제포럼(W EF)에서 구글과 페이스북 등 소셜미디어 업체들을 '사회의 해악 요소'로 맹비난했다. 그는 "광산과 석유 기업들은 물리적 환경을 착취하고 있지만, 소셜미디어 업체들은 사회적 환경을 착취하고 있다. 소셜미디어 업체들은 사람들의 사고와 행동에 부지불식간에 영향을 미치기 때문에 특히 범죄적이며, 나아가 선거의 진정성 등 민주주의 기능에 광범위한 좋지 않은 결과를 초래하고 있다"고 했다. 소로스는 또 "소셜미디어 업체들이 민주주의를 왜곡하는 외에 사용자들의 관심을 조작해 자신들의 상업적 목적으로 유도함으로써 그들을 기만하고 있다. 이들 업체가 획책하고 있는 자신들의 서비스에 대한 의도적인 중독은 특히 청소년들에 매우 해롭다"고 우려했다.

"SNS는 인간 심리의 취약성을 착취한다." "이용자들은 자기도 모르는 사이 프로그램화되고 조종된다." "SNS를 자주 사용하는 아이의 경우 우울증에 걸릴 확률이 27%가량 증가했다." "아이를 수동적으로 만들고, 스스로의 상상력을 키우기보다는 남의 생각에 휘둘리게 만든다." "부정확한 정보가 넘쳐나 정확한 판단력을 기르는 데 방해가 된다." "정신적 건강뿐만 아니라 신체적 건강에도 큰 장애물이다." "하루 3시간 이상 휴대폰을 사용하는 아이는 자살 가능성이 더 높아진다." 등등 스마트폰의 해악에 대한 경고가 끝이 없다.

스마트폰 보급률과 사용 시간이 세계 최고 수준인 대한민국, 그러니 앞으로 한국인들의 강박증·집착증·우울증·자폐증·ADHD·정서불안 등 정신질환 환자가 걷잡을 수 없이 늘어날 것은 자명한 이치겠다. 스마트폰 빼앗겼다고 자살하는 아이까지 생겨나고 있다. 전문가들은 이미 초중등학교 학생들의 절반가량이 각종 정신질환을 앓고 있다고 걱정하지만, 한국의 부모들은 아이가 말을 배우기도 전에 스마트폰부터 쥐어 주고 있다.

인간의 두뇌는 동물적 시절의 뇌간과 변연계를 그대로 지니고 있으며, 그 바깥을 소위 이성을 담당하는 신피질이 덮어 싸고 있다. 신피질에 비해 아주 작지만 동물적 시절 이성을 담당하던 구피질도 남아 있다. 사용을 하는 부위는 점점 커지고, 사용을 하지 않으면 작아진다. 같은 크기여도 반도체 집적도처럼 시냅스의 연결망이 촘촘할수록 성능이 우수해지는데, 사용 빈도가 줄어들면 시냅스망의 집적도가 줄어든다.

SNS기기들은 두뇌의 여러 부분 중 그 기능을 집중적으로 사용하는 부위와 그렇지 않는 부위의 편차를 급격하게 벌려 놓고 있다. 빈부의 격차가 점점 커지는 자본주의 사회처럼! 현대 인간은 손가락에만 신경을 집중할 뿐 발가락은 전혀 의식하지 않는다. 그만큼 사용할 일이 없다는 말이다. 대뇌의 일부분만 혹사시켜 혼백(魂魄)의 균형을 깨트리고 있다는 말이다. 이 불균형에 적응하려면 뇌의 역학관계가 새롭게 상호 조화를 이루어야 하고, 또 구조와 위치까지도 조정해야 하지만 그걸 진화의 속도가 따라잡기는 불가능하다.

그리하여 초기 성장기에 동물로서의 인간이 가진 본능적인 소통 능력인 '감(感)'이 제대로 계발되지 못하고 있다. 이들 미성숙 인간들은 나중에 우울·불안·강박 등 정신질환을 앓을 위험성이 높으며, 그들 중 상당수는 소시오패스가 되거나 조기에 알츠하이머성 치매나 파킨슨병에 걸릴 것이다. 그리고 이는 불과 2, 30년 내에 재앙적으로 닥칠 것이다. 현명한 부모라면 아이들의 두뇌가 사춘기를 넘어 성장을 마칠 때까지는 SNS를 멀리하도록 하고, 스포츠 등을 통해 먼저 혼백(魂魄)을 균형 있게 구축시키도록 도와야 한다.

"울고 싶어라!"

우울증도 기실 사회적 혹은 가족적 관계망의 파괴에서 오는 자폐적 증상이기도 하다. 그 원인이 본인의 비타협적 성격 때문일 수도 있고, 가족이나 직장 동료의 무시나 무관심에 의한 소외 때문일 수도 있다. 권위나 체면 때문에 다른 사람들과 진정어린 대화나 교감을 나누지 못하고 사무적이거나 건성으로 남을 대하는 사람들도 속으로 외로움과 우울감을 감추고 살아가는 경우 또한 많다. 그렇게 희로애락을 밖으로 표출하지 못하고, 소통의 단절이 장기간 지속되다 보면 자폐적 우울증이나 자기합리적 강박증으로 굳어지게 된다.

오래전 가수 이남이의 〈울고 싶어라!〉는 노래가 히트를 친 적이 있었다. 어려운 시절을 참고 참고 참아 온 세대에게서 상당한 공감을 받았던 노래다. 한데 막상 그 노래를 부르면서 우는 사람은 없었다. 요즘도 노래방에서 불리어지고 있을 테지만, 기실 울고 싶을 만큼 답답한 스트레스를 그 노래로 시원하게 날려 보자는 것이겠다.

사실 운다는 것도 훈련(학습)되지 않으면 쉽지 않은 일이다. 운다는 건 나약함의 표현이며 부끄러운 행위라는 인식(편견) 때문에 특히나 남들이 보는 데서는 울지 못한다. 불행하게도 가족을 잃는다든가, 누군가가 슬픈 일을 당하여 함께 울어 줄 기회가 있을 때 가장 울기가 쉽다. 해서 깜깜한 극장에서 슬픈 영화나 연극을 보면서 여럿이 같이 울거나, 울면서 기도하는 목회를 찾아 가슴속에 꼭꼭 쟁여둔 울음보를 터뜨리는 것이겠다. 뭐든 단체로 하면 상호 감응이 잘되는 이점이 있다.

한때 우리 사회에 '억지웃음'도 힐링에 도움이 된다면서 웃음 전도사들이 바빴던 적이 있는데, 요즈음 일본에서는 함께 모여 감동적인 영화를 보며 눈물을 흘림으로써 스트레스를 해소하는 '루이카쓰(涙活)'가 유행이라고 한다. 그러니까 의식적으로 우는 '억지울음'을 통해 스트레스를 해소하는 활동을 말한다. 눈물의 스트레스 해소 효과를 상품화한 것인데, 그다지 멀지않아 대한민국에도 전파될 듯싶다.

눈물을 흘리면 부교감신경이 자극돼 깊은 잠을 잤을 때와 마찬가지로 뇌가 편안한 상태가 된다고 한다. 격렬한 섹스 후의 상태와도 비슷한 상태다. 비록 억지웃음·억지울음이지만, 인간의 혼백은 이미 잘 학습되어 있어서 그에 해당하는 신경전달물질을 분비하는 것이다. 물론 그것도 반복되면 백(魄)도 '억지'임을 알아차려 동조하지 않는다. 그렇게 되면 울기는 하되 호르몬이나 신경전달물질을 이전처럼 만들어내지 않는다. 더 이상 속지 않는다는 말이다. 그런 걸 '연기'라고 한다. 그 연기를 처음 보는 관객들은 잘 속아 눈물을 흘린다.

'루이카쓰' 행사에서는 눈물을 흘린 후 좌담회를 갖는데, 평소 남에게 보이지 않던 모습을 보인 후에는 고민거리를 솔직히 털어놓는다고 한다. 마음(소통)의 문이 열린 것이다. 굳이 이러한 '루이카쓰'가 아니어도 심리 치료에선 진즉에 사이코드라마나 최면요법을 통해 널리 사용해 오던 방법이다.

감정 표현도 인간의 소통 기술 가운데 하나이다. 당연히 언어나 스포츠처럼 학습과 훈련이 있어야 한다. 유아 시절부터 희로애락을 가르치지 않으면 정상적인 성격을 지니기 어렵다. 다 성장한 다음에는 이미 각각의 감정에 따른 호르몬이나 신경전달물질을 분비하는 기관의 기능들이 정상인보다 약해 계발이 쉽지 않다. 갓난아이 때부터 까꿍놀이나 간지럼태우기 등등 감정 표현 훈련을 부지런히 시켜 주어야 한다.

산책과 햇볕은 우울증에 보약

흔히들 우울증과 조울증을 같은 질환으로 혼동하는 경우가 많다.

우울증은 감정이 우울한 상태로 계속 진행되는 상태이고, 조울증은 조증과 우울증이 번갈아 반복되는 상태를 말한다. 질병으로서는 단순한 우울증보다 조울증이 더 위험하고, 다루기도 어렵다. 감정의 기복이 심한 이 조울증 환자들이 실제 극단적인 선택을 할 위험성이 훨씬 높다고 한다. 따라서 조울증 환자는 그 감정의 진폭을 줄여 안정화시켜야 하고, 우울증 환자는 침하된 기분을 정상 수준으로 끌어올려야 한다.

그 증상에 맞는 각각의 예방 및 치료 방법은 다르겠지만 공통적으로 먼저 실천해야 할 것이 바로 산책과 햇볕쬐기이다. 아마도 현대인들의 우울증을 비롯한 대부분의 정서적인 문제는 대체로 이 두 가지의 부족에서 기인하지 않을까 싶다.

사람들은 상투적으로 음식만 영양소인 줄 알고, 운동과 햇볕만큼이나 중요한 영양소가 다시없음을 잘 인식하려 들지 않는다. 물론 불과 4,50년 전까지만 하더라도 아무리 도시인이라 해도 이 두 가지를 피해 갈 수가 없었다. 하지만 지금은 하루 종일, 한 달 내내, 일 년 내내 햇볕을 안 보고도 살 수 있는 세상이다. 게다가 여성들(심지어 남성들까지)은 흰 피부를 소원하다 보니 햇볕을 자동차 매연이나 농약인 양 피해 다닌다. 인간의 어리석음이 이런 데까지 나타나고 있는 셈이다. 게다가 요즘은 황사나 미세먼지 공포로 인해 마스크까지 쓰는 바람에 기껏 산책을 나가서도 원자로나 무균실에 들어가는 것처럼 온몸을 가려 햇볕을 차단한다. 외계인이 따로 없다 하겠다.

우울증은 걸으면 무조건 개선된다. 우울증이란 뇌 내의 세로토닌 또는 노르아드레날린이라는 호르몬이 부족한 상태인데, 걸으면 이 호르몬들이 증가하기 때문이다.

운동을 하거나 햇볕을 많이 받게 되면 멜라토닌 분비가 촉진되어 일단 밤에 잠이 잘 오는 것은 물론 몸을 활기차게 만드는 여러 가지 호르몬들의 분비를 돕는 효과가 있다. 운동으로 피곤하기도 하거니와 햇빛으로 만든 비타민 등으로 다른 작업에 열중해야 하기 때문이다. 혼(魂)이 숙면을 취해 주어야 백(魄)이 비로소 제 할 일에 열중할 수 있는 것이다. 낮에 소비한 부분을 보충해야 하고, 또 스트레스로 분비된 각종 호르몬과 그 찌꺼기들을 청소해내는 충분한 시간을 가질 수 있다. 해서 전날의 스트레스의 진폭을 잠재워 아침에 처음부터 다시 시작하는 것이다. 그렇지만 잠을 제대로 못 자면 밤새 그 스트레스의 진폭을 그대로 지니고 있게 되며, 전날에 분비한 호르몬과 그 찌꺼기들을 그대로 아침까지 가지고 가 다음날 다시 분비시키는 것과 합쳐져 점점 그 스트레스의 진폭을 확장시키게 되어 혼(魂)과 백(魄) 모두를 지치게 만든다. 해서 병원의 처방이란 게 결국은 신경안정제와 수면제 위주인데, 그나마도 빨리 원인이 해결되지 않으면 약에 대한 면역이 생겨 투약의 양을 점점 늘리게 된다. 항우울제는 걷게 될 때까지만 복용하는 임시방편이어야 한다.

실제로 근자에 우울증제 복용자의 조기사망 위험률이 비복용자보다 상당히 높게 나왔다는 연구 보고가 있었다. 가장 흔히 처방되는 항우울제는 뇌의 세로토닌 호르몬 흡수를 억제하는 방식인데,

문제는 심장과 신장·폐·간 등 다른 중요 장기들이 혈액에서 세로토닌을 이용하는 것 역시 차단하게 만드는 것이라고 지적했다. 항우울제가 결과적으로 이런 장기들이 제대로 기능하지 못하게 함으로써 사망 위험을 증대시킬 수 있다는 것이다.

일단 우울증 환자가 산책에 나선다면 아주 희망적이다. 그럴 때에는 사색산책보다 건강산책이 낫다. 처음엔 가볍게 바람이나 쏘이러 나가는 기분 전환 정도이지만 차츰 걷는 속도를 높이고, 이왕이면 매일 다른 길을 걸어서 주변 환경에 자극을 많이 받도록 하는 것이 좋다. 그리고 반드시 동행인이 있어 환자가 다른 생각을 할 겨를이 없도록 말을 걸어주고, 때로는 고의적으로 엉뚱한 사고를 치거나 다른 사람들과 시비를 가리기도 하고, 또 일부러 넘어져 다친 척하거나 길을 찾지 못해 헤매기도 하는 등의 변화를 주는 것이 필요하다. 그러니까 의도적으로 스킨십을 강화시켜 화학물질의 분비를 활성화하는 것이다. 우울증 환자와 정신과 상담을 할 적엔 진료실에서만 하지 말고 밖으로 나가 걸으면서 대화를 나누는 것이 훨씬 효과적이다.

바쁜 일상에서 틈을 내어 자유롭게 부담 없이 걷는다는 건 긴장을 풀어 주고 여유를 갖게 해주며, 더욱이 마음을 풍요롭게 해주는 일이다. 상체를 꼿꼿이 세우되 가슴을 펴고 어깨를 젖히는 당당한 자세로 걷기만 하여도 남성 호르몬인 테스토스테론의 분비가 촉진되고, 스트레스 호르몬인 코르티솔의 분비가 줄어든다고 한다. 아무튼 육체적 노동을 하는 사람이나 평소 산책을 하는 사람이 우울증에 걸릴 일은 거의 없다.

Tip 야만(野蠻)과 야성(野性)은 별개

요즘 사람들은 꿀을 먹어 본 적도 없으면서 꿀맛이란 표현을 쓴다. 맛조차 지식으로 터득하는 시대다. 하긴 섹스도 가상 현실로 즐기는 시대이니 이상할 것도 없겠다.

체득(體得)하지 않은 인식은 학습에 의한 선입견으로 백(魄)과는 무관하다. 가령 꿀을 먹어 본 사람은 '꿀'자만 들어도 황홀했던 기억으로 입 안에서 침이 돌지만, 그렇지 못한 사람은 그냥 생각(혼)으로만 꿀에 대한 정보를 끄집어내어 '아, 꿀이란 단것!'이란 인식으로 그친다. 침이 돈다는 건 처음 꿀을 맛보았을 때의 그 달콤함을 혼(魂)만이 인식한 게 아니라, (우리가 인식은 못하지만) 백(魄)도 그 경험을 동시적으로 공유하고 반사적으로 반응을 한 것이다. 이후부터는 혼(魂)이 꿀을 인식하기만 해도 그에 상응한 호르몬을 분비한다. 설사 혼(魂)이 억지로 '난 꿀이 싫어! 안 먹을래!'라며 참으려 해도 침이 돌게 마련이다. 꿀을 맛보지 않은 사람이라면 아무리 '꿀'을 연상하려 들어도 침이 돌지 않는다.

요새는 다 큰 청년들도 바퀴벌레 한 마리 나타나면 기겁을 한다. 바퀴벌레가 자기를 물어뜯은 적이 없는데도 불구하고 호들갑이다. 체득하지도 않은 것을 어른이나 주변인들로부터 징그럽고 더러운 해충이라고 학습받았기 때문이다. 바퀴벌레에 대한 지식(정보)만 가졌지 실제로 바퀴벌레를 만져 본 체험이 없다. 그러다 보니 그 엉터리 선입견 때문에 자칫 먹고 있는 국그릇에서 바퀴벌레 한 마리라도 나오면 까무러친다. 저 남쪽에는 바퀴벌레를 튀겨먹는 민족들도 있는데!

예전에는 그러한 벌레들이라면 누구라 할 것 없이 보이는 족족 서로들 나서서 손이나 발로 짓눌러 버렸다. 벌레든 물고기든 지렁이든 한번 잡아 보라면 요즈음 아이들은 도무지 벌벌 떤다. 그뿐만이 아니다. 그게 무슨 크나큰 죄악이라도 되는 일인 양 질색을 한다. 자연보호라면서 개구리 한 마리 손으로 못 잡아 죽이니 이를 어찌한단 말인가? 그러면서 자기가 자기를 죽이는 일엔 아무런 죄의식이나 두려움을 갖지 못한다.

텔레비전 등에서 짐승을 잡는 일을 끔찍하다 여겨 보여주지 않을 뿐더러, 부모들도 그러한 장면을 보여주는 것을 비교육적인 처사로 알아 아이들의 눈을 가린다. 아이러니컬하게도 인간이 인간을 죽이는 폭력 영화며 만화·게임 등은 아무런 죄의식 없이 있는 그대로 보여준다. 그러니 어린아이들이 어렸을 적부터 무의식적으로 인간은 죽여도 되는 동물이지만, 개구리나 도마뱀은 함부로 죽여서는 안 된다고 하는 희한한 잠재의식을 가지게 되는 것이 아닌가?

최소한 우리가 먹는 음식, 즉 짐승들을 잡는 것 정도는 보여주어야 한다. 예전에 시골에서는 잔치가 있으면 하루나 이틀 전 그동안 그에 맞춰서 키워 온 돼지를 잡는다. 네 다리를 묶은 돼지를 어른들이 붙잡고서 목을 따면 피가 철철 나온다. 그러면 또 그 피를 남김 없이 받아내어 나중엔 순대를 만든다. 돼지의 발악과 비명이 온 동네를 찢어 놓는다. 동네 아이들이 그런 구경거리를 놓칠 리 없다. 개중에 나어린 아이나 심약한 아이들은 무서워하면서도 큰아이들 틈에 끼여서 구경도 하고, 또 잔치가 벌어지면 그 고기를 얻어먹기도 하는 것이다. 그러다 보면 나중에는 짐승 잡는 일에 너나없이 익숙해진다. 퍼드덕거리는 살아 있는 물고기의 배를 따는 일이나 닭 모가지 비트는 일쯤은 아무렇지도 않게 해낸다.

이처럼 짐승을 잡는 일에서부터 사냥하는 일까지 다 경험해 보면서 자란 아이들은 나중에 우울증으로 자살하는 일 따윈 꿈도 못 꾼다. 왜냐고? 살생을 통해 끔찍한 죽음의 고통과 발악을 손의 전율을 통해 몸소 느꼈기 때문에 감히 자기를 죽이는 일을 할 수가 없는 것이다. 차라리 남에게 죽여 달라고 할지언정 스스로는 못 죽는다.

닭 모가지 한번 비틀어 보지 못한 청년들이 군복무를 하고들 있으니, 과연 전쟁이 나면 적을 죽일 수나 있을는지 사뭇 걱정스럽다. 방아쇠를 당기거나 스위치를 누를 순 있겠지만, 직접 적의 눈을 바라보고 죽이는 일은 대부분이 감당해내지 못할 것이다.

아이들에게 끔찍한 장면을 보여주는 것이 교육적으로 나쁜 일만은 아니다. 필자도 어렸을 적에 교통사고 현장의 끔찍한 주검을 목격하고 나서 그날 저녁을 못 먹은 일이 있다. 해서 평생 동안 교통

사고를 조심하게 되었다. 정말이지 피치 못해 죽더라도 교통사고로는 절대 죽고 싶지 않았던 것이다. 아무튼 원하든 원하지 않든 세상에서 일어나는 모든 일에 대해 있는 그대로 보고 자랄 필요는 있다. 그게 진짜 학습이다. 오히려 무서움이나 도덕이니 양심이니 하는 정서가 지나치게 형성되기 전, 그러니까 어렸을 적부터 자연스럽게 체험하거나 간접적으로라도 경험시키는 것이 아이를 건강하게 키우는 길이라 하겠다. 더불어 인간존엄성과 생명 존중을 가르쳐야 온전한 인격체가 될 것이다.

직접적이든 간접적이든 끔찍함의 경험은 의식적으로건 무의식적으로건 사람을 긴장하게 만든다. 그 끔찍함이 너무 강해서 때로는 트라우마와 같은 부정적인 영향을 미칠 때도 있지만, 대개는 생존 본능을 자극하는 긍정적인 영향이 크다.

우리가 짐승을 식용으로 잡는 것은 당연한 일이다. 매일 고기를 먹으면서 어찌 살생을 혐오하도록 가르친단 말인가? 여기에 지나치게 윤리적·도덕적 잣대를 들이대는 것은 어리석은 일이다. 짐승을 아무렇지도 않게 살생하는 사람이 폭력적이고 범죄적이며 살인을 저지를 것만 같은가? 아니다. 그 반대다. 오히려 야성을 잃은 변태적인 인간들이 살인을 아무렇지도 않게 즐기고, 도덕적으로 지나치게 무장된 사람들이 스스로를 죽이는 경우가 훨씬 더 많다.

살생(殺生)은 야생(野生)의 본질이다. 인간이 동물인 이상 야성(野性)을 잃어서는 안 된다. 야성을 잃은 현대인은 자연 상태에서 보자면 완전한 정신병자이다. 인간이 자기 자신을 죽이는 일은 점점 잦아질 것이다. 인간은 동물이지 식물이 아니다. 동물성은 우리 인간의 본능이다. 이게 퇴색되거나 잃어버리면 인류의 재앙이다. 살생을 권장하는 이야기가 아니다. 야만(野蠻)과 야성(野性)이 별개이듯이, 살인과 살생은 구별되어야 한다는 말이다. 야생에서 짐승들이 적이나 먹이 외에 약한 동물을 재미로 물어죽이는 일은 없다.

9

자살하는 유일한 동물, 인간?

　남이 하는 것이면 다 따라 해봐야 직성이 풀리는 대한민국이 기어이 자살률도 OECD 국가 중 1위를 차지했다. 현대그룹 정몽헌 회장, 삼성 이건희 총수의 막내딸, 대우건설 남상국 사장, 노무현 전 대통령, 탤런트 최진실 등 유명인들의 자살이 줄을 이었다. 저 밑바닥에서 헤어나지 못한 가난한 사람들로부터 누구나가 부러워하는 잘나가는 사람들까지. 하기야 일국의 대통령을 지낸 사람까지 서슴없이 자살해 버리고 마는 '성질 더러운' 민족이 아니던가.

　자살의 핑계 혹은 이유도 가지가지다. 우울해서, 슬퍼서, 살아야 하는 이유를 찾지 못해서, 정의를 위해서, 나라를 위해서, 창피해서, 힘들어서, 결백함을 증명하기 위해서, 분노를 참아낼 수 없어서, 미워서, 조직이나 주군을 위해 희생, 영웅이 되기 위해, 심지어는 남이 하니까 나도…! 그야말로 자살공화국이다. 부자나 유명인의 자살은 다른 보통 사람의 삶을 하찮게 만드는 경향이 있다.

유사 이래로 자살에 관한 학문적 연구는 거의 없었다고 해야 할 것이다. '자살의 사회적 현상'에 대한 연구 정도가 고작이니 말이다. 하여 실제적인 자살 예방에는 그다지 도움이 되지 못하고 있다. 그저 흔한 대증요법으로 약물치료 및 정신과 상담과 주변인들의 적극적인 관심을 유도하고 있지만, 그것만으로는 하루가 다르게 늘어만 가는 자살을 예방하기에는 역부족이다.

그보다 먼저 자살의 원인에 대한 심리(신체)적 연구 자체가 그다지 깊지 못하였다. 그동안 이 방면의 연구서들이 없잖았으나, 그거다 싶을 만한 명쾌한 해답을 제시하지 못하고 심리학·사회학의 범주에서 맴돌고 있을 뿐이다.

하여 이참에 혼백(魂魄)의 이치로 육신(肉身)과 정신(精神)에 대한 이해를 득하여 자살을 분석하고, 그 대안을 찾아보고자 하였다. 기존의 이론이나 상식으로 보면 전혀 생뚱맞을 수도 있고, 또 그 방면의 전문용어로 표현하지 못해 서로간의 소통이 원활하지 못할 수도 있겠으나, 어쨌든 지금 당장 자살의 문제가 사회적으로 심각한 수준이니 조금이나마 도움이 되었으면 하는 심정으로 정돈되지 않은 글을 서둘러 싣는다.

생각한다. 고로 나는 자살한다?

세상에 자살하는 동물은 없다. 지구상의 생물 중 유일하게 인간이 란 동물만이 자살을 한다. 왜? 자신을 비교하고 평가하는 능력 때 문이겠다. 인간은 자기 자신을 끊임없이 의심하고, 회의하고, 또 멸 시하고 학대한다. 게다가 과거를 돌아보고, 미래를 예단(속단)하는 초능력(?)까지 지녔다. 그러니까 자살은 문명화된 인간만이 가지는 질병, 즉 문명의 병이다. 아마존이나 아프리카 오지의 원시부족들은 자살하지 않는다. 자살이란 용어조차도 모른다.

생각하는 동물이 자살한다. 생각하는 인간이 자살한다. 생각이 깊 은 인간이 자살한다. 그러니 '나' 자신을 알려고 하지 마라. 왜 사느 냐고, 왜 살아야 하느냐고 스스로에게 묻지 마라. 질문은 밖으로 던 지는 것이지, 안으로 하는 것이 아니다. 자신을 평가하지 마라. 헛짓 이다. 삶은 가치 평가의 대상이 아니다. 있는 그대로를 살 뿐이다.

아무튼 자살이든 자결이든 인간만이 할 수 있으며, 이는 학습 효 과에 의한 행위이다. 누군가의 선례에 의한 학습(선입견)이 없었다면 인간도 동물들처럼 자살할 수 없다.

답이 없는 질문, 망상의 철학

삶! 왜 사느냐? 기실 산다는 것에는 목적성이 없다. 태어날 때 왜 태어났는지 몰랐듯이 산다는 것 역시 그 목적을 알 수도 없을뿐더 러 죽는 것조차도 역시 마찬가지이다. 사는 것이 있으니 죽음이 있고, 죽음이 있으니 삶이 있을 뿐. 그렇다 한들 그 둘은 반대적이지도 않다. 그러니 죽음을 염두에 두고 삶의 의미를 부여하고, 가치 혹은 가격을 매기는 것은 어리석은 일이다. 삶이 끝나는 것이 죽음이지, 삶의 다른 이면에서 진행되는 것이 죽음이 아니다. 당연히 죽음에도 목적성이 없다. '내가 죽으면…' '내가 죽음으로써…'라는 식으로 죽음에 의도·목적·의미·가치를 갖다붙이는 건 인간의 학습에 의한 망상이자 자기 세뇌, 자기 최면에 지나지 않는다.

인간은 철학하기 위해 사는 것이 아니다. 생각하기 위해 사는 것이 아니다. 살기 위해 철학하고, 살기 위해 생각하는 것일 뿐이다. 다른 생물들과 마찬가지로 사는 것, 살려고 노력하는 것, 살려고 발버둥치는 것, 그게 바로 삶이고, 진실이고, 진리다.

답이 없는 질문, 성립되지 않는 질문에 호기심을 가지고, 그것으로 사람들을 현혹시키고 장난질하는 것을 철학인 양하는 것은 순전히 개착각이다. 사유의 비눗방울놀이에 불과한 어리석은 짓이다. 답이 없는 것이 아니라, 질문이 되지 않기 때문이다. 집중의 도구로써의 화두가 아닌 수수께끼 화두를 붙잡은 덕분에 망가진 인생이 수도 없이 많다.

어떻게 살아야 하나? 역시 답이 없다. 굳이 답을 내놓으라면 지금 그렇게 사는 것이 답이다. 생물로서 태어났으니 수명이 다할 때까지 그냥 사는 것이다. 누군가가 인간은 빵만으로 살 수 없다고 하였지만, 생물학적 견지에서는 그릇된 주장이다. 빵만으로도 살 수 있어야 한다.

행복해지기 위해 산다? 흔히들 초보 철학자들과 말다듬기를 좋아하는 글쟁이들, 그리고 종교인들이 말이나 글을 팔아먹기 위해 지어낸 말이다. 그렇다면 행복이 뭔데? 행복이란 불과 백 년 전까지만 하더라도 인류가 애용하던 말이 아니다. '종의 보전'을 너머 차고 넘치는 풍족함과 여유가 만들어낸 용어이다. 살아 있는 것을 행복이라 한다면, '행복'보다는 '다행'이란 용어가 더 적합할 테다. 수억 년 동안 진화를 거듭하며 생명을 이어온 지금 이 순간의 삶이 그 얼마나 다행한 것인가? 이만한 기적이 또 있던가? '행복'은 '지겨움'의 반대말이다!

불행의 시작, 행복 바이러스

아무튼 오늘날 행복은 지상 명령이다. 누구나 행복해야 한다. 행복은 이제 권리가 되었다. 국가는 개인의 행복을 책임져야 한다. 인간은 그렇게 학습해 왔다. 그렇게 대답하도록 길들여져 왔다는 말이다.

행복해야 된다는 절대적 명제 아래 인간의 불행은 시작된다. 바야흐로 행복은 의무가 되었다. 행복하기 위해 발버둥쳐야 한다. 행복하지 못하면? 지금 행복하지 않고, 앞으로도 행복할 자신이 없다는 이유만으로 삶을 포기할 수 있는가?

자살한 거지를 본 적이 있는가? 굶주려서 죽거나 얼어 죽은 거지는 있어도 자살하는 거지는 없다. 거지는 배고픔 외에도 다양한 형태의 신체적 고통들을 많이 겪는다. 해서 오히려 보통 사람들보다 생에 대한 욕구(魄)가 훨씬 강하다. 희망이라곤 가져 본 적도 없다고 해서 결코 스스로 생을 포기하는 법은 없다. 그런데 왜 멀쩡하게 사는 사람이 자살한단 말인가?

현대인들은 너나없이 행복교를 신봉하는 정신질환자들이다. 불행? 불운? 다 있을 수 있는 일이다. 그동안 학습해 온 편견을 버리고, 행이든 불행이든 있는 그대로 받아들이는 훈련을 해야 한다.

자연계에서 인간은 가장 못된 주인?

인간은 스스로 자기 몸의 주인은 자기라고 여기고들 있다. 그러고선 자기 몸을 함부로 학대한다. 술이며 담배·마약·과식·과로는 물론 쾌락을 위해 제 몸을 위험에 빠트리기 일쑤다. 주인이니까 제 맘대로 해도 된다는 생각을 가지고 있는 것이다. 이게 어디 될 법한 말인가? 세상에 어느 동물이 자기 몸을 학대한단 말인가?

여하튼 자연계에서는 선악이 없다. 선악이란 인간들이 만들어낸 사회적 약속이자 관념일 뿐이다. 굳이 자연계(생물계)에서 악(惡)이라 하면 그동안 이어져 온 종족 보전이 끊어지는 것이나, 이를 끊어놓는 것이리라. 내게, 내 육신에 이롭지 않은 짓이 곧 악(惡)이다. 인간의 가장 못된 행위는 '나'를 해치는 일일 것이다. 살인이 용납되는 건 전쟁이나 자기 방어를 위한 것뿐이다.

문명화되어 갈수록 인간의 자기 몸에 대한 학대는 지나치다 못해 이제는 '자기'라는 '정신'까지도 스스로 학대하기를 서슴지 않는다. 주인으로서의 의무는 고사하고 오히려 행패를 부리는 것이다. 기껏 대통령으로 뽑아 주었더니 되레 백성을 못살게 구는 독재자와 같은 거다.

먼저 인간은 자기 몸의 1백조 개 세포와 미생물, 심지어 세균이나 기생충 등에 대해 언제나, 그리고 한없이 감사해야 한다. 그것들 때문에 '나'가 존재하지 않는가? 따라서 당연히 그들을 보살피고 가꾸어 나가야 할 의무가 있다. 그런데 이 책임자가 그들을 학대한다?

모든 세포(생물)들이 싫어하는 술·담배를 억지로 먹이고 마셔서 괴롭히기 일쑤다. 하지만 충직한(충직할 수밖에 없는) 이 종들은 주야를 쉬지 않고 재난 복구에 힘을 쏟는다. 그리고 그때마다 수억 개의 세포들이 생명을 잃기까지 한다. 그들에겐 주인을 배신하거나 의무를 태만히 할 그 어떤 권한도 없는 것이다. 그런가 하면 더 이상 원하지도 않고 필요치도 않은 온갖 선물을 가져다 안겨 각각의 세포와 장기가 견뎌내지 못할 정도로 비만에 이르게 하기도 한다. 또 때로는 필요한 것들을 골고루 가져다 주지 않고 제 기분 내키는 것들만 넘치도록 들여보내기도 한다. 게다가 필요치도 않은 운동으로 세포들을 혹사시키는가 하면, 너무 게을러 몸이 제대로 돌아가는 것을 방해하기도 한다. 나아가 공동체의 종족을 보존하기 위해 기껏 만들어 놓은 정액을 본연의 목적이 아닌 '정신'의 쾌락을 위해 몽땅 자궁이 아닌 하수구에 쏟아 버린다.

자기의 몸을 그렇듯이 학대하고, 의무를 저버리고, 직무에 태만한 인간이 과연 인권이니, 동물학대 금지니, 환경 파괴니, 생명 존중 어쩌고 할 자격이나 있는 것인지? 인간이란 동물이 과연 만물의 영장이 될 자격이 있을까? 만물의 영장 어쩌고 하면서 딴에는 지혜롭다 하지만 사실은 가장 어리석은 동물이 인간 아닐까? 자연계에서 보면 인간은 완전히 미친 동물과 다름없다 할 것이다.

인간의 도리는 가장 먼저 자기 '몸'의 주인으로서 몸을 이루는, 정신을 가능케 해주는 모든 개체에 감사하고, 사랑하고, 보살피는 것이 아니겠는가? 너 자신을 사랑하라!

죽음을 오락으로 부추기는 가상 현실

전쟁의 부재가 인간을 한없이 나약하게 만들고 있다. 죽음의 공포와 고통을 잊어버린 사람이 너무 많다. 잊어버렸다고도 할 수 있고, 배우지 못했다고도 할 수 있겠다. 불과 반세기 전만 하더라도 필자의 세대는 전쟁을 몸소 겪은 할아버지나 아버지들로부터 끊임없이 죽음과 부상, 배고픔, 살기 위해 몸부림친 끔찍한 이야기들을 들으며 자랐다. 그렇게 감정이입된 세대는 비록 전쟁을 직접적으로 경험하진 않았으나 전쟁 이야기가 나올라치면 그 공포와 끔찍함에 저도 모르게 몸서리를 치고 만다. 제대로 학습이 된 까닭이다.

하지만 지금 세대는 실제의 죽음과 너무 멀다. 죽음의 공포를 경험하지 못한 세대, 그들은 죽음의 끔찍함과 무서움을 모른다. 단어로만 이해할 뿐이다. 그들에게 '죽음'이나 '고통' '두려움'은 사어(死語)다. 고작 평화의 반대말 정도로 인식하고 있을 것이다. 대신에 가상의 죽음을 매일매일 수도 없이 경험한다. 드라마·영화·게임 등 가상 현실이 주변에서 쉴새없이 펼쳐지고 있다. 하여 실제 전쟁이나 죽음조차도 희화적으로 바라볼 뿐이다. 전쟁은 그저 나쁜 것, 살인은 자칫 감옥에 가야 하는 범죄 정도로만 인식할 뿐이다. 넓게 보면, 자연의 시각으로 보면 현대인의 삶은 모두 연극이자 가상 현실이라 할 수도 있을 테다.

어쨌든 죽음에 대한 공포심이 없다 보니 당연히 살인이나 자살 등에 대해서도 무덤덤하다. 게임하듯 여차하면 사람을 죽이고, 파괴하고, 자살할 수도 있으리라는 생각이 깔려 있다. 끔찍함에 대한 체험이 없다 보니 백(魄)에서 오는 소스라침도 없다. 하여 혼(魂)이 죽음이나 살인·자살 등을 마음먹고 결정해도 멀뚱멀뚱 지켜만 본다. 그게 뭔지도 모르고, 그렇게 되면 자신(魄)들이 끔찍한 고통 속에서 죽어갈 것이라는 학습된 정보가 없기 때문이다.

끔찍한 공포와 고통은 인간을 인간으로 유지될 수 있도록 돕는다. 언젠가 한번이라도 크게 다치거나 죽을 뻔하였던, 죽음의 두려움을 경험하였던 사람은 자살하지 못한다. 오히려 위기 상황에선 살고자 발버둥을 친다. 그러므로 어렸을 때 죽음에 대한 공포심을 배워야 한다. 살려고 태어난 것, 죽지 않으려고 발버둥치는 것이 당연하지 않은가. 꿈에서라도 호랑이한테 쫓겨 비명을 지르고 발버둥치는 경험이 있어야 한다. 죽음에 대한 공포를 체득하지 못한 이들이 자살을 쉽게 생각하고, 그 반대로 타인의 생명까지 앗아 가는 일도 대수롭지 않게 여기게 되는 것이다.

전쟁중에는 자살이 없다!

영화에서나 전투중인 병사가 자살하는 장면도 나오고 그러는 것이지 실제 전투에서는 그러한 일이 없다. 병사에게 있어서 전투란 본질적으로 살자고 하는 짓이다. 적을 죽이는 것도 자기가 살기 위해 하는 짓이다. 끔찍하면 끔찍할수록 살아야겠다는 본능적 욕구는 더 강해지는 법이다. 잠시 동안이었지만 북한의 천안함 격침이나 연평도 포격 때 군부대의 자살률이 현저히 줄어들었던 것도 그 때문이다. '비상!' 곧 전투가 시작될 것 같은 위기 상황이 자살을 망설이던 군인들로 하여금 정신이 번쩍 들게 만든 것이다.

고대에는 전쟁에서 진다는 것은 곧 그 종족의 종말을 뜻하였다. 따라서 언제 단종될지 모를 자신의 유전자를 어딘가에 남겨두고자 열망하게 되는 것이다. 하여 전쟁중에는 여성을 강제로 범하는 일이 흔히들 일어난다. 적의 수컷을 죽이고, 자신의 종자를 번식시키고자 하는 포유동물의 원초적 본능이 폭발하는 것이다. 승리를 확인시키고, 자신의 영역을 표시하려는 행위이기도 하다. 죽음에 대한 극도의 공포심이 인간을 동물로 환원시켜 버리는 것이다.

전투는 인간의 백(魄)으로 하여금 정액의 분비를 최대로 끌어올리게 한다. 죽음에 대한 공포와 살인에 대한 전율이 몸의 세포 하나하나에까지 전달되면서 흥분, 자극시켜 호르몬과 신경전달물질의 분비가 최고조에 이른다. 어떻게든 살아야겠다는 욕구와 함께 찰나적인 기회라도 생기면 자신의 종자를 남기려고 덤비는 것이다. 야성이 야만의 형태로 분출되는 것이다. 공포의 신경전달물질을 잔뜩 머금은 정자들이 흥분한 상태로 미친 듯이 뛰쳐나간다. 여성 역시 마찬가지다. 위기 상황에선 난자의 생존력도 배가되어 가임률이 비정상적으로 높아진다. 전쟁으로 인해 인구가 일시적으로 대폭 줄어들었다가, 이를 회복하는 데 그다지 오랜 시간이 걸리지 않는 것도 그 때문이다.

다만 전장에서 돌아온 병사들이 전후 트라우마로 인해 고통스러워하다가 극단적인 선택을 하는 경우는 종종 있다. 혼백을 분리시켜 자율신경을 안정시켜 주면 쉽게 나을 수 있음에도 의료계에서는 신경안정제로 혼(魂)만 멍때리게 다독이고 있어 안타깝기 짝이 없다.

군인들은 왜 자살하는가?

한때 서울대학교를 비롯한 속칭 일류대생들의 연이은 자살이 사회 문제로 크게 이슈화되고, 자살한 학생들의 부모들이 학교측에 그 책임을 묻겠다며 학교 정문에서 천막 농성을 벌인 예도 있었다. 하지만 요즘은 그러한 소식들이 들려 오지 않는다. 예방이 되어서 그러는 것인지, 아니면 너무 흔해서 뉴스거리가 되지 않는 것인지 모를 일이다.

아무러면 이러한 일들이 어디 대학에서만의 일일까? 사병들의 자살이 줄을 잇고 있어 일선 지휘관들이 안절부절이다. 부대마다 신병들이 들어오면 자살 방지를 위해 2명 혹은 3명씩 짝을 지어 다니도록 하고 있다. 그럼에도 각 사단별로 한 달이 멀다 하고 자살 사고가 잇따르고 있다 한다. 오죽하면 부대장들이 자신을 일컬어서 다 큰 아이들의 보육원장이라고 자조할 정도이다.

국민들은 군에서 엄하고 강하게 훈련시키니 자살을 하지 않으리라고 생각하는 경향이 있다. 물론 예전에는 분명히 그러했다. 훈련이 지나치거나 실수로 간혹 사고를 내기는 하였지만, 사병들이 자살을 한다는 것은 꿈에도 생각지 못했었다.

이미 정신적으로 나약한 상태의 젊은이들이 입대하는 원인도 있을 테지만, 어쩌면 사병들에게 너무 많은 자유를 허락한 것이 오히려 자살을 부추기는 요인일 수도 있지 않을까? 요즘은 토요일이나 일요일 등 공휴일이면 모두가 쉰다. 사병들에게 그만큼 생각할 시간이 많아진 것이다. 그러니 고민 또한 더욱 깊어질 수밖에 없다. 또

후임을 괴롭힐 시간도 그만큼 많아진 것이다. 토요 휴무를 시행하고서부터 자살자가 늘어나는 것은 당연지사! 따라서 얼마간의 비용이 더 들더라도 사병들을 강하게, 그리고 쉼없이 심신을 단련시켜 다른 잡생각을 못하도록 하였으면 싶다.

운동시설을 많이 갖추어 주라!

미군 부대에 가보면 한 가지 특징이 있는데, 반드시 잔디 운동장과 헬스장이 마련되어 있다는 것이다. 부대시설 가운데 체육시설이 가장 많이 차지한다. 그리고 군인들뿐만이 아니라 그 가족들까지도 이용할 수 있도록 하고 있어 부럽기 짝이 없다. 한국군에게도 이런 잔디 운동장과 헬스장을 마련해 주었으면 싶다. 쉬는 시간에 각자가 나름대로 몸을 단련하면 강군에 도움이 될 뿐만 아니라, 병사들의 정신 건강에도 크게 기여할 터이다.

바둑판이며 장기, 텔레비전 시청, 컴퓨터 사용 등의 앉아서 노는 놀이보다 직접 몸을 단련하는 것이 신체적·정신적 건강에 도움이 되리라는 말이다. 억지 훈련을 통해 체력을 강화할 것이 아니라, 스스로 체력을 다지게 하자는 것이다. 시중에서도 요즘은 몸짱 만들기가 유행이다. 그러니 부모나 친구·연인이 볼 적에도 휴가 나온 병사의 건장한 신체가 한결 뿌듯하지 않겠는가?

생각할 시간을 줄여 주는 효과도 있다. 바둑이나 장기 등의 잡기도 그러한 효과가 없진 않지만, 이기고 지고 하다 보면 앙금이 남을 수밖에 없다. 가뜩이나 학교와 학원을 오가며 공부만 하는 바람에 소통 능력이 절대 부족한 요즘 청년들이다. 단절감·소외감·막막함·자신 없음·시시함 등의 기분에 사로잡혀, 그러니까 혼(魂)이 엉뚱한 것들에 사로잡혀 욕구 상실·의욕 상실하기 십상이다.

남성은 전통적으로 동물적인 몸싸움을 통해 사회성을 터득해 왔다. 일찍부터 형제나 친구들과의 씨름 등으로 몸을 부대껴 서로의 땀(체취)이 뒤섞이면서 동료 의식이 생겨난다. 초중고 시절의 그러한 경험들이 전무한 청년이 그대로 군대에 들어가니 제대로 적응할 리가 없다 하겠다. 체육을 통해 육체에 대한 애착을 길러 주는 것도 자살을 예방하는 좋은 방법 가운데 하나이다.

제복을 멋있게 해주라!

진시황의 지하군단 병마용이 세상을 놀라게 하였다. 한데 이 병사들의 병장기며 갑옷 등은 서로 별반 다르지 않는데, 얼굴의 수염과 머리는 같은 모양이 하나도 없을 만큼 제각기 다르다. 각자가 나름대로 멋을 내었다고 한다. 이 멋내기를 매우 소중히 여겼으며, 대단한 자부심을 가졌었다는 걸 짐작할 수 있다. 그리고 그 자부심이 그들을 최강의 군대로 키운 것일 테다.

한국군, 특히 육군의 복장은 후줄근해 보이는데다가 촌스럽기 짝이 없다. 부대 내에서는 그렇게 입더라도 외출복은 좀 멋있게 차려입어 군인으로서의 남다른 자부심과 긍지가 표현되도록 해주었으면 좋겠다. 그게 군을 강하게 하는 것이고, 군을 바라보는 시민들 역시 군에 대한 믿음을 가질 수 있도록 한다. 의관이 사람의 심리에 미치는 영향은 결코 가볍지 않다. 인류는 수만 년 동안 그 의관으로써 신분과 계급·능력을 과시하고자 했다.

입대 전에는 온갖 브랜드의 옷과 신발 등으로 한껏 멋을 내며 살다가 어느 날 작업복 같은 옷을 입어 노예 신분으로 추락한 것 같은 기분이 들 때, 한없이 초라해 보이는 자신의 모습에 당장 의기소침해지는 것은 당연하다 할 터이다. 이들에게 최소한의 자존심을 세워 주어야 자살 및 탈영, 휴가 후 귀대 거부 상태에 빠지는 것을 상당 부분 예방할 수 있을 것이다. 더불어 전방 근무나 해상 근무를 싫어하는 풍조를 줄이기 위해 그곳에 근무하는 사병들에게 별도의 멋있는 마크를 하나 더 붙이게 하여 자랑스러워 보이도록 했으면 한다. 일반 시민들도 알아볼 수 있도록 돋보이게 말이다.

건강한 육체가 백(魄)을 강하게 만든다. 기백(氣魄)을 살린다는 말은 바로 이를 두고서 하는 말이다. 백(魄)이 받쳐 주지 못하는 기(氣)는 그냥 잠시 불끈하는 오기(傲氣)에 지나지 않으며, 혼(魂)의 통제를 받지 않는 기(氣)는 객기(客氣) 혹은 방기(放氣)일 뿐이다.

개똥밭에 굴러도 이승이 낫다!

자살로 문제 해결? 동양 문화권에선 예로부터 어떤 해결할 수 없는 문제나 부끄러움에 봉착했을 때 자살로써 모든 문제를 유야무야시켜 버리려는 구차스러운 전통이 있다. 게다가 제 성질을 누그러뜨리지 못하고서 홧김에 보란 듯이 참혹한 방법으로 자살해 버리거나, 억울함을 자결로 호소하는 감상적인 전통(?)도 있다. 그마저도 현대화하는지 요즘은 우울증으로 인한 자살이 급속하게 늘고 있다.

그리 길지 않은 기간 동안 참으로 많은 한국인들이 자살을 감행하였다. 한데 만약 그 사람들이 그때 그 굴욕과 울분의 순간을 용히 참아 넘겼더라면, 그리고 지금에 이르러 다시 삶과 죽음을 생각한다면 과연 어떤 결정을 내릴까? 아직도 그들을 못 견디게 했던 그 고통을 해결하지 못해 괴로워하고 있을까? 아니면 대충 포기할 건 포기하고, 치를 건 치르고서 홀가분하게 살고 있을까?

내일은 내일의 태양이 뜬다. 인생도 마찬가지이다. 고민 없는 삶도 없지만, 끝까지 가는 고민 또한 없다. 물론 그 고민이 사라지고 나면 다음 고민이 기다리고 있다. 그걸 맞받아치며 사는 게 인생이다. 그래서 인생은 고해(苦海)라 하지 않던가? 그래서 불행한가? 아니다. 어떻게 태어난 인생인데! 인생은 아르바이트가 아니다! 그렇게 남보다 진하게 살다가는 것, 그게 진정한 삶의 묘미가 아니겠는가!

만약에 절대적인 신이 있어 이제 막 죽어가는 부자더러 가진 전 재산을 내놓는다면 한 번 더 살게 해주겠노라고 한다면? 혹은 30년, 혹은 20년, 혹은 10년 더 살게 해주겠다면? 생은 기적이다. 설사 부자가 아니어도, 왕이 아니어도, 잘나지 못했어도 행운이며 우주의 나이만큼과도 바꿀 수 없는 귀한 자기만의 것이다. 인간 삶의 무게를 10이라고 치면 그 10 속에 재산의 많고 적음, 건강한지 아닌지, 잘생겼는지 못생겼는지, 출세를 했는지 망했는지, 재벌이든 거지든, 성인이든 악인이든… 그러한 것들의 비중은 0.01에도 미치지 못한다.

가려거든 혼자서 가라!

나약하기 짝이 없는, 자살조차도 혼자서는 못하는 요즈음 젊은이들이 인터넷으로 동지들을 모아 동반 자살하는 사건이 잦다. 그러한 일들 가운데서도 사람들의 마음을 가장 아프게 하는 것이 바로 가족을 동반한 자살이다. 본인이야 자신의 선택에 의해 자살한다지만 가족, 특히 어린아이들을 함께 데려간다는 건 도무지 용납될 수 없는 죄악이다.

자식은 부모의 일부도 아니고, 소유물도 아니다.
남겨두고 가려니 자식이 불행해질 것 같아서? 세상에 홀로 남겨져서 자기처럼 고생스럽게 살아갈 것을 생각하니 불쌍해서? 가족을 책임지지 못하고 자살하는 이가 설마 저세상에 가서는 함께 오순도손 행복하게 살아갈 자신이 있다는 겐가? 그건 동반 자살이 아니다. 살인이다. 가족을 죽일 정도의 의지가 남아 있는 거라면 무슨 짓을 해서라도 살아야 하는 것 아닌가? 자식을 먹여 살리기 위해서라면 도둑질, 아니 구걸, 그보다 더한 짓인들 못할까?

졸지에 부모를 잃은 자식들이 당장은 원망하며 힘들게 살아가겠지만, 미래를 누가 어찌 알겠는가? 그 고생이 밑천이 되어 나중에 큰 부자나 큰 인물이 되는지? 자살을 해서 모든 것을 지웠다고 하지만, 사후 세계를 뉘라서 알겠는가? 혹여 죽었으나 죽지 못하고 구천에서 억만겁을 떠돌면 어찌하려는가? 그대가 죽인 자식들이 왜 죽었느냐고 원망하면서 구천 세계를 쫓아다닌다면 어찌하려는가?

그도 저도 못해 그래도 죽으려면 제발이지 자식들에게 사랑한다는 한마디, 미안하다는 한마디라도 남기고 자식들 보지 않는 곳에 가서 조용히 혼자 사라져야 할 것이다. 그나마 좀 더 지혜로운 부모라면 "누군가 이 못난 놈의 자식들을 거두어서 대신 잘 키워 주시면 저승에서나마 꼭 보답하겠습니다"라는 간곡한 편지라도 한 장 남기고 혼자서 가라는 말이다.

"죽고 싶다!" "죽고 싶다!" "죽고 싶다!"

평소 우울증이나 삶에 대한 불만 등을 이유로 입버릇처럼 "죽고 싶다!"를 연발해대는 이들이 적잖다. 사실 처음엔 그냥 얼떨결에 "죽고 싶다!"라는 말을 내뱉었다가 내심으로 움찔하기 마련이다. 그 말에 백(魄)이 놀란 까닭이다. 그러나 이런 말을 습관적으로 반복하다 보면 세뇌가 되어 백(魄)도 경계심을 풀기 시작한다. 그러다가 실제 자살을 시도하려 할 즈음에 이르러서는 즉각적으로 반발하지 못하게 된다. '그냥 또 해보는 소리겠거니' 아니면 '그래, 결국 자살하겠다면 어쩔 수 없는 거지' 하고서 방임해 버리는 것이다.

그러므로 아이가 "죽고 싶다!"는 말을 내뱉었을 때, 그저 무심히 흘려듣지 말고 곧장 귀싸대기를 올려붙여서 다시는 그런 말을 입에 담지 못하도록 해야 한다. 그래야 머릿속에 각인이 되어서 훗날 그 말을 내뱉고 싶어질 때면 저도 모르게 싸대기 맞았던 기억이 떠올라 반사적으로 몸을 움츠리게 해야 한다. 이런 것이 자살 예방 백신이 된다. 말로만 꾸짖는 것은 잔소리밖에 되지 않아서 아무런 소용이 없다.

그런 호된 경험을 가진 아이들은 나중에 커서도 누군가로부터 그러한 말을 듣게 될 때 심히 불쾌해진다. 이런 이치 때문에 교육적 체벌이 필요하다는 것이다. 체벌이 함께하면 그 기억이 더욱 강해져 여간해서 지워지지 않기 때문이다. 아무튼 사는 데는 요령과 훈련이 필요하다.

상처받은 혼백이 강하다!

만약에 우울증으로 늘 자살을 꿈꾸는 이가 잠시 외출을 나갔다가 이웃집 개에게 심하게 물렸다면 어떻게 될까? 비상 사태! 공포와 놀람·고통에 혼비백산하여 우울증이고 자살이고 모조리 달아나 버린다.

자살하는 이들을 주의 깊게 관찰해 보면 어렸을 적부터 상처다운 상처를 입어 보지 않은 사람이 대부분이다. 육체적 고통에 대한 쓰라린 기억이 없기 때문에 쉽게 자살을 선택한다. 큰 흉터를 안고 살아가는 사람들은 자살을 생각할라치면 저 깊은 의식의 저변에서 과거의 아팠던 기억이 한꺼번에 밀려 올라와 몸서리가 나는 까닭에 자살이 쉽지 않다.

이러한 행위가 잔인한 것 아니느냐고 오인받을 수도 있겠지만, 기실 그 잔인함이 바로 인간의 야성을 키운다. 잔인함은 동물의 본성이다. 그것이 경쟁심과 인내심을 기른다. 어찌 보면 잔인함도 에너지라고 할 수 있다. 물론 제대로 통제되지 않으면 남과 자신을 해칠 수도 있지만, 나약하고 소심한 인간보다는 훨씬 역동적이고 진취적이라 할 수 있다. 그렇다고 해서 인간이 야만적이어야 한다는 주장이 아니라, 어렸을 적부터 고통에 대한 아픈 기억을 가질 수 있도록 잠시 방관하는 것도 괜찮은 학습법일 수 있다는 말이다.

야성의 본능이 살아 있는 사람은 자살이든 타살이든 죽음을 감지하게 되면 온몸의 백(魄)들이 일시에 자극을 받아 비상 사태에 돌입하여 각종 신경전달물질들을 분비시켜서 신경계를 자극한다. 혼(魂)으로 하여금 마음대로 할 수 없도록 발악을 해대는 것이다. 그래서 죽고 싶어도 차마 죽지를 못하는 것이다.

개인만 그러는 것이 아니라 민족이나 국가도 마찬가지다. 때때로 전쟁을 통해 피를 바친 민족이 강하다. 고대에는 제사를 지낼 때 반드시 인간의 피(희생)를 바쳤었다. 신의 가호를 비는 목적도 있지만, 실은 그들 공동체의 건강성을 위한 일이기도 하다. 건강한 국민성을 지닌 국가일수록 거친 스포츠와 모험을 즐긴다.

죽음은 붙잡거나 기다리는 것이 아니다!

기다리지 않아도 기어이 오고야 마는, 또 언제 올지도 모르는 죽음을 기다리며 살아가는 존재이지만 그래도 운명이란 알 수 없는 거라는 위안으로 하루하루를 자족하며 사는 것이 인간이다. 유한하기에 더 소중한 것이 생명일 테다.

커다란 전두엽 덕분에 먹이를 구하는 일에서 상당 부분 해방된 인간들에게 괜한 상상을 하는 버릇이 생겨났다. 그러다가 "인간은 왜 사나?"로 시작하는 철학이란 고민놀이를 고안해낸 것이다. 그 질문은 결국 죽음으로 증명할 수밖에 없지 않은가? 죽어 보면 왜 사는지 알 수 있지 않을까? 살면서는 결코 답을 얻을 수도, 그걸 증명할 수도 없지 않은가? 그렇게 해서 수없이 많은 사람들이 '죽음'을 화두로 잡고 씨름하다가 결론도 못 내리고 죽어갔다.

뭐, 개중에는 환상 같은 걸 보고서 제 나름의 해석을 내놓기도 하였지만, 누가 그것을 증명할 수 있다는 말인가? 그냥 믿거나 믿어 주는 척할 뿐이다. 진리라서 믿는 것이 아니라, 스스로도 답을 찾을 수 없기에 유보하는 것이다. 스스로 알 수 있다면 굳이 남의 말을 믿을 이유가 없지 않은가? 하지만 이 질문은 근원적으로 오류다. 질문 자체가 성립되지 않는다. "네가 진리냐?"는 물음에 대답하지 않은 예수처럼, 석가의 무답(?)처럼. '죽음'은 질문의 소재도, 화두도 못 된다.

석가가 생로병사를 고민했다고 하지만, 그것은 극복 혹은 초월의 대상이었지 결코 화두로 잡은 것이 아니었다. 삶의 의미를 찾겠다며 인도를 여행하는 외국의 사색인들 가운데에는 삶과 죽음이 혼재되어 있는 독특하고 강렬한 인도 문화에 깊이 빠져들어 자살을 택하는 이들이 상당히 많다. 죽음을 화두로 잡으면 삶은 하찮은 것이 되어 버리고 만다. 하여 육신[魄]의 요구를 무시하고, 혼(魂)이 독단적으로 결정해 버리는 것이다. '언젠가는 죽는다'는 절대 명제 앞에선 모든 것이 시시해져 버릴 뿐이다.

죽음의 탐구와 죽음을 화두로 삼는 것은 전혀 다른 성질의 것이다. 삶은 의미가 아니다. 죽음도 의미가 아니다.

죽음은 심연(深淵)과도 같은 것이다. 깊다란 연못을 하염없이 바라다보고 있노라면 마치 그 깊은 곳으로 빨려 들어가는 듯한 느낌을 받곤 한다. 그리고 배가 적도 근처의 고요한 바다를 지날 때, 그 끝 모를 깊이와 짙고 투명한 물의 매혹에 빠져 가만히 빨려 들어가고 싶어지는데, 실제로 적도 부근을 지날 때면 신발 두 짝만 나란히 남겨두고 사라지는 선원들이 더러 있기도 했다. 필자도 젊은 시절 외항선을 타면서 그러한 유혹을 두어 차례 받은 적이 있다.

분노·수치·절망·우울 등 자살의 원인으로 지목되는 이러한 단어들은 모두 인간(魂)의 학습에 의한 것이다. 지적 능력이 현저히 떨어져 학습이 제대로 이루어지지 않는 지적장애인들이 자살하는 걸 본 적이 있는가? 삶의 의미? '의미'라는 단어 자체가 바로 상상에 의해서 생겨난 개념이며, 그걸 학습받은 것이다. 삶에 점수를 매기고, 가치를 측정하고, 등급을 나누고, 가진 것의 양을 따지는 등등, 모두 학습에서 비롯된 편견 혹은 선입견이다. 자연계에서는 누구도 가르쳐 준 적이 없으며, 아예 존재해 본 적도 없는 개념이다. 수행에서 그토록 문자를 버리고, 사유를 버리라고 강조하는 것이 바로 이 학습된 개념을 버리라는 것이다. 판도라의 상자 뚜껑을 닫으라는 게 아니라 그 상자를 깨부수라는 말이다.

종교적으로 혹은 철학적으로 '무(無)' '공(空)' '허(虛)'를 강조하는 건 필시 이 답 없는 질문에 대한 궁색한 변명, 그러니까 빠져나갈 구멍이라 하겠다. '삶'과 '죽음'을 그렇듯 애매하고 허무맹랑한 이니셜로 뭉뚱그려 놓고 인간의 무지몽매를 꾸짖어 그 앞에 엎드리게 해서 주머니를 털어먹는 거다. 보다 거칠게 표현하자면 '야바위'다. 그러니 그저 하루하루 주어진 삶에 충실히 임하는 것이야말로 그 어떤 수행보다도 값지다고 할 수 있다. 균형된 삶의 지혜를 찾는 방편으로써의 수행이 아니라면 무슨 소용인가! 삶의 기술이나 철학이 그렇게 거창한 것이 아니다. 삶이 곧 수행이다!

이런 글에 대하여 어쩌면 "남의 말이니까 쉽게 할 수 있는 것이지, 막상 그들과 같은 처지가 되고 보면 그런 말 못한다!"고 필자를 힐난하는지도 모르겠다. 백번 지당한 지적이라고 생각한다. 해서 이러한 이야기로써 당장의 극한 상황에 처하여 있는 이들을 설득코자 하는 것이 아니다. 다만 그러한 상황을 가정해 평소에 삶에 대한 마음가짐을 담담하게 다져두어야 하지 않을까 해서 하는 말이다. 그리고 불편스럽다 해서 그냥 쉬쉬 덮고 지나갈 것이 아니라 터놓고 이야기해 나무랄 건 나무라고, 권장할 건 권장하여 일찍부터 면역성을 길러 주어야 하지 않나 싶다.

늙은이들은 쓸데없는 일에 집착하고, 젊은이들은 사소한 일에 목숨을 건다. 늙은이에게 남은 것이라곤 자존심밖에 없고, 젊은이들에게는 사소한 것도 대단한 것일 수밖에 없으니 말이다. 집착이든 고민이든 조금만 거리(시간)를 두고 관조하면 삶이란 대충 거기서 거기다. 고통이든 환희든 모두 내 몫이다. 피하지 말고 안으라!

Tip 마음의 뿌리, 변연계의 기억

대뇌피질(특히 전두엽)은 인식·판단·사고·계획 등의 기능을 담당하고, 뇌의 깊숙한 쪽에 위치한 변연계는 인간의 기본적인 본능, 즉 동물적 생존과 관련된 성적인 욕구며 쾌감, 극심한 고통, 사냥, 도피, 투쟁, 살생, 수면, 먹이 등의 주요 기억을 관장하는 역할을 한다. 그러니까 변연계는 인간의 동물적 시절의 뇌로 보면 된다. 대뇌피질의 활동을 혼(魂)이라 한다면, 변연계는 백(魄)에 직접적인 영향을 끼친 기억을 관장한다고 볼 수 있다. 다시 말해 혼(魂)과 백(魄)의 중간에서 혼(魂)을 감시하며, 백(魄)의 입장을 대변하는 역할을 하는 것이다.

우리가 흔히 '마음(心)'이라고 하는 것도 실은 이 변연계의 기능이라고 할 수 있다. 변연계 중에서도 특히 편도체가 공포와 혐오, 동기와 기억, 주의, 도피 등의 감정과 관련한 정보를 기억하고 관리하며, 또 자율신경계로 전달하는 역할을 한다.

기실 백(魄)은 전두엽의 활동에 관심도 없을뿐더러 직접적인 소통망이 없다. 만약 전두엽(魂)의 활동을 일일이 다 피드백할라치면 제 할 일을 제대로 할 수가 없어서 며칠 못 가 파산하고 말 것이다. 전두엽이 사고와 근육을 통제하는 권한으로 신체를 잘 보호하고 있으면 백(魄)으로선 아무런 불만(불안)이 없다. 다만 변연계를 통해서 간접적으로 전해지는 생존의 필수 정보들만이 필요할 뿐이다. 전두엽 역시 백(魄)의 활동에 대한 그 어떤 정보도 직접 전달받지 못한다. 혼(魂)의 잘못된 판단으로 신체(魄)가 위해를 입게 되면 그 벌로 고통의 감각을 느끼기 때문에 얼른 그에 대처하는 역할을 수행하는 것이다.

실제로 전두엽(측두엽·후두엽 포함)은 육신의 생명 유지에 직접적인 관련이 없다. 해서 일부 전두엽이 잘려나가도 누군가가 전두엽을 대신해서 보살펴 주기만 하면 생명 유지가 가능해진다. 어쩌면 그 때문에 대뇌반구가 좌우로 나뉘어 있는지도 모르겠다. 물론 야생의 상태에 버려진다면 며칠도 못 버틸 테지만. 무뇌아나 식물인간도 밖에서 영양만 공급되면 생명 자체는 유지된다.

어떤 연유로 전두엽의 기능이 떨어져서 기분이 우울해지면 삶의 의욕과 집중력 또한 떨어지게 되고, 덩달아 변연계의 기능도 저하되어 불면증과 식욕 저하 및 감정 기복 등을 유발한다. 일시적인 우울이라면 별문제가 없겠지만, 장기간에 걸친 우울이라면 대뇌 특정 부위의 기능은 물론 구조적인 문제까지 생겨나는 것이다.

사람이 자살을 생각하면 변연계가 흥분하게 된다는 사실이 학계에 보고된 바 있다. 이는 백(魄)에 직접적으로 치명적인 영향을 끼치는 전두엽의 잘못된 판단임을 알아차린 변연계가 발끈한 까닭이다. 비상 상황에 대한 경고를 백(魄)에 발령하면서 혼(魂)에다 강력하게 반발의 경고 신호를 보내는 것이다. 물론 자살뿐만이 아니라 섹스 · 쾌감 · 분노 · 상처 · 도망 · 살생 등에 대해서도 똑같은 반응을 보인다. 그와 같은 단어를 듣거나 읽거나 떠올리는 것만으로도 변연계(특히 해마와 편도체)가 흥분을 일으키게 되고, 그 흥분이 동시적으로 뇌간을 통해 전 세포로 전달되면 온몸이 흥분하여 비상 태세에 돌입하게 된다는 말이다. 이미 백(魄)이 그 단어에 대하여 학습한 바를 기억하고 있어 자동 피드백하는 바람에 혼백이 동시적으로 부화뇌동하여 해당 신경전달물질이나 호르몬을 분비할 채비를 하는 것이다.

한데 만약 '자살'이 백(魄)을 해치는 끔찍한 단어(결정)라는 기억을 가지고 있지 않다면 어떻게 될까? 게다가 혼(魂)이 평소에 '난 자살할 거야!'를 수없이 되풀이했음에도 불구하고 자살을 실행하지 않았다면? 아무런 끔찍한 일 없이 자살을 생각하는 일이 반복되면 변연계도 그만 경계심을 풀어 버려 온 백(魄)에 경계 발령을 내리는 일을 잊어버린다. 결국 혼(魂)에 의해 전두엽과 변연계가 자기 세뇌에 빠져 버린 것이다. 수행을 통해 계율을 지키며, 욕정을 억제하는 것도 같은 원리다.

정상적인 경우라면 우울로 인해 전두엽(魂)이 잘못된 생각을 품었을 때 변연계가 바르르 떨며 흥분을 일으키게 되고, 그러면 전두엽이 아차 싶어서 다시는 그러한 생각을 하지 않으려는 데 비해, 장기적인 우울증으로 인해 이미 전두엽의 기능이 떨어진데다가 덩달아 변연계까지 피곤하여 나태해져 버리면 결국 자살과 같은 극단적인 선택으로 이어지고 마는 것이다. 그러니까 전두엽과 변연계 간의 신속한 피드백 기능이 저하될수록 자살이 증가하게 마련인데, 여기에다 트라우마·알코올·약물 오남용·분노·화병 등이 겹치면 걷잡을 수 없는 사태가 일어나지 않을 수 없는 것이다.

강간·살생·연쇄살인·마약·폭력 등에서 오는 전율과 스릴·쾌감은 너무도 강렬한데다가 이미 원시적 생존 투쟁 과정에서 습득된 것으로 그 기억은 변연계 깊숙이 저장된다. 하여 여간해서 그 기억을 지울 수가 없다. 이성적 판단에선 다시는 그러지 말자고 제아무리 결심을 해도 그 기억과 갈망·재충족의 욕구를 억누르기가 힘들다. 해서 계속하여 그러한 범죄를 저지르는 것이다. '이성'이 '마음'을 통제하지 못하는 까닭이다. 심적 갈등이란 이 전두엽과 변연계의 충돌이라 하겠다. 그에 대한 가장 효과적인 대책은, 태형과 같이 엄청난 육체적 고통으로 변연계의 쾌감 기억을 덮어씌우는 것이다. 그렇게 되면 전두엽이 '강간'이나 '살인'이라는 단어를 연상하기만 해도 변연계가 바르르 떤다. 하여 이후엔 혼(魂)의 결정에 백(魄)이 절대로 동조하지 않는다.

평소 주검에 대한 섬뜩한 무서움, 맹수에 쫓기던 두려움, 공포, 투쟁, 위기 탈출, 섹스의 강력한 쾌감, 살기 위한 발버둥 등 생명의 위협에 대한 경험이나 학습이 잘되어 있으면 우울이나 자살에 대한 걱정이 많이 덜어질 것이다.

트라우마나 우울증과 달리 치매 환자의 경우에는 이러한 상호 작용 자체가 없어진다. 두뇌의 환각 작용도 불가해 두려움에 시달릴 이유가 없다. 해서 치매로 인한 자살자가 없는 것이다. 흔히들 치매가 오면(오기 전에) 죽어야지 하는 이성적인 생각을 하지만, 막상 치매가 오면 전두엽은 물론 변연계 해마 부분의 신경세포가 먼저 죽어서 기억이 사라지는 바람에 실행 불가능하게 된다.

참선 수행중 가장 어려운 것이 바로 이 변연계(해마와 편도체)의 기억을 통제하고 정리하는 일이다. 많은(실은 거의 모두) 이들이 여기서 무너진다. '마음'을 찾는 일도, 다스리는 일도 그렇게 어렵다. 설사 이 과정을 통과했어도 치매가 와버리면 그동안 포스팅해 놓은 블로그가 다 날아가 버린다. 흡사 암호를 잊어버리는 바람에 수십 년 동안 채굴해 놓은 비트코인을 일순간에 다 날려 버린 것처럼. 당연히 해탈도 없다. 모든 게 도로아미타불! (다음 책 〈혼백과 귀신〉에서 자세히 다룰 것이다.) 그러니 수행을 하더라도 산책(다른 체조 운동이라도)을 통해 끊임없이 백(魄)을 활성화시켜서 죽는 순간까지 치매를 막아 혼백(魂魄)의 균형을 유지해야 한다.

10
야성(野性)을 길러라!

　인도에서는 얼굴이 셋이고 팔이 여섯인 귀신을 아수라(阿修羅)라고 일컫는데, 일명 싸움귀신이다. 하여 교만심과 시기심이 많은 사람이 죽으면 이 아수라가 사는 세계로 떨어져 영원히 싸움질을 하게 되는데, 그곳을 아수라장이라 부른다. 지금 이 나라에서는 살인·자살·물어뜯기·왕(王)질·쩐〔錢〕질·갑(甲)질·완장(腕章)질이 난무하고 있다. 특히 자고 나면 일어나는 성범죄는 차마 입에 담기조차 민망하다. 다행히 미국에서 일기 시작한 '미투!' 바람이 한국에까지 불어 주어서 성(sex)에 대한 품격이 조금은 높아질 것 같기도 하다. 아시아 국가 가운데 한국에서 가장 먼저 시작하고, 또 그 바람이 본고향인 미국보다 더 거센 것이 영 부끄러운 일이긴 하지만!

전자발찌로도 성범죄 재범을 막지 못하는 이유

인간의 몸 가운데 손가락 · 혀 · 성기 등에 의한 체험과 쾌감은 말초신경을 강하게 자극한다. 또 그로 인해 각종 신경전달물질을 분비시켜 변연계와 백(魄)에까지 깊이 각인되기 때문에 결코 지워지지가 않는다. 해서 화투며 마작 · 도박 · 낚시 · 장기 · 바둑 · 골프를 비롯한 손가락을 이용한 악기 연주, 각종 구기 종목 스포츠, 활쏘기 등 손가락 끝으로 하는 작업은 짜릿한 전율과 쾌감을 동반하기 때문에 강한 중독성이 생긴다.

직업 중에서도 손가락으로 무언가를 만들거나 하는 부류의 사람들이 여간해서 다른 업종으로 전환하지 못하는 이유가 바로 이 때문이다. 해서 마침내 장인이 되기도 하는 것이다. 심지어 컴퓨터 자판 두드리기나 마우스 클릭, 스마트폰 터치 역시 손가락으로 하기 때문에 중독성이 강하다. 게다가 대부분의 게임은 비록 간접 체험이긴 하지만 손가락 끝에서 살인과 폭력 · 파괴라는 극도의 스릴과 흥분을 불러일으키기 때문에 한번 빠지면 여간해서 벗어나기가 힘들다. 그러니 게임 산업은 계속 성장해 나아갈 것이다. 만약 키보드나 마우스의 손가락이 닿는 부분에 점자식 요철을 넣으면 중독성이 더욱 강해져서 다른 밋밋한 자판기는 싱거워 사용치 못하게 되는지도 모른다. 마작을 해본 이라면 이 말을 십분 이해할 테다.

또 담배가 몸에 해롭다는 걸 모르고 피우는 사람은 없다. 그럼에도 끊기가 힘든 것은 니코틴의 중독성이 주된 원인이기도 하지만, 담배를 손가락 끝에 끼워서 피우게 만든 까닭이기도 하다. 담배를 못 피우게 되면 입술과 혀가 허전해지는 동시에 손가락이 근질거린다. 거기에다 라이터를 켤 때의 '찰칵' 하는 쾌감도 무시하기 힘들다. 이는 손가락을 빠는 젖먹이에게 손가락을 빨지 못하도록 하기가 힘든 것과 같은 이치이다. 허전함을 참을 수가 없기 때문이다.

신체에 대한 대표적인 직접 범죄가 강간과 살인·폭행이다. 이를 통해 가해자는 가학적 쾌감과 스릴·전율을 동시에 얻기 때문에 강한 중독성이 생겨서 반복적으로 범죄를 저지르게 된다. 교정이 무척 어렵고, 때로는 불가능하다. 형벌을 어지간히 높인다 해도 범죄는 줄어들지 않는다. 특히 성범죄는 아무리 윤리 도덕을 강조한다 해도 그 충동을 억제하기란 거의 불가능하다. '미투' 운동으로 드러난 성추행 가해자들이 하나같이 상습적이었던 이유도 거기에 있다.

신체적 고통에 대한 기억이 없는 현대인

꿀을 먹어 보지도 않고 '꿀맛'이란 상투적 표현을 쓰는 것처럼 폭력의 고통을 당해 보지도 않은 사람들이 '고통'이란 말을 입에 담는다. 그러다 보니 고통과 고민을 혼동하게 되어 대수롭지 않게 타인에게 폭력을 행사하기도 하고, 죽음의 고통에 대한 두려움이 없어 고민만으로도 자살을 감행해 버리는 것이다. 자살 또한 자신에게 가하는 폭력임에도 도무지 실감을 못하는 까닭이다.

육체적 고통의 기억을 갖지 못한 현대인들은 자신이 저지른 범죄가 상대에게 얼마나 큰 고통을 안겨 주는 것인지 감을 잡지 못한다.

게다가 짜릿한 전율을 동반하는 폭력의 쾌감은 사람의 사고를 단순하게 만들기 때문에 뒤따라 닥칠 문제를 무시하거나 가볍게 여겨 버리는 경향이 있다. 혼(魂)의 이성적 판단이 백(魄)의 강력한 욕구를 억제시키지 못한 때문이다. 자기가 자신에게 진 것이다.

남을 상습적으로 때리거나 계속해서 맞고만 있는 사람도 문제이지만, 더 큰 문제는 전혀 남을 때려 본 적이 없는 사람과 남에게 맞아 본 적이 없는 사람 간에 폭력이 행사될 때이다. 처음으로 폭력을 행사하는 사람은 자제력이 없어 자칫 위험한 지경에까지 이를 수 있다. 더구나 자신도 맞아 보지 못한 상태에서 남을 때리는 자는 자기가 가하는 폭력과 고통의 세기에 대해 감을 잡지 못해 어느 선에서 그쳐야 할지를 가늠하지 못한다. 이들은 체벌과 폭력을 구분하지 못하는가 하면, 사람에 따라 폭력에 대한 피해 정도가 다를 수 있다는 사실조차도 깨닫지 못해 큰 사고로 이어지기도 한다.

반면에 당하는 사람도 맞아 본 경험이 없으면 그에 대한 면역력 또한 없어 어느 정도까지 참아야 할지, 엄살을 피워야 할지, 도망을 가야 할지 등 위기에 대한 감이 떨어진다. 하여 심각한 상태를 표현하는 소통 능력이 떨어져 위기 상황에서 벗어나지 못한 채 목숨까지 위태로운 지경에 내몰리고 만다.

맹수가 강적과 맞닥뜨렸을 때 어떻게 굴복해야 하는가를 알지 못한다면 어떻게 될까? 모든 동물들은 어린 시절에 배운 나름의 항복하거나 굴복하는 요령 및 그것을 표현하는 제스처가 있다. 문명화된 인간들 또한 이와 다르지 않다. 그런데 체벌이 사라지면서 엄살을 피우고, 고개를 숙이고, 어깨를 움츠리고, 손으로 비는 가장 원초적인 동작마저도 잃어버리고 만 것은 아닐까 싶다. 일찍이 그러한 훈련을 함께할 형제나 친구조차 없다.

감당할 수 없는 신체적 폭력에는 일단 굴복하고 납작 엎드려라. 그도 저도 아니면 무조건 도망쳐야 한다. 모두 자기 보호 기술이다. 이런 것도 일찍이 훈련하지 않으면 실행치 못한다.

문명이 야만보다 우월하다는 착각

죄를 지어 감옥에 간 사람들 모두가 과연 참회를 할까? 오히려 죗값을 치렀으니 당당해하지는 않을는지? 같은 범죄를 또다시 저지르는 사람에게 감옥이 무슨 의미가 있을까? 그러한 범죄자들을 위해 세금으로 먹이고 입히고 재워야 한다는 건 모순이 아닌가? 인권 혹은 인간존엄성 확보? 혹여 우리 모두가 자신과 가족이 어쩌면 죄를 지어 형벌을 받을 수도 있다는 두려움에서 나온 위선은 아닌지? 말 그대로 양심에 맡기는 수밖에 도리가 없다.

현대적 격리 처벌에는 신체적 고통이나 공포가 없다. 단지 재수가 없어 걸렸다는 억울함과 약간의 후회만이 있을 뿐이다. 그리하여 감옥에서 일정 기간 참을 수밖에 없는 답답함만 감수하면 다시 자유다. 이런 나약하고 수동적인 최소한의 형벌로는 극단적인 범죄를 예방하긴 근본적으로 불가능하다. 설령 죄의식을 느끼고 반성한다 해도 한번 경험한 전율적 쾌감에 대한 백(魄)의 갈망을 떨쳐내지 못한다. 해서 제아무리 전자팔찌에 발찌·허리띠를 채운다손 치더라도 못 막는 것이 성범죄 재발이다.

사람이나 짐승이나 나쁜 버릇 고치는 데 매보다 효과적인 것은 없다. 다만 인간은 말귀를 알아듣기 때문에 지금처럼 가두어두고서 다시는 그러한 짓 하지 말도록 설득하고 반성시키며, 그 기억을 희미하게 만드는 것이다. 상당히 고비용적이고 비효율적인 방법이다. 재발 방지에 대한 경고 효과가 그만큼 떨어지는 덜떨어진 교화 수단이다.

때로는 야만에서 배워야!

원래 고대에는 보통의 범죄인에 대한 징역형이라는 장기 격리 제도가 없었다. 포로나 노예, 그리고 짐승들만을 가두었다. 죄수라 해도 수사중에만 잠시 수감하였을 뿐이다. 판결이 끝나면 곧바로 태형이나 사형·유배·추방 등이 집행되었기 때문에 지금과 같은 대형 감옥이 굳이 필요치 않았다.

사람이 살인이나 강도짓을 저지를 때에는 만일의 경우를 예상치 않을 수 없다. 여차해서 발각될 경우 그에 상응하는 벌을 받게 될 것을 말이다. 한데 그 예상치가 그럭저럭 감내할 만한 정도라면 범죄

실행의 유혹에서 벗어나기란 쉽지 않을 것은 불문가지. 처벌은 모범적이고 교화적이어야 하되 무엇보다 단호해야 한다. 그렇지만 사실상 한국에서도 사형 제도가 유명무실해졌다. 법에는 존재하지만 선고도 집행도 하지 않아 이미 사문화된 지 오래다. 단호함을 상실한 처벌은 모범적이지도 교화적이지도 않은 그저 만만한 규제의 철조망일 뿐이다.

그리고 현대의 징벌 수단은 피해자의 한(恨)을 근본적으로 풀어 주지 못한다는 데에 치명적이다. 태형이나 사형은 피해자의 원한을 그나마 가장 근접하게 달래어 줄 수 있는 최선의 방법이다. 왜 이 직접적인 징벌 제도를 미개하다 하는가? 도덕이니, 인권이니, 종교니 하는 위선적 감화로는 날로 복잡해지고 끔찍해지는 신체에 대한 직접 범죄를 예방하고 교정하기엔 역부족일 수밖에 없다.

이에는 이, 눈에는 눈!

지금은 일부 회교권 국가에만 남아 있으나 고대에는 이에는 이, 눈에는 눈, 살인에는 사형이 기본이었다. 전통적으로 도둑과 강도, 또 성범죄는 어느 나라 할 것 없이 대개가 태형으로 다스렸다. 그러고 나서 곧바로 풀어 주는데도 다시는 그러한 짓을 되풀이하지 못하였는데, 왜냐하면 순간의 쾌감에 대한 대가치고는 고통이 너무 끔찍했기 때문이다. 잔인하다는 것을 빼면 가장 합리적인 형벌 수단이다. 아시아에서 가장 선진화되고 범죄율이 낮은 싱가포르는 지금도 이 태형 제도를 시행하고 있는데, 딱히 감옥 지을 땅이 없어서만은 아닐 터이다. 폐선박 한 척만 개조해서 바다에 띄워도 충분히 감당할 수 있을 테니 말이다.

지금은 체벌을 금지하고 있으니 다 옛말이라고밖에 할 수 없지만, 매는 일찌감치 맞을수록 좋다고 했다. 그런데 이 태형의 판결을 받게 되면 그 즉시로 집행되지 않는다. 언제 집행관들이 들이닥칠지 알지 못한다. 가해자(죄인)는 그동안 끔찍한 불안 속에서 하루하루를 보내어야 하는데, 그 기다리는 고통 자체가 더없는 악몽이자 형벌인 것이다. 집행중에 정해진 매를 다 채우지 못하였을 경우, 남은 만큼은 의사가 판단해서 치료 후에 다시 집행된다. 한번 태형을 당해 본 사람은 그 끔찍한 고통의 기억 때문에 일평생 범죄를 꿈꾸는 것조차도 무서워하게 되는 것이다. 육체적인 고통은 곧바로 백(魄)에 장기 기억으로 저장되기 때문이다.

근래 중동의 어느 국가에서 자신의 청혼을 받아 주지 않은 여성한테 염산을 뿌려 눈을 멀게 만든 청년에게 회교율법에 따라 '눈에는 눈'이라는 벌이 내려졌었다. 이윽고 그 집행일에 이르러 청년의 눈에 염산을 떨어뜨리기 직전 피해 여성측에서 용서하는 바람에 형 집행을 면하게 되었다고 한다. 그동안 끔찍한 기다림의 고통 속에서 예의 청년이 진실로 참회하였으리라고 여겨 용서한 것이다.

체벌 금지가 최선인가?

현대 문명국의 체벌 금지에는 일정 부분 문화인의 자기 기만적 요소가 들어 있다고 할 수 있다. 그렇지만 폭력의 부재가 또 다른 폭력을 부르듯이 체벌 금지가 또 다른 문제를 야기할 것은 당연한 일. 오히려 인간 내면의 야만성을 촉발시켜 변태적 범죄를 더욱 부추기게 될 것이다. 그것도 도무지 상식적으로 납득이 가지 않는 엽기적인 형태로 나타날 것이다.

유럽 선진국들과 달리 미국에서는 학교는 물론 가정에서도 체벌이 금지되어 있다. 부모라 해서 자식의 뺨 한 대 때렸다가는 고발당하여 곤욕을 치르기 일쑤다. 그렇다고 해서 미국이 폭력이 덜한 나라인가? 개개인이 문약해질 때 오히려 폭력이 더 난무하는 것이 인간사회다. 아무리 고상한 집안 출신이라 한들 일평생 폭력을 당하지도 가하지도 않고 살아갈 수 있으리라고 보는가? 아마 성인의 나라에 산다고 해도 그렇게 되지는 않을 것이다.

언어폭력·성폭력·시위폭력 등 온갖 폭력이 난무하는 한국사회가 유독 학교 체벌과 사형에 대해서 알러지 반응을 보이는 이중성을 드러내고 있다. 인간 문명·문화·철학·사상의 발전 방향이 언제나 한 방향으로의 일직선일 수만은 없다. 극에 달하면 원래 자리로 돌아오게 마련! 사형이나 태형, 그리고 체벌이 비인간적이고 비인격적이며 비교육적이라 하여 내다 버리는 바람에 도덕심과 법률로는 도저히 감당할 수 없는 끔찍한 시대의 도래가 더욱 빨라지고 있다.

태형을 원시적인 처벌이라 할 수는 있지만, 야만적이라고 할 수는 없다. 모든 범죄에 적용하지는 않더라도 일부 중독성 있는 신체적 범죄에만은 허용할 필요가 있다.

폭력과 무덕(武德)

전통적으로 학교 체육과 체벌은 육체적 고통과 폭력에 대한 간접체험이자 인내와 절제를 기르는 학습이었다. 체육이 소외되고, 또체벌이 금지되었다 해서 학교 폭력이 줄어든 것 같지도 않다.

적당한 체벌로 인한 신체적 고통에 대한 경험, 타인에 대한 배려심과 절제력을 동시에 교육시키지 않으면 이런 신체에 대한 범죄를 예방하기란 쉽지 않다. 물론 덕(德) 없는 무(武)가 그렇듯이 절제되지 않은 체벌, 감정이 가미된 체벌은 자칫 폭력이 된다. 그렇지만 법과 규칙의 테두리 안에서 정제된다면 이보다 효과적인 범죄예방법도 없을 것이다. 특히 호신무예 지도자들은 주먹의 이런 감각적인 폭력성을 잘 이해하여 무덕(武德)을 함께 가르쳐야 한다.

폭력도 인간의 본성 가운데 하나여서 억지로 억압하면 다른 방식으로 터져나오게 마련이다. 문명화된 인류가 스포츠를 통한 제도적 폭력 발산을 추구하는 이유도 여기에 있을 테다. 체벌과 태형·사형을 반문명적이라 해서 무턱대고 거부하는 것만이 능사가 아니다. 형량을 대폭 늘린다 해서 범죄가 줄어들지도 않는다. 보호 비용만 증가할 뿐이다. 폭력에 대한 보다 깊은 이해와 선험적 학습에 대해 한번 더 숙고해 볼 일이다. 백(魄)은 무(武)로 강건해지며, 혼(魂)은 문(文)으로 꽃피운다.

헬리콥터 마마 매니저

요즈음 대도시 아이들의 인생은 매니저인 엄마가 결정해 버리는 듯하다. 아이들은 그저 연예인들처럼 그 매니저가 하라는 대로 공부하고, 과외하고, 시험 보고, 그러다가 또 엄마가 정해 주는 대학에 전공마저도 그 엄마가 선택해 주고, 유학도 엄마가 가라는 곳으로 간다. 그렇게 기러기 가족이 탄생한다. 취업도 그렇고, 결혼 상대 또한 매니저가 결정하고, 살림 사는 것도 부부의 양쪽 엄마 매니저들끼리의 협상이다. 그게 틀어지는 순간 이혼, 그리고 법정 소송도 불사다.

사회 활동을 통해 어떤 성취감을 획득하지 못한 고학력 주부일수록 자식의 성공에 대한 집착이 강하다. 자식을 통해 한풀이를 하려는 것일 테다. 하여 죽을 때까지 그 매니저로서의 권한을 내려놓지 않으려 든다. 아이(?)도 혼자서는 아무것도 결정하지 못한다. 스스로 하도록 하면 어쩔 줄 몰라 우두커니 그 자리에 서 있다.

예전에는 대학의 학점까지 간섭하더니만, 이제는 아이가 다니는 직장까지 엄마 매니저가 간섭하고 나선다. 결근이며 조퇴·회식까지 매니저의 허락을 얻어야 하고, 문제가 생기면 본인이 아닌 그 매니저와 상의 내지는 다툼을 벌여야 한다. 앞으로 웬만한 기업은 이 매니저들을 상대하는 관리직을 따로 두어야 할는지도 모른다.

체벌도 훌륭한 교육의 방편

적당한 긴장과 공포·고통은 아이를 건강하게 만든다. 고대는 물론 현대에서도 이 적당한 고통의 체험은 매우 유효하다. 하여 지금도 유대인들이나 유럽의 일부 선진국에서는 부모들의 자녀에 대한 체벌이 공공연하게 허용되고 있다. 그렇다고 우리도 아이들에게 무작정 체벌을 가하자는 게 아니다. 교육적인 냉철함을 지니지 못한 이에겐 자칫 체벌이 폭력으로 변할 수도 있어 권할 것이 못된다.

특히 체벌 중 우리네 조상들이 오랫동안 해온 종아리 때리기는 백(魄)을 기르고, 오장(五臟)을 건강케 하는 데에 아주 그만이다. 비록 매이기는 하나 어쨌든 종아리의 경락을 자극하기 때문이다.

요즘 시대에는 종아리를 피가 나도록 맞아 본 사람이 드물 것이다. 예전에는 남녀를 불문하고 어렸을 때 종아리 맞는 일이 다반사였다. 대나무나 싸릿대로 시퍼렇게 멍이 들도록 맞으면 몇 날이고 그 자국이 사라지지 않는다. 친구들 보기에 민망스럽긴 하지만, 뭐 그런 일이 그다지 드문 일도 아니라서 그만 일로 창피하다며 학교를 가지 않거나, 놀러를 나가지 않았던 것도 아니다. 어른들이 볼 적엔 오히려 그 집안은 자식을 엄하게 키우는 모양이라며 당연하게 여길 정도였다.

벌레물리기, 가시찔리기, 상처나기

만약 벌이나 뱀을 구경한 적조차 없는 이누이트족이 그것들에 쏘이거나 물리면 어떻게 될까? 요즘은 독한 외래종들이 수입되어 생태계를 교란시키기도 하지만, 굳이 그러한 이유만이 아니어도 어른 아이 할 것 없이 벌에 쏘이거나 뱀에 물리면 자칫 생명을 잃기도 한다. 심지어 도시의 어린아이들은 풀잎에 스치기만 해도 퉁퉁 부어오른다.

벌레 · 상처 · 독 등 외부적인 자극에 대항하여 생성된 저항물질은 3대쯤 지나면 대부분이 사라지게 된다. 그리고 더 중요한 점은 이런 전달물질의 감소뿐 아니라, 그것을 만들어내는 기능까지도 점점 부실해져서 나중에는 종의 보전에 치명적인 결함을 일으키기도 한다. 그러므로 부모는 부모대로, 자식은 자식대로 끊임없이 외부의 침입에 의한 자극이 필요하다.

또 이런 기능과 저항물질이 반드시 외적인 침입에 의한 면역력에만 작용하는 것이 아니라 내적인 기능에도 적잖이 영향을 미쳤을 것이다. 어떤 생물이든 진화해 오면서 해충들의 침입을 받지 않고 지금까지 살아온 개체는 없을 테니 말이다. 이 또한 넓은 의미에서 보면 공생관계라 하겠다. 현대의 질병 가운데 상당 부분이 어쩌면 이 해충들의 독(毒)과 그에 저항하는 기능의 저하에서 기인하는 면도 있지 않을까?

어쨌든 평소 잦은 상처나 해충에 노출된 사람들은 외적인 상처뿐만 아니라 내적인 저항력(면역력)도 일반인에 비하여 훨씬 강한 경향을 보인다. 가령 어린 시절 모기 등 해충에 물렸을 적에는 그 상처가 대수롭지도 않고 빨리 아물었는데, 그후 오랜 기간 동안 그러한 경험이 없다가 물렸을 적에는 빨리 낫지도 않고 오래간다. 이는 우리 인체의 저항물질을 생산하는 기관이 너무 오랫동안 사용되지 않아서 그 성능이 저하하였기 때문으로 볼 수도 있다.

어릴 적부터 신체에 크고 작은 상처를 입어 피를 흘려 본 아이는 자랄수록 백(魄)이 강해진다. 당연히 삶에 대한 애착도 강하다. 어렸을 때 엎어지거나 넘어져서 무릎이 까지고, 입술도 터지고, 또 코피가 나거나 벌레에 물려 붓거나 상처가 나서 오래 지속되는 것, 가시가 박혀서 좀처럼 빠지지 않고 따끔거리는 것, 칼에 손가락을 베이는 등의 갖가지 상처를 입은 일들은 대단히 중요한 학습이 된다. 그러니 상처가 웬만하다면 서서히 아물어 가도록 그냥 내버려두는 것이 좋다. 특히 손이나 발에 자주 그러한 원인들로 상처가 가실 날이 없는 어린 시절을 보낸 이들은 대개 질병에도 강할뿐더러 결코 자살 따위는 하지 않는다. 용기가 없어 못하는 것이 아니라, 하고자 해도 혼백이 고통에 대한 기억들을 떠올려 겁먹게 만들기 때문이다. 상처를 재빨리 치료해야 한다는 상투적인 생각으로 얼른 연고를 발라 주거나 하는 일은 기왕의 좋은 기회를 놓치는 셈인 것이다.

현대의학으로는 치유하기 어려운 질병에 걸렸을 때, 자연요법에 의지하기 위해 세속의 삶을 포기하고 전원이나 숲으로 들어가 원시적인 생활을 영위해 나가는 것도 그와 같은 원리일 테다. 숲에서 모기나 벌레 등에 물려 가면서, 가시나 풀들에 살갗이 쓸리기도 하면서, 또 뾰족한 돌이나 날카로운 가시에 발이 찔리기도 하면서 경락을 자극하고 저항물질을 만들어내는 기관들을 활성화시키기 때문일 것이다. 더불어 그러한 독(毒)들이 일정 부분 약(藥)의 기능도 하였을 것이다. 실제로 현대의학에서 자연계의 그런 맹독들을 이용한 치료약 개발에 매달리는 사례가 무수히 많지 않은가?

지금도 문명인들과의 접촉으로 아마존 밀림의 원주민 인디오 부족 전체가 사라져 버리고 마는 일이 비일비재하게 일어나고 있다. 그들이 시시한 감기 정도로 목숨을 잃는 것처럼 역으로 문명인들도 언젠가는 풀벌레에 물리는 것 정도로 목숨을 잃게 되는지도 모를 일이다.

아이들을 위한 '위험한 놀이터'

요즘은 어린이 놀이터의 놀이기구들이 지나치게 안전해서, 아이들이 오히려 싫증을 빨리 느낀다고 한다. 이렇게 되면 아이들이 더 이상 바깥에서 놀지 않으려 들 테고, 이는 신체 및 정서 발달을 저해할 뿐만 아니라 아동비만을 부추기는 결과를 가져올 것이다.

심리학자들은 아이들을 위험에 노출시키지 않을 경우 도리어 불안 및 공포장애의 증가로 이어질 수 있노라고 진단한다. 노르웨이의 한 학계 연구에서는 나무를 기어오른 경험이 없는 아이들이 고소공포증에 걸릴 가능성이 보다 높은 것으로 나타났다. 그러니 아슬아슬하고 다소 위험스러운 느낌마저 드는 놀이기구라야 계속해서 아이들의 도전 욕구를 부추길 수가 있는 것이다.

또한 아동을 지나치게 보호할 경우 건전한 수준의 위험조차도 감수하려 들지 않게 될 것이라고 경고한다. 하여 해외에서는 아동의 신체 활동을 촉진시키기 위해 조금 위험스러운 느낌을 주는 놀이터와 놀이기구를 설계하는 사례가 늘고 있다. 실제로는 그다지 위험하지 않으면서도 위험스러운 느낌을 주어 아동의 도전 욕구를 자극한다는 것이다. 연구에 의하면, 위험스러운 놀이를 통해서 위험을 감수하고 관리하는 법을 배우기 때문에 이러한 놀이가 오히려 더 안전한 결과를 가져다 준다고 한다.

원시적 백(魄)강화법

원시적인 성인식이나 축제는 대체로 신체적 학대 및 고통주기를 통해 야성(魄)을 강하게 만드는 행위이다. 고대에는 사냥과 전쟁이 삶의 전부였기에 기백(氣魄)의 강화는 필수였다. 특히 남성의 경우에는 성인식을 통해 자신의 기백을 증명하지 않으면 안 되었다. 또 부족에 따라 여성들에게도 이러한 풍습이 강요되기도 하였다.

대부분이 극심한 육체적 고통참기로서 일반적으로 종교적 의식이나 성인식·축제 때에 이루어지는 민속놀이를 통하여 행해지곤 하였는데, 일부 민족들에게는 지금까지도 고대의 방식 그대로 전하여 오기도 한다. 몸에 문신을 하는 것은 기본이며, 다리를 나무 넝쿨로 묶고 높은 곳에서 뛰어내리기, 물고기 이빨이나 가시로 몸에 피가 나도록 긁기, 채찍으로 등줄기에 피가 나도록 때리기, 불 위로 걷기, 금식… 등등. 그 가운데 일부는 스포츠나 춤의 형태로 발전하여 세계인들이 즐기고 있기도 한다. 스릴과 공포가 넘치는 자동차 경주 및 암벽 등반·레프팅 등 위험한 놀이나 스포츠를 통하여 위기 상황에서 분비되는 각종 호르몬이며, 또 신경전달물질을 만들어 내는 기능을 활성화시키고 있는 것과 같은 이치다.

굶주림도 인간의 야성적 본능을 충동 강화시킬 뿐 아니라, 뇌신경세포의 발달을 촉진하는 신경전달물질을 증가시킨다는 연구 결과도 있다.

에너지 섭취의 급격한 감소가 뇌세포에 가벼운 스트레스를 유발하는데, 이는 운동을 열심히 하면 신체가 스트레스를 받는 동시에 근육이 발달하는 것과 마찬가지로 전체적인 뇌기능에 긍정적인 영향을 미친다는 것이다. 또 주기적 금식이 뇌신경세포의 발달을 촉진하는 데는 진화론적인 이유가 있다고도 지적했다. 이는 원시 인류가 먹을 것이 부족해진 기근 때에 먹잇감을 구할 수 있는 장소와 포식 동물들을 피할 수 있는 방법 등을 잘 기억해내어야 했기 때문에 신경세포의 발달이 필연적으로 뒤따라야 했을 것이라는 주장이다.

간접 체험을 통한 백(魄)강화법

야성의 가장 대표적인 행위가 섹스와 사냥이다.

동물원에서 나고 자란 포유동물들은 대개의 경우 어렸을 때 그 어미로부터 제대로 된 학습을 받지 못한 까닭에 살아 있는 다른 먹잇감들을 잡아먹지도 못할뿐더러 성행위는 물론 양육의 기술조차 알지 못한다. 그래서 교배기에 이르러 암수를 한 우리에 넣어 주어도 짝짓기를 제대로 하지 못하는 것이다. 하여 사육사가 궁여지책으로 같은 동물들이 짝짓기하는 영상을 보여주어 교미를 유도하는데, 상당한 효과가 있다고 한다.

뿐만 아니라 동물원이나 사파리에서 자란 맹수들 역시도 그 어미로부터 사냥법을 전수받지 못해 살아 있는 먹이를 주면 잡아먹을 줄을 모른다. 당연히 적이나 경쟁자들과도 제대로 싸울 줄을 모른다. 사람도 마찬가지다. 현대인들은 특히 어린 시절에 고통·잔인·과격·행복·슬픔·죽음·코믹·도전·몸싸움 등을 직접 보고 익히며 학습하기가 용이치 않다. 하여 그 상당 부분을 스포츠나 영화 등을 통하여 간접적으로 체험, 학습하고 있다.

하지만 간접적인 체험으로는 한계가 있을 수밖에 없다. 동물원의 맹수들이 그렇게 해서 새끼를 낳더라도 젖을 먹이고 살뜰히 돌보는 것까지를 다 배우기란 쉽지 않다. 하여 그냥 내버려두면 새끼들을 죽이고 말기 때문에 대부분의 양육이 인간의 손에 맡겨지고 있다. 그런데 그러한 광경이 이제는 동물에만 한정되는 게 아니다. 아이를 낳고도 본능적으로 애정을 느끼지 못하는 부모들이 늘고 있다. 해서 아이를 버리거나 굶기거나 학대하고, 심지어는 살해하기까지 한다. 예전의 대가족 풍속에서는 어릴 적부터 사람이나 짐승의 희로애락이며 생로병사를 직접 체험을 통하여 배웠지만, 현대의 소가족 풍속에서는 고작 영화나 드라마 등을 통하여 배우다 보니 그 야성(본성)의 강도가 미약하기 짝이 없다. 제가 낳은 아이를 보듬어도 애정 호르몬이 분비되지 않는다. 자연계에서 보자면 현대 문명인은 모조리 변태다.

종손에 적통 없다!

왕족 · 귀족 · 양반 · 사대부 · 부자 · 재벌 · 천재들의 후손이 그다지 번성하지 못한 것은 야성의 부족 때문이라 할 수 있다. 지나치게 편안한 생활이 육체적 자극의 부재로 이어져 생식 욕구를 감퇴시키는 바람에 그 자손 가운데서 장애를 지닌 아이가 나오거나 대가 끊어지는 경우가 허다하다. 게다가 양갓집 규수의 경우 운동(노동) 부족에 허약한 체질이라 임신도 여간 어렵지만, 출산도 어려워서 난산 끝에 사망하는 일이 비일비재했다.

대대로 전하여 내려오는 우리 나라 양반 가문의 족보를 살펴보면, 실은 종손의 핏줄이 가장 정통성이 없음을 알 수 있다. 종손일수록 순수한 적통이 아니다. 어느 문중의 종손이든 대개는 4,5대면 손이 끊어져 양자를 들였었다. 그러니까 혈통으로만 따지자면 종손일수록 오히려 적통에서 가장 멀다는 말이다.

그렇게 몇 대를 내려가면 그 집안 인물들의 성격이 매우 차갑게 냉정하거나, 정신이상 증세를 보이는 자손들이 나온다. 아니면 그러한 분위기에 항거해서 일탈하는 소위 양반집 개망나니가 나와 집구석을 다 망쳐 놓기도 한다.

당장에 조선 왕조의 족보만 훑어보아도 그러한 예들이 금방 드러난다. 양반집에서 곱게 자란 왕비는 아이를 낳지 못한 예가 수두룩하고, 어찌해서 낳은 아이마저도 비실비실해 오래 살지 못하였다. 대신 무수리들은 승은을 입기만 하면 곧바로 왕자를 생산해내었고, 또 그 왕자들은 튼실하기만 하였다. 그 대표적인 왕이 83세까지 산 영조다.

설마하니 늙은 여성을 후처로 들이겠는가? 예로부터 '서출에서 인물난다'고 한 것은, 이들이 모계로부터 물려받은 싱싱한 미트콘드리아 덕분에 건강하고 야성이 강하기 때문이다. 잡초가 질기고 강한 법이다. 《홍길동전》을 쓴 허균을 비롯하여 허난설헌·박제가·유득공·이덕무 등 훌륭한 인물들도 많았다. 건강한 육체에 서얼의 박대까지 극복해내는 과정에서 남다른 끈기와 오기를 기른 까닭이리라. 일찍부터 적서의 차별이 없었다면 조선의 역사는 훨씬 더 건강하고 역동적이었을 것이다.

Tip 사춘기와 성인식(成人式)

사춘기란, 2차 성징이 나타나면서 비로소 한 인간으로서의 완전한 신체와 생식 기능을 갖추게 되는 시기를 말한다. 사춘기에 대한 과학적 연구의 시초는 그랜빌 스탠리 홀(Granville Stanley Hall, 1844~1924)이 1904년에 《청소년기》(Adolescence)라는 책을 발간하면서부터라고 한다. 그는 인류가 원시적이고 야만적인 문화에서 현재의 문명사회를 이루었듯이, 개인도 원시적인 유아기에서 청년기를 거쳐 성인기로 발달해 나아가는 것이라고 주장하였다. 즉 8~14세인 청소년 전기에 해당하는 사춘기는 수천 년 전 미개사회의 단조로운 삶을 반영하는데, 이때는 일상적인 연습과 훈련을 통해 읽고 쓰고 말하는 기술을 획득하는 시기라고 주장하였다.

인간이 진화하면서 두뇌가 신체의 다른 부위보다 비약적으로 커지고, 또 교육이라는 사회문화적 관습 덕분에 인지 능력이 엄청나게 발달하였지만, 신체의 완성과 생식 능력의 완성은 아직도 유인원 시절의 성장 프로그램에서 크게 달라지지 않았다. 그 신체가 사춘기를 거쳐 비로소 독립적인 한 인간으로 완성되기까지의 성장 과정은 그때나 지금이나 크게 다르지 않다는 말이다.

가만히 살펴보면, 사춘기는 젖니가 다 빠지고 간니가 완전한 형태를 갖추고서부터 본격적으로 시작된다. 이를 원시적으로 해석하면 드디어 튼튼한 영구치로 무장했으니 본격적으로 사냥에 나설 수가 있으며, 또 적이나 경쟁자와 싸울 준비가 다 되었다는 뜻이다. 스스로 먹이를 구하고, 자신을 보호할 능력 또한 갖추었으니 이제 독립해도 좋다는 신호인 것이다. 이때부터 우리의 몸에 2차 성징의 징후가 나타나기 시작하며, 차츰 생식 능력도 갖추게 된다. 여성은 초경을 하게 되고, 남성도 정액을 방출할 수가 있게 되는 것이다.

고대에는 민족에 따라 약간의 차이는 있었으나 대개는 사춘기가 한창 무르익을 무렵에 이르러 성인식을 치른다. 그러니까 이제부터는 독립해서 짝을 만나 가정을 이루어도 된다는 선언이다.

성인식 풍습은 부족마다 다르지만, 공통적으로 신체적인 고통을 수반하여 이를 통과하게끔 강제한다는 것이다. 그렇게 위험과 고난을 감수할 담력과 인내를 시험하여 책임질 수 있는 온전한 성인임을 추인하는 관습적 절차다. 이를테면 문신, 회초리로 때리기, 칼로 몸의 일부에 흠집내기, 맹수 사냥, 극한 상황에서 위기를 극복하기 등의 고통의 관문을 통과하여야 하는 것이다.

그런데 왜 이런 신체적인 고통을 겪게 하였을까? 고대의 어느 민족에게 있어서나 가장 중요한 문제는 역시 자손의 번창이었다. 보다 많은 자식들을 생산해내어야 하는 일이 절대적인 명제였던 것이다. 따라서 이러한 통과의례가 한 성인으로서 가정을 꾸려 나갈 만한 능력을 지녔는지 여부를 테스트하는 역할도 하였지만, 여기에는 현대인들이 미처 헤아리지 못한 비밀도 담겨 있었다. 바로 생식 능력을 촉진시키는 방법의 하나로써 신체에 고통을 가한다는 것이다. 성인식에서 가해지는 가학적인 고문은 남녀를 불문하고 그 생식 능력을 자극하는 역할을 한다. 우리 나라의 결혼 풍습에서 신랑의 발바닥〔湧泉穴〕을 마른 명태로 때리는 동상례(東床禮)도 이러한 성인식의 흔적일 터이다.

고통과 두려움을 극복하면서 얻게 되는 희열은 신경전달물질의 분비를 순간적으로 극대화시키고, 이는 다시 생식 호르몬의 분비를 자극하게 된다. 그러나 요즈음 행하고들 있는 한국의 유교적인 성인식은 단순히 의례적 요식 행위에 지나지 않는 것으로서, 그 본래의 성인식 의미는 다 사라져 버린 헛짓일 뿐이다.

11

어둠으로 돌아가라!

　에디슨이 전구를 발명하기 이전, 대부분의 인간은 다른 동물들과 다를 바 없이 밤이면 어둠에 갇혀서 대개 잠을 잤다.

　6천5백만 년 전 유카탄반도에 운석이 떨어져 공룡이 멸종하고 유일하게 살아남은 동물이 있었으니, 쥐와 비슷한 작은 포유동물로서 굴을 파고 들어가 사는 바람에 간신히 살아남을 수 있었다. 현생 포유동물들은 이 동물로부터 진화를 거듭하며 분화되었다고 한다.

　지금도 쥐들을 포함한 상당수 포유동물들이 그때와 마찬가지로 땅굴 속에서 산다. 대부분 낮에 활동하지만, 일부 종은 야간에 돌아다닌다. 인류의 조상도 땅에서 나무로 올라갔다가 다시 땅으로 내려왔는지, 아니면 일부는 나무로 올라가서 원숭이류가 되고 일부는 굴에 살면서 인간으로 진화하였는지는 알 수 없으나, 어쨌든 초기 현생인류도 상당 기간 동굴에서 살았던 모양이다. 땅을 딛고 사는 동물에게는 동굴만큼 안전한 곳이 없을 테니까. 어찌 보면 현대인들도 모두 굴에서 산다고 보는 것이 맞다. 집이라는 것이 굴이나 진배없으니 말이다.

방은 작을수록 좋다!

인류의 조상도 수십만 년 동안 좁은 굴 속에서 살면서 진화해 왔다. 굴 밖으로 나가면 항상 위험이 도사리고 있기 때문이다. 해서 굴(방) 안으로 들어가야 마음을 편히 가질 수 있다. 현대와 같이 편리한 세상에서도 인간이 군이 매일 집으로 돌아가는 것도 그런 원초적인 습관 때문이리라.

초기 유인원이 살던 굴로는 현재 천연 동굴들이 몇 개 남아 있다. 다른 짐승들이 굴을 파는 모양을 보고서 인류도 굴을 팠을 테지만, 그런 것들은 대개 토굴이었을 테니 지금까지 남아 있을 리가 없다. 하여 커다란 천연 바위 동굴에 남긴 거주(혹은 종교적 행위) 흔적만이 지금까지 전해지고 있는 것이겠다. 그즈음엔 인류가 이미 불을 사용하고, 도구를 개발하여 무기로 사용할 정도로 진화해서 맹수로부터 방어하는 데 자신감이 붙어 큰 동굴에 집단을 이루며 살았으리라. 굴에서 불을 피우면 맹수들의 접근을 막아 안심하고 숙면할수 있게 되었고, 또 사냥으로 열량이 많은 동물성 먹이를 섭취함으로써 헛짓할 시간적 여유가 많이 늘어났다. 바로 그 헛짓이 대뇌 신피질을 지속적으로 키운 것이겠다.

직접 판 토굴이라면 아마 필요 이상으로 크게 만들지는 않았을 것이다. 겨우 비를 피하고 몸을 숨길 정도의 공간이면 되었기 때문이다. 지나치게 큰 굴은 오히려 맹수로부터 방어하는 데 허술할 뿐이다. 따라서 인간(모든 동물이 다 그렇겠지만)은 자신의 덩치에 비해 필요 이상으로 큰 공간에서는 심적인 안정을 느끼지 못한다. 탁 트인 공간에 나가거나, 큰 방이나 거실에 가면 당장은 시원함을 느끼지만 동시에 허전함과 불안함을 무의식적으로 느끼게 된다.

지나치게 큰 방이나 큰 집에서 살 경우, 세월이 지나면서 그 작은 일말의 불안감이 누적되어 정신이상 증세가 늘어나기 시작한다. 결국엔 그 가족과 후손들이 인격 파탄이나 정신질환 등 별난 병들을 앓는 예가 많다. 해서 옛사람들은 큰 집에 적은 식구가 살게 되면 귀신이 든다고 한 것이다. 지금도 대부분의 방술가들이 큰 집에 빈방이 많은 것을 꺼리는 이유가 바로 이 때문이다.

동서양을 막론하고 왕이나 그 가족들은 대개 3, 4대쯤 지나면 예외 없이 정신질환을 앓는 경우가 허다했다. 다만 그런 걸 감추는 바람에 많이 알려지지 않았을 뿐이다. 운동 부족에다 궁궐 안에서 갇혀 살다 보니 자연히 건강이 부실할 수밖에 없기도 했지만, 이들 대부분이 그 절대 권력만큼이나 큰 집에서 거주하여야 했기 때문이다. 권좌를 노리는 적들에 대한 노심초사도 있지만, 어쩔 수 없이 큰 방에서 자야 하는 불안정의 누적에 의해 정신 건강을 해치게 되는 것이다. 3대 부자 없다는 것도 큰 집과 큰 방에 그 원인이 있기도 하다. 큰 집에 사는 부자들이 몇 대 내려가면 몰락하는 원인으로도 작용했을 것으로 짐작된다.

큰 집에서 우울증·자살 많아!

서양의 고성들을 보면 각자의 침실도 엄청나게 크다. 게다가 천정까지 높아서 침실 안이지만 침대에 다시 천정을 달고 둘레를 커튼으로 막아서야 겨우 편안한 잠을 이룰 수가 있었다. 큰 방에는 절로 공기의 대류가 생길 수밖에 없고, 이는 미약하나마 사람의 심리를 어수선하게 하고, 수면까지 불안하게 만든다. 그런 큰 방은 물론 작은 방이라 할지라도 공기의 대류가 심한 구조로 만들어진 방에 들어서면 왠지 모르게 섬뜩한 느낌이 드는데, 이를 두고 귀신의 존재를 믿는 무당과 같은 예민한 이들은 그 방에 귀신이 사니마니 하는 것이다. 그게 계속해서 장기간 누적되면 정신질환이나 정서불안·신경쇠약·노이로제 등에 걸리는 가족이 나오게 된다. 특히 심약한 사람에겐 잠자는 방부터 작고 아늑하게 꾸며 주어야 한다.

수도원이든 기도원이든 선방이든 개인 방이든 작을수록 좋다. 어렸을 적에 다락방·골방을 특히 좋아하는 것과 장롱이며 캐비닛 등에 숨어들기 좋아하는 것도 모두 원시적 본능이라 할 수 있다. 겨우 몸만 들어갈 수 있는 토굴 같은 곳이어야 적으로부터 안심할 수가 있었기 때문이다. 특히 출입문은 간신히 몸 하나 드나들 수 있을 만큼, 가능하면 작은 것이 좋다. 해서 유럽 수도원의 기도실은 지하실인 경우가 많고, 불교에서 용맹정진할 때에도 작은 토굴이나 토방 속에 들어가는 것이다. 왜냐하면 수행중에 가장 어려운 것이 잠재의식 속의 두려움이며 공포를 걷어내는 일이기 때문이다. 상당수의 수행자들이 이 고비를 못 넘겨 중도 포기한다. 삼매중에 끔찍한 환상을 보게 되면 두려워서 다시는 가부좌 틀고 앉질 못한다. 따라서 수행에 들어가기 전에 먼저 일말의 놀람이나 동요·불안·무서움 등등 안정에 조금이라도 영향을 미치는 것은 제거해야 한다. 해서 작은 지하실이나 토굴을 찾아드는 것이리라.

인간의 물질적 욕망도 실은 배고픔과 이 두려움에 대한 예비적 대책에서 나온 것일 테다. 그게 나중에 저축과 같은 소유욕으로 발전한 것이리라. 수행 문중마다 갖가지 계율을 정하여 놓고 지키기를 강요하는 것도 그 때문이다. 불가 수행중 "내려놓아라!" 하는 것도 이런 소유의 경계를 넘어 물질과 편견 혹은 선입견에 대한 강박증에서 해방되라는 뜻일 게다.

빛은 어둠 속에서 보인다. 생각[念] 역시 생각이 없는[無念] 상태에서 나온다.

공부방도 작아야!

작은 굴은 인간에게 안도감을 준다. 따라서 침실과 마찬가지로 시험 공부를 하거나 수행·기도 등을 할 때에도 겨우 몸만 들어갈 수 있는 작은 골방이 좋다. 그리고 빛을 최대한 제거해야 한다. 실내 전체는 간접조명이어야 하며, 책을 보려면 스탠드로 그곳만을 비춰야 한다. 특히 창작적인 일을 하는 예술가의 집이라면 실내는 무조건 간접조명이어야 한다. 창문은 환기할 정도면 되고, 그 창문에서 들어오는 빛도 지나치게 크거나 강하면 안 된다. 특히 선방이나 기도실은 멀리 작은 구멍으로 들어오는 딱 하나의 빛줄기면 된다. 이런 것이 집중력을 높여 준다. 반대로 거실은 넓은 창문을 통해 빛이 많이 들어오게 하는 것이 좋다.

낮에는 일정 시간 밖으로 나가 산책을 하며 햇볕을 많이 받아 비타민D 합성을 돕고 각종 호르몬 분비를 촉진시키는 것이 좋으며, 대신 밤은 철저하게 작고 어두운 방에서 빛이나 소음·진동·자기장의 방해 없이 깊은 수면을 취하는 것이 좋다.

전기와 전구의 발달로 인간은 예전에 비해 지나치리만큼 빛에 노출되어 있다. 물론 그 빛조차도 태양광이 아닌 인공광이다. 심지어 밤에도 완전한 어둠에서 잠을 자기가 쉽지 않다. 그러다 보니 어떤 이들은 밤에 불을 켜놓고 잠을 자야 하는 습관에 빠지기도 한다.

빛과 호르몬 분비

빛(밝음)은 인간의 오감을 깨워 경계심을 가지게 한다. 감각이란 자체가 인간의 생존을 위한 것이 아닌가?

현대인은 이미 태어나면서부터 지나치게 빛에 노출되고 있다. 어둠보다 빛에 노출되는 시간이 절대적으로 많다. 차츰 커가면서 이번에는 TV 등 영상과 소리에도 노출되어 안정을 할 수 없는 분위기 속에 방임된다. 이런 상태에서 태어나고 자란 아이들 가운데서 자폐나 ADHD 증상을 보이는 아이들이 점차 늘어나고 있다. 빛이든 소리든 모두 스트레스로 작용해 인체의 호르몬 분비를 자극하거나 방해한다. 해서 정서적으로나 소질적으로 어느 한쪽으로 지나치게 발달하거나 미숙해지는 것이다. 호르몬 분비의 균형이 깨어져 각종 정신질환에 시달린다.

우리 몸은 자연광에 의해 언제 잠에서 깨고, 또 언제 몸의 긴장을 풀지 등을 결정하는 생체 시각 프로그램이 내재되어 있다. 당연히 밤의 조명은 숙면에 도움을 주는 호르몬인 멜라토닌의 분비를 억제해 수면을 방해한다. 인체는 빛을 쪼인 후 10여 시간 정도가 지나면 멜라토닌이 분비되는데, 밤에도 빛에 노출되면 생체 리듬이 깨어져 멜라토닌이 잘 만들어지지 않는다. 하여 신진대사가 원활하지 못하게 되고, 단백질이 잘 분해되지 않아 살이 찐다고 한다. 또 코르티솔·렙틴 호르몬이 분비되지 않아 스트레스가 조절되지 않으며, 혈압과 혈당이 올라간다고도 한다.

햇볕과 생식

지구상의 모든 생물은 태양빛에 의한 에너지 덕분에 살아간다. 빛이 전혀 닿지 않는 심해에 사는 생물이라 해도 결과적으로는 저 위에서 떨어져 내려오는 먹거리에 의지해서 살아간다. 심해어라도 결국 간접적으로는 태양빛에 의지해서 살아간다는 말이다.

야생의 모든 동물들은 제각기 나름의 짝짓기와 출산 시기가 따로 있다. 계절의 온도 및 우기와 건기 등을 고려하여 먹이가 풍부해서 새끼를 잘 키우기에 적당한 시기에 맞춘다. 아마 인류도 유인원 이전에는 다른 동물들처럼 일제히 어느 한 계절에 짝짓기를 하고, 새끼를 낳았을 것이다.

육지의 식물이나 동물은 무조건 태양빛에 따라 생의 사이클이 결정된다. 특히 새들은 햇볕의 양과 절대적으로 관련되어 있어 생식 자체도 빛에 의지한다. 식물이 꽃을 피우는 것도 생식 행위이다. 당연히 꽃은 햇빛의 양(계절)에 의해 결정된다. 해서 비닐하우스 화원에선 빛으로 꽃들의 개화 시기를 조절하는 것이다. 그리고 양계장에선 빛으로 밤낮을 중복시킴으로써 하루에 알을 두 번 낳도록 조절하기도 한다.

식물이든 동물이든 모든 생물은 빛과 어둠의 균형이 깨어지면 호르몬과 신경전달물질의 분비에 혼란이 생긴다.

밤에도 환한 고속도로 옆 밭에 콩을 심으면 잎만 무성할 뿐 정작 콩은 제대로 열리지 않고, 그나마 달린 콩깍지들도 대부분 부실한 쭉정이들뿐이다. 다른 유실 작물들도 마찬가지다. 요즈음 멀쩡한 도시 직장인 부부들의 불임에는 운동 부족 등 여러 가지 원인이 있을 테지만, 이 과도한 빛도 분명 크게 영향을 미쳤을 것임은 짐작하고도 남겠다. 특히 남성의 경우, 예전에 비해 충분한 영양 공급을 받으면서도 오히려 정자의 수가 줄어들고 활달하지도 않다고 한다. 과도한 업무만이 스트레스가 아니다. 과도한 빛, 생체 시계와 맞지 않는 빛과 어둠도 엄청난 스트레스다.

달의 인력과 생식

물 밖에서는 모든 생물을 태양이 지배하지만, 물속에서는 사정이 좀 다르다. 계절에 따른 수온이 플랑크톤과 같은 미세한 생물(먹잇감)의 생성량을 조절하기 때문에 크게는 계절에 따르지만, 미세하게는 달의 인력에 따라 생식 행위를 한다. 어부들이 물때에 맞춰 고기를 잡는 것도 그 때문이다. 원거리 이동이 가능한 큰 물고기들은 상관이 없지만, 그렇지 못한 대부분의 바다생물들은 해와 달의 움직임에 더없이 민감하다.

철새나 고래처럼 이동이 가능한 짐승들은 철저하게 햇빛(먹이)을 따라가지만, 산호·갑각류·파충류 등 물가에 붙박여 사는 동물들은 계절에 맞춰 살아남도록 자신을 진화시켜야 했다. 이들은 보름 혹은 그믐, 사리 혹은 조금에 짝짓기를 하는데, 달의 인력에 의한 조석 간만의 차를 종족 보전에 이용하는 것이다.

인간도 마찬가지이다. 물론 지금이야 문명이 고도로 발달되어 계절이나 빛과 어둠의 영향을 덜 받는다고는 하지만, 분명 우리의 인체 DNA에는 불을 사용하기 이전 동굴에서 살던 시절의 학습과 생태 습관이 기억되어 있다. 단지 지금은 그것이 상당 부분 활성화되지 않았을 뿐이다.

도시형 인간의 비극!

문명이 발달하면서 대부분의 인간은 도시생활을 하고 있다. 물론 시골이라 해도 과거에 비하면 이미 도시화되었기 때문에 거의 모든 문명국 인간이 도시생활을 하고 있다고 보아도 무방할 정도다. 이 도시와 시골의 차이는 빛의 양으로 구분된다. 도시란 기실 24시간 내내 빛의 홍수 상태이다. 그 속에서 인간은 빛에 과다노출될 수밖에 없다. 낮이나 밤이나, 심지어 잠을 잘 때에도 빛에서 완전히 벗어나지 못한다. 당연히 생체 리듬이 정상적일 수가 없다. 게다가 지금 대부분의 도시인들은 고층 아파트에서 산다. 빛의 과다와 고도, 어쩌면 이 두 가지가 인간의 생체 리듬 파괴에 가장 큰 원인일는지도 모른다.

현대인의 지나친 빛쪼임은 육신을 피로하게 할 뿐 아니라, 정신 착란을 일으키게도 한다. 빛과 어둠의 적당한 배분이 온전한 정신을 유지케 한다. 과도한 빛이 혼백(魂魄) 모두를 피곤하게 한다는 말이다. 예전엔 죄수나 적국 스파이를 취조할 때에 24시간 내내 밝은 빛

을 쬐어 고문을 가하기도 했었다. 그러면 며칠 못 가서 정신착란을
일으킨다.

또 공중에 붕 떠 있는 듯한 느낌을 무의식중에 느끼며 밝은 빛에
상대적으로 더 많이 노출될 수밖에 없는 고층 아파트에 사는 사람
들이 우울증에 걸릴 가능성이 높으며, 예민하여 스트레스를 많이 받
는 사람들은 신경질적으로 바뀌는 경우가 많다. 가족 가운데 그같
이 심약한 사람이 있다면 낮은 곳으로 옮기는 걸 고려해 봐야 한다.

건강의 가장 기본은 숙면

업어 가도 모를 정도로 깊은 잠을 자는 동물은 인간이 유일하다.
인간이 다른 영장류보다 월등히 머리가 좋아지게 된 데는 2백만 년
전 초기 현생인류가 나무에서 내려와 지상(동굴)에서 숙면을 취하게
된 수면 양식의 변화도 중요하게 작용한 것으로 보인다는 진화생물
학 연구 결과도 있다.

나무 위 생활을 접은 직립원인(호모에렉투스)이 동굴에서 맹수들
을 쫓기 위해 밤에 모닥불을 피워 놓고 그 주위에서 무리지어 안락
한 잠을 잠으로써 뇌 발달에 중요한 렘 수면의 이점을 더 짧은 시간
에 취할 수 있게 되었고, 그렇게 절약된 잠 대신 늘어난 활동 시간
에 도구를 만들거나 상상계를 늘려 갔을 터라는 것이다.

듀크대학교의 데이비드 샘슨 선임연구원들은 수백만 년 전 초기 현생인류가 직립보행과 손가락 발달 등 다른 영장류와 확연히 다르게 극적으로 진화할 무렵 수면 양식도 다른 영장류에 비해 이상하리만큼 다르게 변하였다고 전했다. 현생인류의 잠이 다른 영장류에 비해 예외적으로 짧고 깊어졌으며, 이것이 정신의 발달을 가져왔다는 것이다.

산이나 들에서의 밤이 적막하고 조용하던가? 바람소리, 벌레들 소리, 물소리, 나뭇가지며 풀잎들이 부딪치거나 스치는 소리 등 결코 도시 소음 못지않다. 심지어 밤하늘의 무수한 별들도 반짝거리는 소리를 내는 듯한 기분이 들 정도다. 또 나무 위가 제아무리 안전하다 해도 깊은 잠을 잘 수가 있을까? 고층 아파트에는 지자기가 약해서 건강에 안 좋다는 주장도 있지만, 그보다는 고도에 대한 무의식적인 불안과 빛에의 과다노출로 인한 수면 상태에서 오는 장기적인 영향이 더 설득력이 있어 보인다.

그런가 하면 낮에 생긴 상처가 더 빨리 아문다는 연구 결과도 있다. 영국 MRC분자생물학연구소 연구원과 맨체스터대학교 공동 연구진은, 사람의 피부세포는 물론 생쥐를 대상으로 한 실험에서도 낮에 생긴 상처가 밤에 생긴 상처보다 두 배가량 더 빠르게 회복된 것으로 조사됐다고 하였다. 긁히거나 화상과 같은 상처가 났을 때 피부 재생을 돕는 역할을 하는 섬유아세포가 낮 시간대에 활발하게 작동하면서 회복 속도를 더 빠르게 만들어 준 덕분이라고 한다.

섬유아세포 내에 포함된 '액틴'이라는 단백질이 밤보다 낮에 활성화되는 것으로, 액틴은 세포 내에서 골격·근육과 같은 역할을 하면서 상처가 빨리 아물 수 있도록 돕는 물질이다. 또 낮 시간에는 피부를 지지하는 구조물 역할을 하는 '콜라겐'이 더 많이 분비되는 것으로 나타났다고 한다. 피부세포를 따로 떼어내 조사한 결과도 똑같이 나타났다며, "뇌에 있는 생체 시계가 아닌 세포 내부에 존재하는 생체 시계 때문에 일어나는 현상으로 보인다"고 밝혔다.

인간을 포함한 지구상의 모든 생물은 그 개체 자신은 물론 그 개체를 이루고 있는 세포 하나하나가 24시간의 생활 리듬에 따라 진화된 생체 시계에 의해 자고 일어나 활동을 한다. 수십억 년 동안 그렇게 프로그램화된 생체 리듬을 갑작스럽게 바꾸면서 인간의 혼백(魂魄)이 혼란을 겪을 것은 당연한 이치! 그러니 잘 때 푹 자고, 움직일 때 활발하게 움직이는 것이 건강한 삶의 첫째 조건이라 하겠다.

어둠에서 평안을!

더구나 햇볕이 아닌 인공의 차가운 빛은 끊임없이 사람의 시각을 자극하며 우리가 굳이 인지하지 못하는데도 불구하고 피부와 뇌에다 그 신호를 전달하고 있어 인체 내의 정상적인 화학 반응을 방해한다.

대학원생이나 고시 공부 등 집중적으로 정신을 쓰는 사람들은 그에 해당하는 스트레스 호르몬이 몸 안에 그득하다. 바로 이 시기에 만든 정액이나 난자가 그 호르몬의 영향을 받지 않을 수 있겠는가? 스트레스를 많이 받는 직업군에 종사하는 사람들의 자녀 가운데 ADHD나 자폐 증세를 보이는 경우가 많다는 사실이 이를 간접적으로 증명하고 있다. 환한 불빛 아래에서 밤늦게까지 공부하거나, 논문을 준비하는 이들의 생체 리듬이 정상적일 리가 없겠다. 해서 필자는 부모 중 한 사람이라도 밤낮을 뒤바꿔 근무하는 시기에 임신하는 것을 가능한 피하라고 주의를 준다. 그 시기에 태어난 아이는 ADHD와 같은 정서불안증을 겪을 확률이 높아서다.

쥐처럼 굴 속에서 사는 동물들은 대개 생식 능력이 뛰어나고, 새끼도 많이 낳는다. 당연히 그 새끼들도 튼튼하게 잘 자란다. 굴이란 수도에만 좋은 것이 아니라 인간 본능인 생식 능력까지 증대시킨다. 따라서 불임을 걱정하거나 스트레스 · 우울증 · 공황장애 등의 정신질환에 시달리는 사람은 우선 지하방으로 이사하는 것이 좋다. 가난해서 반지하나 어두운 골방에서 살아가는 사람이 고층 아파트나 크고 근사한 집에서 거주하는 사람보다 임신 가능성이 높다. 당연히 태어난 아이들도 상대적으로 더 건강할 수밖에 없겠다.

그렇다고 해도 현대 도시생활에서 일부러 지하나 다락방 같은 곳을 찾아간다는 것도 쉽지 않은 일이다. 그렇다면 우선 당장의 잠자는 방부터 작게 줄이고, 적어도 방 안에 가능한 전자기기들도 들여놓지 않아야 한다. 진동 · 소음 · 공기대류도 가능한 줄여야 한다. 실루엣 커튼으로 멋부릴 생각말고 방 안을 칠흑같이 어둡게 하는 두터운 천이 좋다. 그래야 깊은 수면에 빠질 수 있다. 조명도 최소한으로 줄이되 스탠드와 간접조명이 좋다. 자고 일어나서도 곧바로 강한 빛에 노출되지 않고 서서히 밝음에 익숙해지도록 한다.

밤과 낮, 빛과 어둠이 곧 이 세상 만물의 창조신이다. 모든 생물은 그에 따라 진화해 왔다. 따라서 현대인의 갖가지 신체적·정신적 비정상도 이 밤낮에 충실하게 맞춰 주면 상당 부분 본래대로 회복할 수 있다. 경우에 따라 완전하게 복원되지 못한다 해도 병이 나면 먼저 이런 환경부터 바꿔 주는 것이 기본일 것이다. 그런 다음 운동과 식생활 개선이 따라야 하고, 그 다음 약이나 치료의 도움을 받아야 할 것이다.

아무튼 빛과 어둠을 잘 활용하면 명상·참선·기도 등 영성을 계발하는 데 크게 도움이 된다.

빛 공해와 안경

티베트에서는 산모가 아기를 낳으면 그 아기와 함께 깊고 어두운 동굴에서 거의 한 달 남짓을 보낸다. 해서 티베트인들은 시력이 다른 어느 민족보다도 월등히 좋다고 한다. 심지어 3.0이나 4.0의 시력을 가진 사람도 있다고 한다. 그렇게 동굴 속에서 오래 살면 시각뿐 아니라 다른 감각들도 거의 동물적으로 발달한다.

요즘의 대도시 초등학교에 가보면 상당수의 아이들이 안경을 쓰고 있다. 그리고 중학교·고등학교에 올라갈수록 그 비율은 엄청나게 높아져 고등학교를 졸업할 때쯤이면 교실에서 안경을 안 쓴 학생을 찾아보기가 힘들다. 대부분의 전문가들은 그 원인을 TV로 돌린다. 어렸을 적부터 너무 가까이서 보는 바람에 시력이 나빠졌단다. 일리 있는 주장이기도 하지만 반드시 그 원인만은 아닐 것이다.

도시생활이란 게 시골과 달라 어릴 적부터 멀리 쳐다볼 기회가 많지 않다. 대부분이 실내생활이다 보니 우리가 평소 바라보는 거리가 불과 10미터 내외이다. 해서 멀리 바라보기 위한 눈 근육이 상대적으로 약하게 발달되어 근시가 빨리 찾아오기도 한다.

위의 두 가지 원인 외에 필자는 현대의 과도한 빛이 어린아이의 시력을 떨어트린다고 생각한다. 예전과 달리 요즈음 아이들은 모두 병원에서 태어나며, 설사 집에서 태어난다 해도 밝은 빛으로부터 벗어날 수가 없다. 엄마의 자궁에서 나오자마자 아이는 갑작스런 빛에 놀라게 된다. (이때의 기억이 뇌에 깊이 저장되며, 이는 나중에 죽음에 드는 과정에서 경험하게 되는데, 소위 임사 체험을 한 사람들이 말하는 '빛의 동굴'이다. 자세한 것은 다음 책《혼백과 귀신》에서 하도록 하자.) 하여 습관적으로 빛에 눈이 부셔 눈 주변 근육을 움츠리게 된다. 특히 조산하여 인큐베이터에서 자란 아이들은 거의 대부분 심각한 근시안이 되고 만다. 장시간을 전등 바로 밑에서 자라기 때문이다.

따라서 산부인과 분만실은 물론 인큐베이터·보육실·산후조리 원은 모두 간접조명으로 바꾸되 그 세기도 최소한으로 낮춰야 한다. 또한 눈을 뜨고 나온 아기는 물론 아직 뜨지 않은 아기들도 모두 눈을 가리게 할 것이다. 성인도 방바닥에 바로 누워 눈을 감으면 천정의 불빛이 눈꺼풀을 투과해 들어와 오래 쳐다볼 수가 없다. 하물며 갓난아기야 더할나위없을 테다. 거의 고문 수준이라 하겠다. 시신경이 화상(火傷) 아닌 광상(光傷)을 입어 크게 손상된다. 눈조리개 근육의 이상 발달도 당연히 뒤따른다 할 것이다. 그에 따라 호르몬 분비도 정상적일 리가 없을 테고, 또 그런 일부 특정 호르몬 분비 기능이 비정상적으로 발달하거나 약해질 수 있어 장래에까지 영향을 미칠 수 있다.

다음은 아기가 집에 와서도 약 두 달가량은 방 안을 어둡게 하고, 천정의 등도 켜지 말고 멀리 스탠드를 이용해야 한다. 또한 낮에도 두꺼운 커튼으로 창문을 가려야 한다. 1백 일 이전에 아기를 바깥에 안고 나가서 햇빛의 직사광선을 눈에 쏘이지 않도록 특히 주의해야 한다. 이렇게 키운 아이는 시력이 좋을 뿐만 아니라 백(魄)이 튼튼해서 심리적으로도 매우 안정되게 자란다.

그리고 갓 태어난 아기의 눈을 가려 주거나 방이 어두우면 아기는 본능적으로 주변의 소리에 신경을 곤두세우게 된다. 해서 상대적으로 듣는 신경이 예민해지고, 듣기에 대한 집중력과 기억력이 높아져 나중에 공부하는 데에도 크게 도움이 된다. 청각을 담당하는 기억세포가 상대적으로 더 발달될 수 있다는 말이다. 눈을 뜨고 태어난 아기가 그렇지 않은 아기에 비해 상대적으로 건강하긴 하지만 공부는 약간 뒤처지는 경향이 있다. 왜냐하면 요즘의 수업은 듣기와 집중이 가장 큰 역할을 하므로! 그러니까 아이의 뇌에 듣기에 집중하는 인식 프로그램을 다른 것보다 강하게 깔아 주는 격이라 하겠다. (단 너무 큰 소리는 놀람과 경계심·긴장을 유발하게 해서 오히려 아이를 소심하게 만들 염려가 크므로 주의해야 한다.) 그런 다음 어둠 속에서 보고자 하는 시각적 욕구를 충분히 기른 연후에 주변을 차츰 밝게 해주면 시각적 기억력도 빠르게 발달해 두뇌가 좋아진다.

빛(색)깔과 두뇌

사실 인간의 감각 중 가장 발달한 것이 시각, 즉 빛(깔)에 대한 구분 능력이다. 인간만큼 색(色)을 미세하게 구분해내는 동물은 없다. 대개의 짐승들은 몇 가지 색(色)밖에 구분하지 못한다. 심지어 흑백의 명암밖에 구분하지 못하는 동물들도 있다고 한다. 하여 어떤 동물들은 먹잇감이 움직이지 않으면 알아보지 못한다. 인간이 진화해 오는 결정적 단계에는 분명 이 빛(색)깔을 구분하는 시신경세포의 발달이 있었을 것이다.

간혹 천재적인 암기력을 지닌 사람들이 TV에 나와 자랑을 하는데, 가만히 보면 그들 대부분은 자기가 보고 읽은 것을 이미지로 기억하고 있음을 알 수 있다. 이들은 심지어 들은 이야기까지도 이미지화해서 저장하고 있다. 글자 한 자 한 자를 기호로 암기하는 것보다 훨씬 효율적이다.

한데 만약에 빛(색)이 없으면 이미지는?

인간이 언어와 도구를 사용하는 바람에 지능이 발달했는지, 아니면 지능이 발달한 까닭에 언어와 도구를 만들어 사용하게 되었는지는 알 수 없으나, 필자의 생각으론 어쩌면 이 빛(색)을 구분하는 능력 때문에 지능이 비약적으로 발달하지 않았을까 싶다. 흡사 흑백 TV에서 컬러 TV로 바뀌는 것처럼! 인간의 두뇌는 수억만 개의 이미지(동영상)를 인식하고, 또 기억하고 있다. 단 한 개의 이미지를 기억하기 위해 얼마나 많은 신경세포가 동원되어야 할까? 게다가 그 이미지에 얽힌 사건과 감정·비교 분석까지 순간적으로 다 기억해 낸다. 아마도 인공지능(AI)이 제아무리 발전한다 해도 이런 능력은 인간을 절대로 못 따라갈 것이다. 단언컨대 본 것이 없으면 사유도 없고, 빛(색)깔이 없으면 철학도 없다.

한데 왜 유독 인간만이 빛(색)에 민감한가?

어쩌면 인간이 불을 다루면서 불과 함께하는 시간이 늘어나고, 그 불을 지키고 바라보는 시간이 늘어남으로써 불(빛)을 보는 감각(시신경세포)이 비약적으로 발달하지 않았을까? 더불어 지능〔魂〕도 발달한 것이다. 그렇다면 장님은 두뇌가 작아지고, 지능이 떨어져야 하잖느냐? 지당한 말씀이다. 만약 장님으로 계속 대를 잇는다면 빠르게 진(퇴)화되어 두뇌의 크기가 유인원보다 더 작아질 것이다.

색깔의 분별과 사유 능력

만약 당신이 읽고 있는 이 책에서 'ㄱ'자를 모두 제거해 버린다면? 컴퓨터에 저장된 정보 중에서 역시 'A'자판 신호를 일시에 제거해 버리면? 인간의 목소리 중에서 '아' 모음 하나를 제거해 버리면? 우리 두뇌의 기억 중에서 색깔 하나를 지워 버리면 어찌될까?

세계의 여러 민족들 가운데서 한국인의 색(色) 구분 능력이 가장 떨어진다고 한다. 색을 잘 쓰는 민족이 예술과 철학·수학이 발달해 있다. 인도와 프랑스 민족이 그 대표적인 예다. 그에 비하면 한국인은 거의 색맹 수준이다. 고작해야 무지개와 빛바랜 오방색(五方色)이다. 한민족이 창조적이고 선도적인 문화·예술·철학이 발달하지 못한 원인이 어쩌면 여기에 있지 않을까?

아기가 태어나 눈을 뜨면 아름다운 명화를 자주 펼쳐 보여주면 지능 발달에 크게 도움이 된다. 말보다 이미지를 먼저 접하게 하는 것이다. 색깔 구별을 통한 인지 능력은 뇌에 훨씬 많은 자극을 주고, 호기심을 불러일으킨다. 반면에 아이가 언어를 이해하기까지는 시간이 많이 걸린다.

태초에 빛이 있었더라?
색즉시공(色即是空) 공즉시색(空即是色)? 색(色)이 곧 물(物)! 색(빛)이 없으면 물(物)도 없고, 물(物)이 없으면 인식도 없고, 인식이 없으면 번뇌도 없다? 아무튼 수행자나 사색인은 집중이 가장 우선이다. 따라서 일단 빛을 차단시켜 생각의 산란을 막아야 깊이 들어갈 수가 있다. 하여 일단 눈을 가볍게 내리까는 것이다. 어두운 동굴에서 구멍 하나 촛불 하나를 화두로 삼아 바라보면서 집중 훈련하는 것도 그 때문이다.

그렇게 시각은 물론 청각·촉각 등의 감각을 하나씩 통제해 나가는 훈련을 통해 잡념이 일어나는 것을 중지시킬 수 있어야 비로소 삼매에 드는데, 그렇게 되면 빛이 없음에도 더없이 밝고, 모든 것이 투명하고, 심지어 무게에 대한 느낌마저 없어져 흡사 무중력 상태에 든 것 같은 착각(?)에 빠진다. 의식만 남아 마치 우주와 합일(?)된 듯한 현묘한 체험을 하게 되는 것이다. (자세한 이야기는 다음 책 《혼백과 귀신》에서 하겠지만, 이미 경험한 사람이라면 이 길로 계속 가면 혼자서도 이를 수 있을 것이다.)

Tip 해와 달이 인간의 운명을 결정한다?

《주역(周易)》은 인간사(人間事)의 형세와 움직임에 따른 경우의 수를 예측하는 것이다. 수억만 가지의 경우를 대충 64괘(卦)로 구분해 놓고, 각 괘를 다시 6효(爻)로, 그 다음 변화수를 읽는 학문인데, 그렇게 좁혀 놓아도 결국은 경우의 수가 남을 뿐, 답이 나오지 않는다. 그러니까 줄이고 줄여서 몇 가지 경우를 가정하여 짐작해 볼 뿐, 딱히 이거다 하고 확정은 못해낸다. 하여 진인사대천명(盡人事待天命)! 마지막에는 점(占)을 칠 수밖에 없다. 병법에 가장 잘 맞는 학문으로 현대엔 기업 경영에도 적용 가능한 학문이다.

그에 비해 명리학(命理學)은 결정론이다. 다시 말해, 역수(易數)를 찾는 것이 아니라 정수(定數)를 찾는 것이다. 일단 개인의 탄생과 해와 달의 운행을 십간(十干)과 십이지(十二支)로 나누어 놓고, 그 상관관계 속에서 인간의 삶이 어떻게 되는지를 장기간 동안 살펴 일관되게 상통하는 공식을 찾아내어 오행으로 의미를 부여하고, 그것과 인간 삶의 인과관계를 해석하는 학문이다. 그러니까 인간 삶에 관한 리듬을 빅데이터를 통해 뽑아내는 것과 같은 것이라 하겠다.

명리학은 주(周)나라 때에 이미 간지(干支)를 근거로 길흉을 판단했었고, 당(唐)나라 때 현재의 모습을 갖추었다고 한다. 그에 대응하여 송(宋)나라 때 유학계에서도 우주의 생성과 인간 심성의 구조를 밝힌다면서 이(理)·기(氣) 개념을 도입(창안?)해냈는데, 지극히 형이상학적 철학(주장)이어서 그다지 인간사에 직접적인 영향을 끼치지 못하고 예학(禮學)의 범주 안에서 공리공론으로 그치고 말았다.

세계 지도를 펼쳐 놓고 보면, 명리학이 발달한 지역은 인도와 중국·한국 등 대부분 북반구 온대 지역이다. 그러니까 이 학문은 근본적으로 사계절의 변화에서 시작되었다고 할 수 있다. 하여 사계절이 뚜렷하지 않은 적도나 극지방에서는 이러한 학문이 발달하지 않았다. 그리고 유럽 지역은 음력(陰曆)을 사용하지 않으므로 동양의 명리학이 전파될 수 없었다. 대신 점성술이나 손금 등으로 인간의 운명을 점쳤다.

외적인 체형·체질은 이미 태어날 때 유전적 요인과 계절에 의해 정해졌다. 그것만이라면 이미 운명은 정해졌으니 더 따져 볼 것도 없을 것이다. 생긴 대로, 주어진 육신의 조건대로 살 수밖에 없기 때문이다. 한데 다른 생물들과 달리 인간은 성(性)이라는 게 있다. 이것이 다른 동물들과는 달리 안팎이 다르고, 또 개인별로도 편차가 심하다. 그리고 그에 따라 살아가는 모습이 달라지는데, 그걸 유심히 관찰하다 보니 일정한 패턴이 그려지더라는 얘기다. 그리고 그 패턴이 태양과 달의 주기와 비슷한 사이클을 이루면서 진행되더라는 거다.

외적인 요소는 태양의 절기를 따르지만, 내적인 소질이나 성향은 달의 인력에 지배받는다. 연월은 하늘(태양)의 운행에 따르고, 일시는 물(달)의 성질을 따른다. 명리학은 이 두 사이클 사이에 태어난 인간의 삶의 리듬과 길흉화복을 판단하는 학문이다. 하여 오행 중에서도 실전에서 가장 큰 영향을 끼치는 것이 화(火)와 수(水)다.

이런 논리를 뒷받침할 만한 과학적 성과는 아직 나오지 않았지만 미루어 짐작케 해주는 연구들은 있다.

가령 영국 카디프대학교 심리학과 윌킨슨 교수팀의 연구에 의하면, 어미의 뱃속에서부터 영양이 결핍된 생쥐는 나중에 커서도 정서불안을 느낀다고 했다. 이는 어미생쥐의 태반에 있는 호르몬인 유사(類似) 인슐린 성장인자가 원인으로서, 인간의 정서도 임신 초기부터 형성되는 것으로 추정할 수 있다고 밝혔다.

고대에는 계절에 따라 태아에 공급되는 영양소의 양과 질이 극심하게 달라질 수밖에 없었을 것이고, 그에 따라 태아의 발육이나 정서적 특질도 영향을 받았을 것이 틀림없다 하겠다. 이는 일찍이 헤어진 일란성 쌍둥이가 수십 년이 지난 다음에 만났더니 그동안 비슷한 분야에서 일하고 있었고, 또 비슷한 시기에 질병이나 삶의 굴곡을 겪었더라는 사례가 종종 알려지고 있음으로도 어느 정도 증명되고 있다.

그런가 하면 겨울에 임신되어 여름에 태어나는 아이는 여름에 임신되어 겨울이나 봄에 태어나는 아이보다 자폐증을 겪을 가능성이 높다는 연구 결과도 있었다. 겨울에는 햇볕이 부족해 비타민D의 결핍 위험이 높고, 계절성 바이러스에 의한 감염도 가세했을 것이라고 한다. 임신부의 감염 위험이 가장 높은 시기는 임신 4~6개월 사이인데, 만약 겨울에 임신을 하면 이 시기가 봄에서 초여름이 되는데 공교롭게도 이때 바이러스의 활동이 가장 높은 때라고 한다.

만약 명리학을 유럽 사람들에게 적용한다면?
단 대륙의 동쪽과 서쪽은 같은 계절이라도 그 성질이 조금씩 다르다. 가령 대륙의 동쪽은 여름이 우기(雨期)이지만, 서쪽은 겨울이 우기이다. 또 달의 인력은 같이 적용되지만 밀물과 썰물의 차이, 즉 인력이 작용하는 성질이 조금 다르다. 하여 해석상 약간의 조정만 해주면 충분히 적용시킬 수 있겠다.

인체의 골육은 태양이 기르지만, 신경계는 달이 관장하는 것으로 크게 대별할 수가 있겠다.

태양은 양이고 겉이다. 그것은 겉으로 드러나는 것으로 판단하기 때문에 구분이 쉽다. (겉으로만 보고 체질을 감별하는 사상의학이 그렇다.) 반대로 달은 음이다. 드러나지 않는 속성 때문에 구분과 판단이 쉽지 않다. 해서 사주가 생겨난 것이다. 우선 태양의 힘(十干), 달의 속성(十二支)을 결부시켜 60개의 경우의 수를 만든다. 그런 다음 연월일시(年月日時)에서 각각 2개씩, 8개의 속성을 뽑아낸 후 거기에다 오행을 부여하여 각각의 성질과 전체, 그리고 조화를 보고 운명을 진단·예측하는 것이다.

여기서 가장 중요시하는 것이 바로 일(日)로 본인 자신을 의미하고, 월(月)로는 그가 처한 주변 요소를, 시(時)는 장래적 요소를, 년(年)은 전체 운을 가늠한다. 그 중 월(月)은 가끔(주기적으로) 양력과 음력이 너무 벌어질 때가 있고, 윤달이 낄 때도 있다. 이럴 때에는 절기(節氣)로 조정을 해준다. 또는 년(年)은 부모, 월(月)은 배우자, 시(時)는 자식으로 놓기도 한다. 결국 일(日)과 월(月)을 중심으로 상하좌우의 역학관계를 살펴 해석하는데, 그마저도 수많은 경우의 수가 있어 많은 경험을 필요로 한다. (자세한 과학적 이치는 다음 책《혼백과 귀신》에서 탐구하도록 하자.)

비록 명리학이 운명의 절대학이라지만, 인간사의 관습과 가치관이 고대와 현대가 많이 다르기 때문에 해석은 경험적 토대에서 시류에 맞게 변하기 마련이다. 가령 불과 한 세기 전만 하더라도 한반도에서는 벼슬이 가장 중요한 가치였다. 그러나 지금은 과거에 천하게 여기던 상업이나 예능인, 심지어 도화살(桃花煞)조차도 부정적으로 보지 않지 아니한가? 그러니 경우에 따라서는 전혀 맞지가 않아 달리 해석해야 하는 경우도 많다. 단 아직도 벼슬에 대한 인간의 욕망은 전혀 변치가 않아 관운(官運)은 예나 지금이나 그 정확도가 9할 이상이나 된다. 재운(財運) 역시 마찬가지다.

요즈음 많은 이들이 〈천부경(天符經)〉이란 걸 붙들고, 그게 마치 우주의 비밀을 푸는 열쇠인 양 세상에 너 모르고 나 모르는 온갖 지식들로 해석겨루기를 하고 있는데 모조리 헛짓들이다. 산수와 천문, 28숙과 24절기의 관계를 공부하기 위한 권학송(勸學誦)에 불과한 것으로 요즘은 '만세력(萬歲曆)'이 나오고 있으니 그런 쓸데없는 짓거리에 기운 낭비할 필요가 없다. 설사 오운육기(五運六氣)의 이치를 다 깨우쳐 〈천부경〉을 해독한들 지금은 아무짝에도 소용이 없다. 그런 헛것을 화두로 붙들면 손가락 빨다가 인생 끝난다. 현대인의 생활사를 연구한답시고 난지도 쓰레기 매립장을 뒤지는 꼴이다. 뭐, 그마저도 팔자가 그렇다고 우긴다면 할 수 없는 일이지만!

12

왜 명상하는가?

　가전제품에는 'pause'라는 조정 버튼이 있다. '휴지(休止)' 혹은 '일시 정지'를 의미한다. 사람의 일도 마찬가지! 때로는 잠시 멈추어 생각하는 시간을 갖는 것도 지혜로운 일이겠다. 물론 단순하게 쉬는 것만으로는 부족하다. 목표 재설정(resetting, refreshing)을 위한 휴지여야 한다. 취미든, 관심 사항이든, 공부든, 봉사든, 인간관계든, 심지어 본업이나 종교까지도 잠시 내려놓고 멀찌감치 떨어져서 객관화시켜 바라보면 그것들이 문득 생소해져 달리 보이기도 한다. 제대로 방향을 잡고 가는지 아니면 엉뚱한 길로 가는지, 지금 내가 매달리고 있는 저 일이 과연 그만한 가치가 있는지, 내가 지금 인생의 어디쯤 가고 있는지, 앞으로 가야 할 길이 얼마나 남았는지 등 주변과 자기를 진지하게 돌아보게 된다. 그리고 심기일전, 다시 '전진'한다. 힐링(heeling)이란 그런 것일 테다.

안락(安樂)에 병들고, 환락(歡樂)에 미치다!

현대인들은 편안함과 즐거움을 추구하기 때문에 육체가 끊임없이 퇴화되어 가고 있다고 보면 된다. 영양은 풍부하고 의료 기술은 발달하여 인간의 수명은 점점 늘어나고 있지만, 그럴수록 오히려 자손은 줄어들고 있다. 이는 동물로서의 인간이 절대적으로 운동이 부족한 데서 기인한다고 볼 수 있다. 더하여 생각은 갈수록 복잡해지고, 편안해진 육신만큼 정신은 오히려 더 힘들어지고 있다.

흔히 우리가 스트레스를 받았다고 할 적엔 육체적 혹사보다는 정서적 혹사에 더 비중을 둔다. 육체적인 피로는 쉬거나 부족한 영양을 보충해 주면 회복되지만, 정서적 스트레스는 여간해서 풀기가 쉽지 않다. 경우에 따라서는 그 원인이 해소되었어도 계속해서 시달림을 받기도 한다. 해서 그 긴장을 풀어 주는 온갖 스포츠나 유희가 생겨났다. 약은 인간들이 그 약점을 핑계삼아 마약과 전자게임·가상 현실까지 만들어 돈벌이를 하고 있다.

전자게임이라는 것이 순전히 과거 육체적인 경험을 통해서 얻던 것을 오직 뇌의 즐거움(고통?)을 통해 대리 경험하면서 만족해 보자는 것이다. 여기에서 현대 문명인들은 더욱 빠른 속도로 종말을 향해 치닫게 된 것이다. 기실 게임이라 하지만 손가락으로 모든 게임을 대신하는 변태적 자위 행위이자 자기 학대다. 자연계에서 보자면 이런 인간은 변태를 넘어 글자 그대로 '미친 동물'인 게다.

실제 전투가 아닌 게임 상황에선 육체적 쾌감(고통)이 없이 오직 상상적인 희열과 가학을 주고받는다. 가상현실? 그러니까 가짜 고통, 가짜 쾌감을 즐기는 것이다. 백(魄)의 동의가 없는, 그러니까 혼(魂)이 백(魄)을 속이고 학대하는 것이다. 마치 그런 게 몸에 좋은 것처럼! 스트레스 푸는 중이라고!

여기에는 인간 최고의 편견과 선입견이 들어 있다. 무슨 말인가? 알고 보면 그 게임이란 것도 실은 노동이기 때문이다. 가령 하릴없는 사람이 운동 겸해서 기분 전환이나 하려고 산꼭대기에 올라가는 것을 등산이라고 한다. 그런데 만약 아랫사람더러 산꼭대기에 있는 암자에 쌀이나 편지를 전해 주고 오라면 그건 뭣이 되는가? 오락일까? 노동일까? 전자게임에 효과 음향을 제거하고서 혼자 한 시간을 해보라고 하면 과연 몇이나 즐거워할까? TV의 스포츠 중계나 오락 프로를 음향을 몽땅 꺼놓고 보라! 그게 그토록 재미있는 놀이일까?

처음 TV를 보는 미개원시인이나 야생 짐승들은 아무런 즐거움을 못 느낄뿐더러 오히려 불안해한다. 그리고 조금 익숙해지면 '저 인간들이 지금 왜 저런데?'라고 고개를 갸우뚱거릴 것이다. 인간은 교육과 학습을 통해 그런 걸 재미있고 즐거운 거라고 끊임없이 세뇌받은 탓에 거기에 빠져드는 거다. 그리고 보면 문화라는 것도 자연의 시각에서 보자면 모조리 사기극이다.

지구상의 모든 생물은 그 종족의 보전을 위해 본능적으로 노력(실은 반응)한다. 생물의 현대적인 정의는 자기 복제 능력을 가진 개체라 하지 않던가? 인간이란 동물은 지능이 발달하면서 문명이라는 것을 만들어내었다. 이 문명적인 사고에는 종의 보전이 그저 육신의 복제를 넘어 인간 자신의 생각[魂]까지 전하고픈 것이다. 해서 지식과 함께 편견과 선입견을 교육이라는 행위를 통해 전하는 것이다. 그렇게 함으로써 제 영혼이 죽지 않고 영원히 이어진다고 착각한다. 그리고 그것이 자손이 생존하고 번성하는 데에 더없이 소중한 경쟁력이 될 것으로 믿어 의심치 않는다. 문제는 과도한 영양이 건강을 해치듯, 너무 많은 지식과 지혜의 짐이 정작 자손의 번식을 저해하는 요인이 되고 있음이다.

결국은 뇌를 혹사시키는 현대인들은 기실 모두 환각(환상) 속에서 살고 있으며, 정도의 차이는 있을망정 너나없이 정신질환을 가지고 살아간다고 해도 과히 틀린 말이 아니다. 하여 계속해서 정신질환은 늘어나고, 저능아·기형아·정신지체아들의 출생도 끝없이 늘어갈 것이다. 그리고 도덕과 복지는 이들을 보호하고 양육할 의무를 더욱 강요하여 국가의 건강성은 물론 인류의 전체적인 부실로 이어질 것이다.

참선(參禪), 명상(冥想), 묵상(黙想), 정좌(靜坐)

한때 요가가 광풍처럼 유행하더니 요즘은 명상이다. 절에서는 템플스테이로 참선 체험자를 모집하고 있고, 직장에서도 선호하고 있어 조만간 웬만한 기업의 사원 연수 교육이나 교양 강좌에 명상이 필수과목으로 자리할 듯싶다.

아무튼 스트레스와 긴장 이완에서 효과가 나타나고 있고, 한번 경험한 사람들이 선호하기 때문에 좀처럼 사그라들지 않을 듯하다. 참선·요가·명상·기도 등 피곤한 정신과 육신의 긴장을 풀어 주고, 집중력과 함께 업무의 효율성을 높여 주니 기업주로서도 더없이 좋을 것이다. 한데 세상에 다 좋은 것은 없다. 좋은 점이 있으면, 반드시 나쁜 점도 있게 마련이다.

굳이 "종교는 마약이다"란 구호를 들먹이지 않더라도 모든 정신 수양엔 중독성이 따른다. 기호 식품이나 약물에 의한 것만이 중독이 아니다. 중독이란 결국은 혼백(魂魄)이 중독되었기 때문에 자꾸 찾게 되는 것이다. 약물에 의한 중독은 육신(魄)까지 망가뜨리지만, 명상과 같은 체험의 중독은 그것만으로는 당장 해가 되지 않는다는 차이가 있을 뿐이다.

인간은 한번 편안함을 맛보면 잊기가 힘들다. 명상을 통해 효과를 본 사람은 다시 그 상황을 찾게 된다. 겨울을 모르는 적도 지방 사람들은 아무리 덥고 짜증이 나더라도 이놈의 더위 빨리 가고 겨울이 왔으면 하는 말을 안한다. 봄·여름·가을·겨울을 맛본 중위도권 사람들은 여름이나 겨울이 제발 빨리 지나갔으면 하는 마음이 절로 생긴다. 누군가가 처음 운동을 하거나 댄스를 해봤는데, 남들보다 잘한다는 소리를 들으면 그는 계속 그 놀이를 즐기게 마련이다. 마찬가지로 명상의 맛을 아는 사람은 자연히 빨리 일을 끝내고 명상을 했으면 하는 생각이 들게 마련이다.

이런 연유로 수행·명상·참선이 하루하루 일하거나 한참 땀 흘려 배워야 할 형편에 놓인 사람들에게 자칫 현실 도피적인 성향을 갖게 할 수도 있다. 고요하고 평안한 자기 세계에 푹 빠지면, 세상의 혼란스런 일들이 왠지 다 귀찮고 하찮은 것으로 여겨질 수 있다는 말이다. 하여 많은 이들이 각자의 삶의 과정에서 자칫 현실 감각을 잃고 허망한 상상계를 찾아 떠돌기도 한다. 차츰 일상 업무에서 오는 피로감이 빨리 찾아오고, 복잡한 토론이나 실랑이를 싫어하게 된다.

더구나 세속에서 가르치는 명상이니 참선이니 하는 것들이 대부분 제대로 된 수행법이라 하기엔 너무 빈약하다. 하여 수행중에 겪게 되는 아주 사소한 경험을 마치 대단한 무엇을 건진 양하고 빠져들기 십상이다. 대개는 무기(無記)·혼침(昏沈)에서 경험한 특이한 체험인 경우가 대부분이다. (본격적인 정좌(靜坐) 수련법과 그 원리는 다음 책에서 설명하기로 하고, 여기서는 명상과 걷기에 대한 얘기만 한다.)

동중정(動中靜) 정중동(靜中動)

사람은 일어나 걷기 시작하면 생각할 겨를이 줄어든다. 서거나 걷게 되면 혼(魂)이 본연의 의무에 돌입하게 된다. 잡생각을 버리고 오감의 기능을 모두 행동에 필요한 정보 수집에 동원해야 하고, 외부로부터의 위험을 운동 근육을 적절히 사용해서 판단하고 피해야 한다. 전시 총동원령이 내려진 것이다. 따라서 움직임에 필요한 판단 외에 다른 엉뚱한 생각은 중단해야 한다. 백(魄) 또한 밖으로 드러나진 않지만 안으로 자기들끼리 신호를 주고받아 비상 사태에 대한 만반의 준비를 해야 하고, 일부 기관은 운동 에너지 사용에 대비한 보급 활동에 돌입하게 된다.

단순하게 안전한 곳에서 천천히 거닐기만 할 때는 그나마 다른 생각이 가능하지만, 뛸 경우에는 일체의 잡생각을 할 겨를이 없어진다. 몸의 움직임과 외부 환경에 보다 더 집중해야 하기 때문이다. 여기서 더 나아가 손까지 사용하게 되면 뇌는 더욱 바빠진다. 더 나아가 온몸을 사용해서 춤을 춘다든가 무예를 할 경우에는 오직 신체의 움직임에만 집중하게 된다.

반대로 가만히 서 있거나 앉거나 누우면, 그러니까 신체의 어떤 움직임도 없이 몸이 편해지면 온갖 생각이 다 떠오른다. 그동안 모인 잡다한 정보를 정리할 수도 있고, 이미 지난 사건에 대한 회상이나 앞으로 일어날 일들에 대한 상상일 수도 있다. 그렇지만 그것들 대부분은 상상(망상)에 지나지 않는다.

왜 명상을 하는가?

간단히 말해서 명상(사색, 참선)은 일반적인 생각과는 달리 인간이 매일매일 생활 속에서 겪는 번잡한 생각에서 벗어나 뭔가 조용한 마음으로 어떤 주제에 대해 깊이 천착해 들어가는 것이라 할 수 있겠다. 요즘 식으로 말하자면 마인드 컨트롤이라 할 수 있다. 물론 그 목적은 각자 다를 것이다. 누구는 단순하게 번잡함에서 벗어나 고요하게 마음을 진정시키는 데에 있을 것이고, 누구는 어떤 종교적인 믿음에 마음의 모두를 바치고자 할 것이며, 또 어떤 이는 진리에 이르는 지혜를 얻고자 할 것이다. 그리고 스트레스를 풀어 정신적 건강을 찾고자 하는 이도 있을 것이다. 드물게는 집중력을 키워 공부나 업무에 도움이 되고자 하는 이도 있을 것이다. 근자에 이러한 수련법이 대중적으로 보급되면서 가장 많이 쓰는 표현으로는 명상을 통한 마음의 평화다.

실제 많은 수행자들이 명상중에 희열에 가까운 행복감을 느낀다고 말한다. 또 이런 현상을 현대의 첨단과학으로 측정하기도 한다. 수행을 많이 한 사람은 명상에 몰입하면 전두엽의 특정 부위가 활성화되는 것이 포착되는데, 바로 그곳이 우리 인간의 행복감을 관장하는 곳이라 주장하기도 한다. 아무튼 뇌 기능 가운데 어느 한 가지만 집중해서 사용하는 데서 오는 당연한 현상이겠다.

자, 그게 사실이라면 과연 명상을 통해 행복감을 얻는 것이 올바르고 정당한 일인가? 흔한 말로 인간은 행복해지기 위해 산다고 하니까, 그렇게 해서 행복감을 느낄 수 있다면 지극히 정당하고 권장할 만한 일이 아닌가? 예서 달리 의문점이 제기된다. 실제 현실에서 행복하지도 않은 사람이 명상을 통해 행복감을 얻는다면 이는 자기

기만 혹은 자기 최면이 아닌가? 나아가 현실 도피가 아닌가? 또 오직 명상만이 그러한 기능이 있는가? 술이나 마약 등 약물에 의해서도 행복해질 수 있는 것이 아닌가?

실제 고대에는 많은 수행자들이 지금에는 마약으로 분류되는 다양한 약물들을 수행에 이용하기도 했었다. 물론 그런 약물들은 중독성이 있고, 나중에는 건강을 해치기 때문에 오늘날에는 금지되고 있지만, 어쨌든 약물에 의해서건 명상에 의해서건 기타 다른 방법에 의해서건 인위적으로 행복감(황홀감)을 느끼는 것은 매한가지가 아닌가?

그렇다면 진리에 이르는 지혜를 찾으려는 노력 혹은 방편으로써의 명상이라면, 그 추구하는 목적이 '현실(fact)의 왜곡'이 아닌가? 사물을 편견 없이, 선입견 없이 있는 그대로 본질을 꿰뚫어보자는 것인데, 과연 그런 인위적인(어쩌면 가식적인) 상태에서 사물을 제대로 볼 수가 있겠는가? 그렇다고 한다면 그는 이미 모든 사물을 편견으로 아름답게 보는 것이 아닌가? 석가가 모든 상(相)을 버려야 진면목을 볼 수 있다고 하지 않았던가?

고요함 속에서 현실을 떠나 자기만의 평온함 속에 침잠해 버리는 것이 과연 수행의 목적일까? 그렇다면 그건 결코 진리에 이르는 길이 아니지 않은가? 진리를 찾아가는 중 쉼터에 안주해 버리는 것이 아닌가? 몸을 학대하는 것만이 고행이 아니라 진리를 찾아가는 수행의 과정이 고행일진대 행복감에 도취되어 그곳에 영원히 머물기를 택했다면, 이는 진리를 찾아가는 고행을 중도 포기한 것이 아닌 가라는 의심을 해보고 반추해야만 하지 않을까?

살면서 닥치는 어지간한 고통이나 불행은 당연하게 감수해야 하지 않을까? 불행조차도 맞닥뜨리길 두려워하지 말아야 진리에 이를 수 있지 않을까? 가상의 행복, 환상의 체험, 곤란한 현실에서 벗어나기 위한 것이 수행의 목적은 아닐 것이다. 그건 진실도 진리도 아니다. 명상의 목적은 행복하기 위한 것이 아니다. 석가세존이 행복을 찾아 수행길에 나선 것이 아니다. 생로병사를 면하여 볼 요량을 찾아서 떠돈 것도 아니다. 오히려 생로병사의 고통을 맞닥뜨리려 찾아나선 것이리라. 그리고 그 체험을 통해 그것을 받아들임으로써 초월한 것이리라. 행복의 방편을 찾은 것도 아니고, 고통을 참고 이겨 극복한 것도 아니다. 결국에는 이를 있는 그대로 받아들임으로써 초월한 거다.

의문이 없으면 답도 없다!

신선한 발상은 의문에서 나온다. 의심이나 회의가 없다면 굳이 철학이 생겨났을 리 없겠다.

명상은 반드시 앉아서 해야 한다는 생각은 선입견이다. 불교의 참선과 같이 종교적 목적이 아니라면, 또 내공 강화를 목적으로 정공(靜功)을 수련하는 무예인이 아니라면 굳이 정좌를 고집할 필요가 없다. 산책하면서도 수행이 얼마든지 가능하다. 오히려 혼백의 균형이 잘 잡혀 합리적인 판단에 의한 진리 탐구에 더 유리하다. 그러니 학문을 하건 예술 창작을 하건 산책을 잘 이용하면 참신한 아이디어를 많이 얻을 수 있다.

생각은 있는데도 불구하고 의지[氣魄]가 모자라서 행동하지 못할 때 사람은 비루해진다. 건강도 마찬가지이다. 조용하게 좌선·명상해서 정신을 맑게 하는 것만이 수행이라는 생각은 편견이다. 다시 강조하지만 명상을 하더라도 반드시 몸과 같이 단련해야 한다! 현대사회는 결국 경쟁이고 도전이다. 식물성이 아니고 동물성이다. 하여 명상을 하더라도 가능한 짧게 하되 반드시 스포츠나 도인 체조 등 육체 단련과 병행하는 것이 훨씬 바람직하다. 생존은 동사다.

Tip **귀 얇은 자가 잘 엎어진다!**

한국인들의 스승에 대한 경외심은 유별나다. 거의 7백 년이 넘도록 유교(유학)를 신봉했으니 오죽하겠는가? 하여 글 좀 읽었다는 선비는 자기가 마치 공자의 후손인 양 착각한다. 심지어 공자가 동이족, 그러니까 한민족과 같은 핏줄이라고 주장하는 이도 있다. 어쨌든 공자의 '들보잡' 후손인 동방예의지국 선비들은 지금도 스승의 그림자를 밟지 못한다.

스승에는 크게 두 부류가 있다. 지식을 가르치는(전해 주는) 스승과 지혜를 가르치는 스승! 자기 깨달음이나 지식을 제자들에게 주입시켜 평생토록 따를 것을 강요(?)하는 스승이 전자라면, 공부하는 방법만을 알려주고 각기 자기 것을 찾아나서도록 내쫓는 스승은 후자가 되겠다.

큰 나무 밑에서는 큰 나무가 자라지 못한다. 그 그늘을 벗어나지 못하면 결국 말라죽고 만다. 사람도 마찬가지다. 큰 스승 밑에서 큰 제자 못 나온다. 잠시 머물다가 떠나야 한다. 죽을 때까지 모시며 스승의 모든 것을 전하여 받겠다고? 아무렴 그런 제자도 필요하겠지만, 그건 엄밀히 말해서 공부가 아니다. 스승이 깨친 것을 정리해서 지식화하는 작업에 지나지 않는다. 그러다가 진짜 제 공부는 언제? 훌륭한 스승을 모신 훌륭한 제자? 유학이 교조적이고 종교적일 수밖에 없는 알고리즘이자 태생적인 한계다.

3년을 가르쳐도 스스로 공부하는 법을 깨치지 못하는 제자라면 하루빨리 내쳐서 다른 길을 가도록 인도하는 게 도리다. 마찬가지로 아무리 훌륭한 선생일지라도 3년 이상 따라다니는 건 어리석은 짓이다. 3년을 따라다녀도 더 배울 게 남았다면 평생을 배워도 스승의 것 다 못 배운다. 왜냐하면 스승도 계속 공부를 하니 따라잡을 수가 없기 때문이다. 마찬가지로 작은 재주를 가지고서 3년 이상을 질질 끌며 후딱 가르쳐 주지 않는 스승도 악질이다.

세상에는 자기 것보다 잘난 재주를 지닌 사람들이 널려 있다. 더 가르칠 게 없거나 가르칠 능력이 없으면 다른 스승을 찾아가도록 보내주어야 한다. 아무려나 스스로 깨치고 세상을 경영하는 것만큼 즐거운 일이 어디 있으랴. 제자의 그런 재미를 왜 뺏는단 말인가? 내가 깨칠 터이니 넌 내가 주는 것이나 받아먹어라? 평생 제자를 붙들고 자신의 주장을 배우고 증명하고 따르게 하는 건 스승이 할 짓이 아니다.

그 바람에 학문(學文)이 곧 학문(學問)인 줄 알았던 조선 선비들! 5백 년이 넘도록 베끼고 외우는 걸로 벼슬따먹기 시합을 한 민족에게서 무슨 새로운 학문이 탄생하겠는가? 많이 배워서 많이 알고 있는 사람과 적게 배운 걸로 크게 성공하는 사람, 누가 더 잘났는가? 저한테 배운 걸로 평생 밥 벌어먹는 제자와 스승도 몰랐던 새로운 분야를 개척해낸 제자 중 누가 더 훌륭한가? 세계적인 IT기업 창업자들이 학업을 중퇴하고 뛰쳐나가지 않았으면 뭐가 되었을까? 아마도 대부분 공자의 수발제자 안회처럼 그 스승들의 충직한 조수가 되어 강단에서 지식이나 팔아먹고 있었을 것이다.

미련한 제자를 마치 제 자식인 양, 제 부하인 양, 제 소유물인 양 평생을 거느리고 다니는 건 악덕하거나 못난 선생이다. 공자의 치명적인 과오는 일평생 제자들의 시중으로 연명했다는 점이다. 잠시 미관말직이나마 맡았을 때를 빼면, 그는 제 스스로 한끼 경제도 해결해 본 적이 없을 만큼 무능했지만 그걸 부끄러워한 적이 없다. 그리고 자신의 경제적 무능을 변명하기 위해 청빈이란 말장난으로 미화시키는 바람에 동양 문화 전체를 구차스럽고 수구적으로 만들고 말았다. 그 된장독 전통이 조선사회, 한국사회에 이어져 내려오고 있다. 그러니 조선 사대부 유학자가 청백리로 살아야 하는 것은 당연한 귀결이라 하겠다. 하지만 인간이기에 곧이곧대로 그렇게 살 순 없는 일! 한국의 지식인들이 이중적이고 위선적이고 비굴하고 비겁하게 살 수밖에 없는 까닭이 여기에 있다 하겠다. 모조리 공가(孔家)네 아전이거나 노비들이다.

　근원적으로 윤리니 도덕이니 법률이니 하는 것들은 도리이지 진리가 아니다. 공동체를 유지하기 위한 약속에 다름 아니다. 인간끼리 정해 놓은 옳고 그름, 선악조차도 편견이자 선입견이다. 이해관계나 호불호, 유불리 앞에서 옳고 그름이 제대로 서든가? 생존 문제나 신념 혹은 신앙 앞에서 선악이 구별되든가? 진리를 추구하는 자가 이런 경계 안에 갇혀 버리면 학문(學文)밖에 못한다. 학이시습지불역열호(學而時習之不亦說乎)! 고작해야 배움의 실천밖에 못한다는 말이다. 누천 년 전 얼굴도 모르는 스승이란 사람이 남긴 행적을 따라 하는 게 뭐 그리 대단한 일이란 말인가? 학문(學問)이란, 스스로에게 묻고 답(길)을 닦아 나가는 과정이지 남이 닦아 놓은 길을 걷는 것이 아니다.

　한국사회는 어쩔 수 없는 수직적 계급사회이지만, 그 중 스승과 제자는 영원한 갑을(甲乙)이다. 그들 중에 하찮은 재주로 남의 인생 비틀어 놓는 선생이란 사람들을 참으로 많이 보아 왔다. 선생 노릇 한다는 게 얼마나 막중하고 무서운 일인지 한번도 생각해 본 적이 없을 것이다. 제자는 하인도 노비도 아니다.

지식인이라면 제 지식을 배우고 발전시켜 줄 후인이 생겼다면 더없이 다행스럽고 감사한 일이겠다. 그러니 그것으로 만족할 일이지 사제지간의 도리가 어쩌니, 스승의 은혜가 저쩌니 하면서 죽을 때까지 예속을 강요하는 건 결코 지식인이 할 짓이 아니다. 제 자식처럼 제가 먹여 살릴 것이 아니라면 빨리, 그리고 멀리 내쫓아야 마땅하겠다. 하물며 돈을 받고 가르쳤다면 더 말할 나위가 없을 테다.

　세상에 그 많은 지식을 다 배워(외워) 뭣하게? 골방 샌님? 배움에서만 머물거나 배움이 너무 길면 자기 것이 없다. 학문이든 세상 경영이든 독립은 빠를수록 좋다. 배움(스승)을 넘어서야 진정한 학자다. 버리지 않으면 넘어서지 못한다.

닫는글

연전에 작고한 영국의 미술비평가 존 버거는 카메라를 '망각의 기계'라고 단언하였지요. 그에 견주어 말한다면, 필자에게는 글쓰기가 곧 망각의 수단인 것만 같습니다. 호기심이 많다 보니 항상 무언가 새로운 것을 탐색하기 좋아하는 버릇 때문에 외우기(기억하기)를 싫어합니다. 그럭저럭 무슨 새로운 것들에 흥미를 점점 잃어 갈 나이인지라 그나마 알고 있는 것마저도 잊어버릴까 봐서 글쓰기를 하는 것입니다. 하여 일단 생각을 글로 옮기고 나면 편하게 다 잊어버리고 다른 여행을 떠날 수가 있었습니다. 메모리 용량이 부족한 뇌로 살아가려니 어쩔 수 없는 습성일는지도 모르겠습니다.

인생을 통째로 바쳐야 하는데다가 그 결과를 장담할 수 없기에 수행자의 길은 사실 도박보다 더 큰 모험이라 할 수 있습니다. 엄청난 용기가 아니면 할 수 없는 일이기에 우리는 그런 수행자들을 무조건 존중하고 경외하는 것이겠지요. 다만 필자가 어렸을 적부터 무예를 익히면서 몸을 단련하는 일에 관심이 많았고, 또 23세부터 7년 동안 외항선을 타고 오대양을 떠돌 때 내내 고민했던 것이 '죽음'이어서 '도(道)닦음'이나 수행, 그리고 각종 방술(方術)에도 관심이 조금 많은 편이었습니다. 도가(道家)의 어른을 무예 스승으로 둔 까닭에 수행자의 길로 들어설 기회가 수차례 있었지만 차마 그러지 못했던 것도 바로 그 용기가 부족했기 때문이었던 것 같습니다.

　그리고 먼저 수행의 길에 든 동문들이 함께하자는 권유도 많았습니다. 아무렴 언젠가 먹고 사는 짐을 덜고 나면 남은 시간을 수행에 바치겠노라고 했지만 과연 그런 기회가 주어질지 모르겠습니다. 그렇지만 멍석 펼 수 있을 때까지 마냥 기다렸다가 그런 기회조차 주어지지 않는다면? 영영 수행(의문의 확인)도 못해 보고 간다면? 그러다 보니 '굳이 꼭 그렇게 밤낮을 바쳐 가부좌 틀고 앉아야만 수행이 가능한가?'라는 의문이 들더니, '남들처럼 직접 수행은 못하더라도 그 이치만이라도 깨달을 수 있다면?' 하는 생각을 품게 되었습니다.

　사실 필자의 내심으론 '혼백론'을 공개해야 할지 말아야 할지를 두고서 적이 망설였습니다. 주변의 수행자들은 필자더러 개략적인 얘기만 하고 귀신을 만드는 법, 혼(魂)을 빼고 넣는 법, 백(魄)을 달래는 법 등 구체적인 방법론은 공개치 말았으면 좋겠다는 의견을 내놓기도 했습니다. 그로 인해 생겨날 파장을 사람들이(실은 필자가) 감당해낼 수 있을까 싶은 노파심에서겠지요. 해서 이번에 '산책'을 통해 운을 떼어 보고, 자신이 생기면 본격적인 얘기를 풀어 놓을까 했습니다. 실은 기억의 짐을 덜고 망각의 자유를 누리고 싶어서입니다. 아무튼 제아무리 난삽하게 얽힌 실타래도 그 끝만 찾아내면 결국엔 다 풀어낼 수 있게 마련! 오랫동안 수행에 정진해 온 독자분들 중에는 필자가 그랬던 것처럼 어쩌면 이 책만으로도 그 실마리를 찾아 스스로 '혼백의 이치'를 깨칠 수 있을 것입니다.

그렇지만 필자가 제도권의 학자가 아니고 보니 이번 글에서 제 주장을 굳이 논문식으로 논거 자료들을 찾아서 보태고, 기승전결로 정리하지 못했다는 점에 대하여는 독자 여러분께 양해를 구합니다. 그러기에는 이미 이 글로 어떤 결실을 얻고자 하는 욕심도 열정도 남아 있지 않습니다. 무엇보다 여기에 실린 글들은 필자가 평소 주변인들과 후배들에게 해주던 이바구들입니다. 비록 직접 썼다고는 하나 필자가 내뱉은 말들을 글로 옮긴 것이니 구술집이나 진배없다 하겠습니다. 그밖에 평소 메모해 두었던 다소 두서없이 떠오르는 단상들을 보태어 나열식으로 묶었으니, 혹여 공감하는 분이 있다면 제도권 방식으로 정리해 보시길 바랍니다. 필자가 프로이트나 융 등 현대 정신분석학자들의 업적을 고의로 언급하지 않은 것도 그 때문입니다. 감히 위대한 분들의 이름을 팔아 돋보이려는 염치없는 짓은 하고 싶지 않고, 그만한 시간도 없어서였습니다. 그 방면의 식자라면 미루어 짐작하실 것입니다. (만약 필자가 관련된 어떤 학문을 전공하였다면 결코 이런 발칙한 생각들을 하지 못했을 것입니다. 필자가 의도적으로 종교를 갖지 않은 것도 그 때문입니다.)

　그리고 혹시나 하는 노파심에서 말씀드립니다. 필자가 섣부른 재주로 남의 병을 치료해 주지는 않나 하는 오해 따위 하지 말았으면 합니다. 필자는 의사도, 한의사도, 약사도, 무당도 아닙니다. 돌팔이도 아닙니다. 기껏해야 민간건강술 도슨트(docent) 역할할 수준도 못 됩니다. 항차 그런 짓 하려고 책을 묶은 것도 아닙니다. 자기 몸은 자기가 챙기자는 게 무예인의 기본 자세! 그냥 주변에 운동하는 친구들이 많아 귀동냥으로 들은 양생에 관한 상식과 경험들을 함께 나누자는 것일 뿐입니다.

　특히나 건강(질병)에 관해서는 전문가들의 편협함이 종종 문제를 일으키는 경우가 있지요. 그런 사람들 대부분은 자기 경험, 호구지책으로 배운 한 가지 기술이 절대적이고 최고라고 여겨 아무에게나 만병통치약으로 권하는 경우가 잦습니다. 가령 채식주의자는 무조건 채식이 좋다고 하고, 차(茶) 애호가들은 차를 마시면 몸속의 나쁜 불순물과 사악한 기운이 다 빠져나갈 것처럼 이야기합니다. 요가를 하는 사람은 요가가 최고라 하고, 간화선이 최고라며 간화선만 강요하는 승려도 있지요. 본인의 경험(상품)을 일반화시키고 싶은 것이겠습니다. 아무려나 건강이든 수행이든 방편은 수없이 많습니다. 그리고 사람마다 근기가 다르고, 같은 병도 사람마다 원인이 다 같지가 않습니다. 그러니 수많은 상식과 지식들 중 가장 타당한 것을 고르는 지혜가 필요하다 하겠습니다. 하여 어떤 사안에 대해 전체적이고 균형잡힌 시각을 가졌으면 하는 바람으로 샘플이 될 만한 이런저런 이야기를 모아서 묶었습니다.

　더불어 이 책을 읽은 분들 중에 이후 다른 종교적 감상 에세이나 문학류·방술류 책을 읽다가 토할 것 같은 기분이 들 수도 있겠습니다. 심지어 지하철 스크린 도어나 벽에 써붙인 시(詩)들에 역겨움을 느끼기도 할 것입니다. 형용사들로 분칠한 책은 만지기조차 싫어질 겁니다. 그렇다 해도 관대함으로 너그럽게 봐주시길 부탁드립니다.

책(글)이란 발심(發心)하는 데 있어서는 더없이 소중한 것이지만, 맹신하면 편견과 선입견에 빠지기 십상인 것을! 괜한 이야기를 책으로 묶었나 싶기도 합니다. 필자의 주장을 곧이곧대로 믿어 달라는 얘기가 아닙니다. 세상에는 이런 시각도 있을 수 있구나 하고 생각의 폭을 넓히는 데에 약간의 도움이라도 되었으면 합니다. 더불어 필자의 주장에 대해서도 회의를 가지고 각자의 방식대로 탐색을 계속해 나가기를 바랍니다.

시어족하(始於足下)!
혹여 이 책에서 작대기 비슷한 것 하나〔一〕라도 건지신 분이라면 좀 더 긴 다음 혼백과 귀신 산책에 흔쾌히 동행해 주시리라! 때로는 그 작대기가 백(魄)을 보좌하는 지팡이가 되고, 때로는 혼(魂)의 아궁이에 불을 지피는 부지깽이가 되었으면! 부디 혼백(魂魄)의 균형을 잃지 않고 다음 여행까지 무사하게 마칠 수 있기를 빌며, 마지막으로 낯간지러운 입발림으로 아부를 해봅니다.

혼백과 귀신

[차례]

제2부 왜 수행(修行)인가?

제3부 양생이설(養生異說)

[후기] 귀신 씻나락 까먹는 소리?

[참고 문헌]

2005	부모들이여, '안 돼'라고 말하라!	P. 들라로슈 / 김주경	19,000원
2006	엄마 아빠, 전 못하겠어요!	E. 리공 / 이창실	18,000원
2007	사랑, 아이, 일 사이에서	A. 가트셀·C. 르누치 / 김교신	19,000원
2008	요람에서 학교까지	J.-L. 오베르 / 전재민	19,000원
2009	머리는 좋은데, 노력을 안 해요	J.-L. 오베르 / 박선주	17,000원
2010	알아서 하라고요?		
	좋죠, 하지만 혼자는 싫어요!	E. 부쟁 / 김교신	17,000원
2011	영재아이 키우기	S. 코트 / 김경하	17,000원
2012	부모가 헤어진대요	M. 베르제·I. 그라비용 / 공나리	17,000원
2013	아이들의 고민, 부모들의 근심	마르셀리·드 라 보리 / 김교신	19,000원
2014	헤어지기 싫어요!	N. 파브르 / 공나리	15,000원
2015	아이들이 자라면서 겪는 짤막한 이야기들	S. 카르캥 / 박은영	19,000원
3001	《새》	C. 파글리아 / 이형식	13,000원
3002	《시민 케인》	L. 멀비 / 이형식	13,000원
3101	《제7의 봉인》 비평 연구	E. 그랑조르주 / 이은민	17,000원
3102	《쥘과 짐》 비평 연구	C. 르 베르 / 이은민	18,000원
3103	《시민 케인》 비평 연구	J. 루아 / 이용주	15,000원
3104	《센소》 비평 연구	M. 라니 / 이수원	18,000원
3105	《경멸》 비평 연구	M. 마리 / 이용주	18,000원

【東文選 現代新書】

1	21세기를 위한 새로운 엘리트	FORESEEN연구소 / 김경현	7,000원
2	의지, 의무, 자유 — 주제별 논술	L. 밀러 / 이대희	6,000원
3	사유의 패배	A. 핑켈크로트 / 주태환	7,000원
4	문학이론	J. 컬러 / 이은경·임옥희	7,000원
5	불교란 무엇인가	D. 키언 / 고길환	6,000원
6	유대교란 무엇인가	N. 솔로몬 / 최창모	6,000원
7	20세기 프랑스철학	E. 매슈스 / 김종갑	8,000원
8	강의에 대한 강의	P. 부르디외 / 현택수	6,000원
9	텔레비전에 대하여	P. 부르디외 / 현택수	10,000원
10	고고학이란 무엇인가	P. 반 / 박범수	8,000원
11	우리는 무엇을 아는가	T. 나겔 / 오영미	절판
12	에쁘롱 — 니체의 문체들	J. 데리다 / 김다은	7,000원
13	히스테리 사례분석	S. 프로이트 / 태혜숙	7,000원
14	사랑의 지혜	A. 핑켈크로트 / 권유현	6,000원
15	일반미학	R. 카이유와 / 이경자	6,000원
16	본다는 것의 의미	J. 버거 / 박범수	10,000원
17	일본영화사	M. 테시에 / 최은미	7,000원
18	청소년을 위한 철학교실	A. 자카르 / 장혜영	7,000원
19	미술사학 입문	M. 포인턴 / 박범수	8,000원
20	클래식	M. 비어드·J. 헨더슨 / 박범수	6,000원
21	정치란 무엇인가	K. 미노그 / 이정철	6,000원
22	이미지의 폭력	O. 몽젱 / 이은민	8,000원
23	청소년을 위한 경제학교실	J. C. 드루엥 / 조은미	6,000원
24	순진함의 유혹 〔메디시스賞 수상작〕	P. 브뤼크네르 / 김웅권	9,000원